CLICK 工程管理理论创新与实践

谭旭光　焦建玲　陈增明　著

科 学 出 版 社

北 京

内 容 简 介

本书首先系统阐述了CLICK概念模型和CLICK工程管理理论模型的构建过程；其次从CLICK的五个阶段，即 C（correct）、L（leader）、I（inspect）、C′（clip）、K（king）分别阐述其概念和理论，并以潍柴控股集团有限公司 H1 平台开发工程案例做进一步的阐释；最后从 CLICK 整体出发，运用潍柴运营工程管理案例对该理论的可应用性和可操作性进行验证。本书创立的 CLICK 工程管理理论立足于潍柴工程管理的宝贵经验，且该理论具有逻辑整体性、系统开放性、循环提升性和广泛移植性等鲜明特色。

本书可供从事工程管理实践的人员阅读，也可作为相关专业研究生的参考书，还可作为对工程管理理论与实践感兴趣的读者的自学读本。

图书在版编目（CIP）数据

CLICK 工程管理理论创新与实践 / 谭旭光，焦建玲，陈增明著. —北京：科学出版社，2020.12
ISBN 978-7-03-067121-9

Ⅰ. ①C… Ⅱ. ①谭… ②焦… ③陈… Ⅲ. ①汽车-零部件-汽车企业-工业企业管理-经验-潍坊 Ⅳ. ①F426.471

中国版本图书馆 CIP 数据核字（2020）第 242006 号

责任编辑：陈会迎 / 责任校对：贾娜娜
责任印制：霍 兵 / 封面设计：无极书装

科 学 出 版 社 出版
北京东黄城根北街 16 号
邮政编码：100717
http://www.sciencep.com
中国科学院印刷厂 印刷
科学出版社发行 各地新华书店经销

*

2020 年 12 月第 一 版 开本：720×1000 1/16
2020 年 12 月第一次印刷 印张：14 3/4
字数：298 000
定价：126.00 元
（如有印装质量问题，我社负责调换）

序　一

改革开放以来，我国在动力装备、能源装备、交通运输装备等高端装备制造领域取得了一系列巨大的成就。这些工程因其超大的规模、组织和实施的高度复杂性及顶尖的科学技术水平而闻名，这些工程的成功彰显了我国的科技实力和巨大复杂工程的管理效率与管理水平。近年来制造工程管理领域也呈现出数字化、网络化、智能化的发展趋势，工程管理在指导重大制造工程实践的同时，也推动了我国工程管理理论的不断丰富和发展。

2020 年初新冠疫情发生以来，国际国内社会经济形势正在发生深刻变化，而且是百年未有之大变局，这是一个巨大挑战，同时也是一个难得的机遇。在习近平总书记领导下，中央提出要逐步形成以国内大循环为主体、国内国际双循环相互促进的新发展格局。立足后疫情时代，中国必须利用好超大内需市场，实现关键核心技术的内循环，为顺应新的发展形势，我国亟须开展更多更复杂的大型科技工程实践活动。

大型科技工程被称之为"国之利器"，是建设科技强国必需的标志性工程。这些大型科技工程已经成为今天这个时代的标志，将为当前转变经济增长方式、建设创新型国家提供有力的支撑。为配合这些大型科技工程的顺利组织与实施，我们急需在已有的工程管理理论基础上，立足于当前的成功管理经验，发展并建立与时代需求、特点相适宜的新的工程管理理论。

20 世纪末潍柴从一家濒临破产的小型制造企业，通过心无旁骛攻主业、链合创新等一系列高瞻远瞩的战略战术，筚路蓝缕而后破茧成蝶，成长为如今产销全球的世界级先进制造企业，靠的是一直致力于制造工程技术和管理创新。通过多年的努力，潍柴解决了高性能、高可靠性、大批量研发制造全过程工程管理的高效管控难题，打造了百万台级柴油机产业集群，搭建了柴油机研发制造全过程工程管理体系，创建了支撑高复杂度、大规模定制的高质量智能制造模式，推动中国柴油机行业实现超越引领。在此基础上，潍柴进一步搭建了以重型商用车为代表的全产业链协同创新研发制造工程管理体系，在全球率先提出重型商用车动力系统一体化理念并付诸工程实践，支撑我国自主品牌重型商用车形成国际竞争优势。近年来潍柴积极响应国家号召，在制造业创新中心建设工程、智能制造工程、工业强基工程、绿色制造工程和高端装备创新工程五大工程领域进行积极探索和实践创新，取得了显著成绩。这本书是他们多年来在柴油机和商用车开发与制造工程管理实践创新和理论研究的基础上总结提炼形成的著作。

本书首先对潍柴在工程管理实践中积累的丰富经验进行分析与提炼，并将凝聚了潍柴成功经验的创新性工程管理理论命名为 CLICK 工程管理理论；其次对 CLICK 中的 C（correct）、L（leader）、I（inspect）、C′（clip）、K（king）五个阶段进行了系统的论述；最后运用潍柴典型案例——潍柴运营系统（Weichai operating system，WOS）运营工程对 CLICK 工程管理理论的操作和推广性进行完整的诠释。

CLICK 工程管理理论是潍柴多年来工程管理创新实践的高度总结和凝练，是由实践到理论的升华，该理论系统完整，兼容并包，易于解释，易于理解，易于记忆，易于实践应用，能够比较好地延伸推广到其他类型企业的工程管理实践中去。

序言作者有幸提前看到了本书的初稿，从全书的架构和内容阐述上看，CLICK 工程管理理论具备了一个理论应该具备的优良特性，即逻辑整体性、系统开放性、循环提升性和广泛移植性。因此，我觉得此书的出版将对我国工程管理理论的丰富与发展产生深刻影响，同时为我国工程管理实践提供有益的指导。

中国工程院院士
西安交通大学教授　　汪应洛

2020 年 11 月

序　二

　　我对潍柴的初步了解可以追溯到 2007 年，那年我的一位博士生即将毕业，他给我详细描绘了蒸蒸日上的潍柴，并希望我支持他到潍柴去工作。后来在一次有关我国汽车产业发展的会议上进一步了解到潍柴在动力装备研发与制造方面取得了很好的成就，给我留下了深刻的印象，此后我一直关注着潍柴的发展。在一次与潍柴有关同志的交谈中了解到，谭旭光董事长及其团队有意将多年来在制造工程管理理论与实践上的探索经验总结提炼成著作出版，我非常高兴，认为这是一件非常有意义的工作。前段时间他们带着书稿来找我写序，我在认真阅读了书稿内容后，觉得这是一本系统完整且具有显著创新性的著作，值得推荐，故欣然执笔。

　　工程建设是人类社会发展中的基础性经济活动，为人类文明进步提供了不竭动力，推动人类文明从农耕社会迈向了工业化和信息化时代。当今工程建设水平与能力已成为一个国家核心竞争力的重要标志，我国是世界上最大的发展中国家，无论是工程建设的总量，还是单体工程的规模在全世界都是首屈一指的。随着科学技术与经济社会的不断进步，工程数量越来越多，工程规模越来越大，工程环境越来越复杂，工程活动呈现出空间覆盖广、建设主体多样等特征，这对工程管理活动提出了前所未有的挑战，工程管理实践已进入一个全新的高级复杂阶段，亟须新的系统工程管理理论的支撑和指导。

　　高端装备制造是国家基础性、前沿性、支柱性、战略性产业，事关国家安全，是国之命脉。由于其产业链长，对经济的拉动作用大，直接影响着国家经济发展的速度和质量。随着互联网、云计算、大数据、人工智能等新一代信息技术与新能源、新材料等技术的快速发展和深度融合，全球已进入工业 4.0 时代，高端装备制造正处在向数字化、网络化、智能化方向转型的关键时期。高端装备制造工程管理是高度复杂的系统工程，在创新复杂系统工程管理实践的同时，还应积极探索研究相应的工程管理理论，形成理论源自实践、理论指导实践的良性互动局面，推动高端装备制造向虚实交互、闭环反馈、动态执行的平行化方向发展。

20 世纪末本书作者被任命为潍柴公司总经理，当时的潍柴濒临破产，上任之后他就大刀阔斧进行"三三制改革"，从此开启了潍柴艰难而又卓有成效的改革与创新之路。发展过程中潍柴始终高度重视制造工程管理创新，提炼了高速重型发动机开发工程管理理论与方法，树立了全球高速重型发动机寿命的高标准，构建了基于"WOS 质量管理模式"的工程管理规范与体系，突破了"重型商用车动力总成关键技术及应用""商业化柴油机 50%热效率"等一系列国际性技术难题。作者在带领潍柴追求高质量发展的同时，非常注重管理理论研究与创新，先后完成了《质量成就梦想：WOS 潍柴质量管理模式》《链合共赢：供应商质量管控之道》等理论创新研究工作。

《CLICK 工程管理理论创新与实践》是作者的又一部理论创新著作。从系统论的视角看，该书应用归纳和演绎两种科学研究的逻辑思维范式对潍柴在工程管理实践中积累的丰富经验进行了全面梳理，创新性地提出对制造业发展具有广泛指导意义的工程管理理论，这不仅是对潍柴工程管理创新实践经验的凝练和升华，也是对与中国特色、时代需求相适宜的新的工程管理理论的探索。从研究方法和内容安排的视角看，该书采用了扎根理论与方法、评价理论与方法、专家法、案例分析法等多种理论与方法，较系统、全面地构建了全书的整体逻辑，并详细阐述了各部分之间的内在关系。我相信这本书的出版能进一步推动我国工程管理理论的发展，为指导我国工程管理实践做出积极的贡献。

中国工程院院士
合肥工业大学教授　　杨善林

2020 年 11 月

前　　言

　　工程管理理论孕育于工程管理实践，并在理论与实践相互促进中不断创新、发展和完善。古代运河、宫殿、城墙等建设工程实践活动孕育了工程管理的萌芽，在长期的工程实践活动中，组织者发挥出了强大的创造力并积累了大量的工程管理经验。随着科技与社会的不断进步，工程数量越来越多，工程规模越来越庞大，工程管理活动越来越复杂，为了有效提升管理水平和管理效率，实践中积累起来的丰富的工程管理经验被逐步总结提升为工程管理理论与方法，并在指导实践中得到创新、发展与完善。进入 20 世纪 90 年代后，工程管理实践更加关注重大工程，侧重复杂工程管理、工程协同及计算机技术应用等方向。工程管理从传统的生命周期理论向复杂性系统工程管理理论发展。

　　先进、科学、系统的管理理论与方法主要诞生于西方发达国家。例如，经过第一和第二次工业革命，应专业化、社会化大生产需要而产生的科学管理理论，以及 20 世纪 50 年代前后，发端于军事、兴起于民用的运筹学理论等，特别是这些理论与系统论、控制论、信息论（老三论）和耗散结构理论、协同论、突变论（新三论）等新兴理论的结合，将西方工程管理理论推向了以系统为出发点的新阶段。20 世纪 90 年代后一大批成功企业纷纷着力于对自己的管理经验进行总结提炼，形成了以现代管理大师彼得·费迪南德·德鲁克（Peter Ferdinand Drucker，1909—2005）为代表的经验主义学派及著名的丰田管理模式、美国通用电气公司的六西格玛（six sigma，6σ）管理等经典理论，这些理论至今对工程管理理论和实践仍然起着非常重要的作用。

我国工程管理有悠久的发展历史，经历了从纯经验式管理到逐步科学、规范的管理，从古代传统管理到现代综合管理的发展历程。但总体而言，我国目前的工程管理主要还处在跟踪、吸收和学习国外工程管理理论的阶段，扎根于我国独特制度、文化土壤，适合本国国情的原创理论较少。此外，面对中美贸易摩擦、实现高质量发展等复杂的国际环境和新时代发展要求，我们必须在已有的工程管理理论基础上，立足于当前的成功管理实践，发展建立与时代需求、特点相适宜的新的工程管理理论。

潍柴控股集团有限公司（以下简称潍柴）是成功实现从传统制造业转向先进制造业，实现高质量发展的典型代表。伴随着中华人民共和国的成长，潍柴通过数十年如一日的心无旁骛、专注主业，探索出独具特色的链合创新，保持高质量的稳健发展，并始终朝着推动我国从制造业大国迈向制造业强国的方向奋力前行，走出了一条由小变大、由弱变强的奋斗之路。特别是 1998 年以来，潍柴实现了跨越式发展。潍柴的努力和付出得到了社会各界的充分肯定，先后荣获"国家科技进步一等奖""自主创新典型企业""国家创新型企业""中国质量奖""中国工业大奖""全国质量奖"等荣誉称号。潍柴的成长是中国制造业发展的一个缩影，一路走来，潍柴积累了大量宝贵的制造工程管理经验，对其进行系统梳理总结、提炼其成功的思想精华，不仅可以丰富中国本土的工程管理思想，还可以为其他类型的工程管理活动提供宝贵的借鉴和指导。

本书首先运用改进的扎根理论方法，依据蕴含潍柴成功发展经验的200 多万字的文本资料，提炼概括出潍柴成功管理的五个维度 C（correct）、L（leader）、I（inspect）、C′（clip）、K（king）和由五个维度构成的 CLICK 概念模型。其次，从工程管理流程视角分析并提出 CLICK 工程管理理论模型，并对每个维度的内涵和流程进行详细分析，在理论阐述的基础上，配以潍柴工程管理案例进一步论述该模型的实际运用过程，希望为丰富我国工程管理理论和指导我国工程管理实践提供有益借鉴。本书关注的主要问题包括以下七个方面。

（1）CLICK 工程管理理论模型的构建。潍柴快速发展阶段积累了大量宝贵资料，这些资料真实反映了潍柴工程管理的创新与实践。这一部分对现有的扎根理论方法进行介绍，在此基础上提出改进的扎根理论方法，并利用该方法基于潍柴丰富真实的文本资料提取潍柴成功的 5 个关键驱动因素，即用正确的方式做正确的事（C），配置合适的领导及团队（L），必要的检查与修剪（I/C'），始终如一地朝着一个坚定的目标迈进（K），结合关系网络提出 CLICK 概念模型。在 CLICK 概念模型基础上，从工程管理活动流程视角，对 CLICK 每个维度的工作流程及各维度间的流程关系系统地进行梳理，构建 CLICK 工程管理理论模型。

（2）correct 理论内涵与案例分析。correct 在 CLICK 模型中是指用正确的方式做正确的事。"做正确的事"是指决策要正确，要做的事情必须正确，这是首位的。此外，做事情的方式也必须正确，确保高效率完成工程目标。correct 具体包括环境研判和要素属性识别。这部分首先阐述环境研判，具体包括经济环境研判、技术环境研判、社会文化环境研判和政治与法律环境研判；其次，从工程管理要素的定义、要素的内容、要素的分类和要素属性的识别方法等方面对要素属性识别进行论述；最后，以潍柴 H1 平台开发工程为案例，详细分析工程管理活动实施过程中环境研判和要素属性识别。

（3）leader 理论内涵与案例分析。leader 在 CLICK 模型中指配置合适的领导及团队。人是工程管理活动中最重要的资源，特别是一些一次性、大型复杂工程，人在其中的作用将更加突出。这些大型复杂工程耗费的人力、物力、财力巨大，不是一个人可以实现有效管理的，往往需要一支优秀的团队。但人多力量未必大，其中组织设计是关键，只有组织结构合理、选配人员适当，才能最大限度地发挥出领导及团队的作用。leader 具体包括确定管理活动类型、配备合适的领导和组织授权。因此这部分首先根据识别的工程管理活动中要素的属性对工程管理活动进行分类；其次，介绍工程管理中常见的三种组织结构，并对每种组织结构适用的活动类型进行简单阐述；再次，探讨如何匹配与组织结构相匹配的人员问题；最后，以潍柴 H1 平台开发工程为案例，详细阐述该项工程管理活动中人员的匹配问题。

（4）inspect 理论内涵与案例分析。inspect 在 CLICK 模型中指检查。工程任务布置完后，必须要进行检查、审查。由管理部门、技术服务部门或相关部门依据一定的工作准则与要求，通过严密的程序，定期或不定期地对工程准备、实施及管理的全过程进行全面的或专项的检查、审查。这部分首先介绍按照工程管理活动内容和类型分类的检查方法，并阐述两种分类维度下检查方法间的内在联系；其次，从指标的偏差和要素的变化两个方面分析检查的结果；最后，以潍柴 H1 平台开发工程为案例，详细阐述该项工程管理活动中检查的实施过程。

（5）clip 理论内涵与案例分析。clip 在 CLICK 模型中指修剪。检查发现问题后，必须立刻进行修剪、修正。这种修剪可能是源于外部环境发生了变化，也可能是执行走样导致的。因此，实际工程管理活动中必须根据不同情况进行修剪、修正，可能是修正做事情的方式，可能是调整目标，也可能是调整做事情的人，还有可能是终止。这部分首先对工程管理中常用的两种修剪方法和四项修剪原则进行简要阐述；其次，结合前一章的检查结果和分析，进行修剪方案的制订与评估；最后，以潍柴 H1 平台开发工程为案例，详细阐述该项工程管理活动中修剪方案的制订与评估。

（6）king 理论内涵与案例分析。king 在 CLICK 模型中指目标，在工程管理层面，目标是动态变化的，通过不断实现当前的目标和超越更高层级的新目标，螺旋上升成为工程管理的标杆。在 CLICK 中 king 具有指明方向的作用，是工程管理活动的"北斗星"。目标为管理者提供了协调团队行动的方向，从而有助于引导团队成员形成统一的行动。目标不仅是 CLICK 中做正确事的出发点，而且为检查（inspect）和修剪（clip）提供依据。这部分首先对工程管理目标评估的相关概念，如目标评估的定义、目标评估的原则和方法进行简要的阐述；其次，对工程管理目标评估中目标达成度和目标提升度两个主要维度进行分析；最后，以潍柴 H1 平台开发工程为例，详细阐释如何从目标达成度和目标提升度两个维度进行工程管理目标评估。

（7）CLICK 理论综合应用案例分析。潍柴成功实施的 WOS 运营工程管理是在面对企业规模扩大、国际化进程加快过程中遇到的难题和国内外知名公司运营管理体系的冲击下开展的系统性运营工程管理活动。WOS 运营工程管理不仅获得了我国质量领域的最高荣誉——"中国质量奖"，而且该工程管理活动充分体现了 CLICK 理论思想。因此，这部分以 WOS 运营工程管理为例，首先对其实施的背景进行介绍，其次依据 CLICK 工程管理理论模型，从环境研判、要素识别直至目标达成度评价各流程，详细介绍该案例的具体实施过程，全景展现 CLICK 工程管理理论模型在实际工程活动中的具体应用。

本书研究围绕上述问题展开，研究内容突出理论与实际相结合的原则。期待本书能够丰富我国本土工程管理理论，也能为指导我国工程管理活动提供支持。

在本书的写作过程中，参考了大量资料，笔者已尽可能地在参考文献中详细列出。在此，特别感谢所有参考文献的作者。也有可能由于疏忽，引用了一些资料而未注明出处，若有此类情况发生，在此深表歉意。

限于我们的知识范围和学术水平，书中难免存在不足之处，恳请读者批评指正。

目　　录

1 绪　　论

工程管理活动自古有之，与人类文明史同步。工程管理理论的发展是在漫长的实践中不断总结、提炼并发展而来的。随着经济的发展、技术的进步和工业化进程的加快，工程管理活动规模越来越大，管理活动内容越来越丰富，管理活动越来越复杂。

本章首先简单介绍工程管理的产生历史；其次，阐述工程管理的概念；再次，对我国工程管理的发展历程进行梳理总结；最后，从潍柴的发展历程中探析潍柴工程管理成功的密码。

1.1　工程管理的产生

1.1.1　人类工程实践催生了工程管理的萌芽

人类的工程建设历史悠久，几乎与人类文明史同步。工程管理起源于人类最初建设古代运河、宫殿、城墙等工程实践活动，并随着人类文明的发展而不断演进。

人类最初的工程管理活动以土木工程为主，在长期的工程活动中，组织者发挥出强大的创造力并积累了大量的工程管理经验。北宋真宗年间，汴梁皇宫被火烧毁，大臣丁渭受命修复宫殿。他将整个工程分解为三项任务——建筑材料的获取与运输、宫殿修复和建筑废物的处理，再将三项任务作为一个整体，进行系统考虑，寻找最优解决方案。他先在宫殿前的大街挖沟成渠，挖出的土用于烧砖；再引开封附近的汴水入沟，通过沟渠将上游的木材水运至宫门。竣工后，将修复宫殿产生的建筑废料填埋到沟渠中，修复大街。整个方案前后工序有效衔接，因地制宜，综合利用各种资源，一举三得，可谓是古代工程管理的典范。又如人类文明史上最伟大的工程之一中国万里长城的建设，据考证，组织者不仅在工程的质量、进度和投资，即现在我们所说的工程项目管理的三大管理要素的控制方面采取了有效的措施，还在劳动力组织、项目安排、工程设计和施工方法等方面显示出了高度的聪明才智。古人在广泛的建筑工程实践中因地制宜，就地取材，针对规模浩大的劳动组织和纷繁复杂的施工安排采取积极有效的对策与措施，积累了朴素的工程管理经验，促进了现代工程管理的萌芽。

1.1.2 科技进步促进了工程管理理论和方法的形成

伴随着人类大量的工程实践活动，相应的工程管理经验逐步得到总结，并被提升为工程管理理论。早在公元前 1 世纪，古罗马工程师及建筑师马库斯·维特鲁威·波利奥（Marcus Vitruvius Pollio，约公元前 80 年或前 70 年—约公元前 25 年）就撰写了关于建筑和工程的论著《建筑十书》，这本书是世界上保存的第一部完整的建筑学著作。该书涉及城市规划、建筑设计基本原理、建筑构图原理、城市及建筑选址，以及建筑设计施工技术等，建立了建筑学的基本体系[1]。随着社会生产力的发展和科学技术的进步，各个行业的生产方式均发生了巨大转变，新的管理思想和管理方法不断涌现，为工程管理的发展奠定了良好的理论基础，工程管理告别了朴素的萌芽阶段，开始向理论学科迈进。

20 世纪初期，美国著名机械工程师亨利·劳伦斯·甘特（Henry Laurence Gantt，1861—1919）通过活动列表和时间刻度，即用条形图直观地表示项目的先后顺序与持续时间。条形图又被称为甘特图和横道图，在土木工程领域的项目管理中得到了广泛运用。20 世纪 30 年代，玛丽·帕克·福利特（Mary Parker Follett，1868—1933）以她的融合统一理论为基点，对组织和权威进行了自己独到的研究，开启了切斯特·欧文·巴纳德（Chester Irving Barnard，1886—1961）协作系统理论的先河。此后，整体性系统分析方法在工程项目规划和决策中得到了广泛应用，大大推动了系统理论的发展。为解决原材料供应短缺导致的采购难题，美国通用电气公司工程师劳伦斯·迪洛斯·迈尔斯（Lawrence Delos Miles，1904—1985）通过在实际采购工作中孜孜不倦地探索，开发了一套以"功能"为基础的采购、设计、使用零部件和产品的程序，解决了当时某些材料供应不足的难题，并降低了产品的成本。1947 年，迈尔斯发表论文《价值分析计划》，将这套通过功能分析达到降低成本的系统方法称为价值工程法。价值工程法为工程管理提供了另一种有效工具，后来在通用电气公司得到全面推广，并在1954 年成功运用到美国海军部造船局的舰艇设计方面。

20 世纪 50 年代初，动态规划由美国数学家理查德·欧内斯特·贝尔曼（Richard Ernest Bellman，1920—1984）等创立，并被发展为运筹学的一个重要分支。随后动态规划理论逐步在经济管理、工程技术和工程管理等方面得到了广泛的应用。1957 年，美国杜邦公司在其化学工厂维护项目日程安排中，创造性运用了网络理论和网络图组织管理工程项目的科学方法，被称为"关键路径法"。1958 年，美国海军在"北极星"导弹潜艇计划中，利用计算机管理，开发出计划评审技术。上述系统工程、运筹学、动态规划、价值工程、关键路径法、计划评审技术等管理方法的发展及超大型建设工程和高科技产品开发等工程管理实践，为工程管理在理论和技术方法方面奠定了良好的基础，并初步构建起了工程管理理论体系。

1.1.3　新型工业化加速了工程管理的发展

随着经济的发展、技术的进步和新型工业化进程的加快，工程管理的地位和作用不断增强，由于受到普遍重视，工程管理取得了长足的发展。在理论方法方面，制造业和软件开发者在 20 世纪 80 年代开始采用复杂项目管理方法；在 20 世纪 90 年代，工程管理研究开始关注重大工程的管理研究，研究开始侧重复杂项目管理、项目协同及计算机技术应用等方向。工程管理也开始逐步从传统的生命周期模式的项目管理朝复杂性项目管理理论方向发展，具体包括项目和项目管理各个层次的管理复杂性的新理论与新模型的构建等[2]。

随着新型工业化进程的推进，人们开始发现早期传统工程管理中的某些理论开始"失灵"，工程管理实践中面临着道德风险和生态环境破坏的双重挑战。早期的工程管理活动主要是在工程思维模式主导下进行的，以建设工程为考察对象，工程管理研究主要集中在立项决策和施工过程管理两方面。立项决策问题研究主要基于投资科学范式；其次把建设工程的实施看作一种独特的一次性任务或过程，基于系统科学范式对工程实施过程管理进行研究[3]。20世纪下半叶集中发生在建设工程中的重大事故多数与工程承包人的偷工减料密切相关，这促使人们对工程思维模式主导下的工程管理活动进行反思。人们开始意识到工程建设追求的并不是简单的工程成本、工程质量和工程进度等目标的实现，而应该追求工程利益相关者的整体满意。上述改变促进了伦理思维模式的形成，项目开始被看作一种社会过程，更多地关注项目涉及的人的行为和与社会的交互作用，进而逐步形成了工程伦理学。此外，通过对重大工程建设实践的总结和反思，人们意识到，只有当人们的主观想法符合客观世界时，工程才能取得成功，工程管理活动思维开始从"征服自然"向"人与自然和谐相处"演变。上述转变促进了哲学思维模式的形成，并逐步形成了工程哲学[3-5]。工程伦理学和工程哲学的发展，不仅丰富了工程管理理论，还促进了工程管理相关制度的完善，三者的交汇融合共同促进形成相对成熟和科学的现代工程管理理论。

1.2　工程管理的概念

1.2.1　工程管理的内涵

关于工程管理的内涵目前还没有统一公认的界定。《工程管理概论》一书将工程管理解释为：通过决策、计划、组织、指挥、协调和控制，以实现工程预期目标的过程[6]。考虑到管理过程中的资源利用，中国工程院在咨询报告中对工程管理进行了界定：工程管理是指为实现预期目标，有效地利用资源，对工程所进行的决策、计划、组织、指挥、协调与控制[7]。考虑到工程管理的管理对象及管理组织的特点，工程管理可以解释为：以工程为对象，通过一个有时限的柔性组织，对工程进行高效率的决策、计划、组织、指挥、协调与控制活动，以实现工程的整体目标[8]。由于工程概念与技术概念紧密联系，工程管理又可以解释为：工程管理人员在特定产业环境中对于特定形式的技术集成体的管理，是面向特定目标的、特定形式的决策、计划、组织、指挥、协调与控制的工作[7]。美国工程管理协会也在对工程管理的解释中考虑了技术的成分：工程管理是对具有技术成分的活动进行计划、组织、资源分配及指导与控制的科学和艺术。针对技术型企业，工程管理可以解释为：通过整合工程与管理知识、技术和技能，设计、运行并有目的地持续改进人、机、钱、时间、信息和能量，并通过关注环境、质量和道德，实现技术企业的预期目标的系统[9]。

除了上述对工程管理的解释外，还可以从不同的角度来解释工程管理。从工程管理的职能角度，工程管理是指对工程的决策、计划、组织、指挥、协调与控制；从工程管理的过程角度，工程管理是指对工程的前期论证与决策、设计、实施、运行的管理；从工程管理的要素角度，工程管理是为实现质量、费用、工期、职业健康安全、环境保护目标而对资源、合同、风险、技术、信息、文化等进行的综合集成管理[5]。

综上所述，由于考虑的侧重点和角度不同，工程管理的内涵可以有不同的解释，总结如表 1-1 所示。

表 1-1 工程管理的内涵

侧重点及不同角度	工程管理内涵
管理职能	工程管理是指通过决策、计划、组织、指挥、协调和控制，以实现工程预期目标的过程[6]
资源利用	工程管理是指为实现预期目标，有效地利用资源，对工程所进行的决策、计划、组织、指挥、协调与控制[7]
管理对象和管理组织的特点	工程管理是指以工程为对象，通过一个有时限的柔性组织，对工程进行高效率的决策、计划、组织、指挥、协调与控制活动，以实现工程的整体目标[8]

续表

侧重点及不同角度	工程管理内涵
技术	工程管理是工程管理人员在特定产业环境中对于特定形式的技术集成体的管理，是面向特定目标的、特定形式的决策、计划、组织、指挥、协调与控制的工作[7]；工程管理是对具有技术成分的活动进行计划、组织、资源分配及指导与控制的科学和艺术
管理过程	工程管理是指对工程的前期论证与决策、设计、实施、运行的管理[5]
管理要素	工程管理是为实现质量、费用、工期、职业健康安全、环境保护目标而对资源、合同、风险、技术、信息、文化等进行的综合集成管理[5]

1.2.2 工程管理的分类

不同类型的工程可能对应不同的工程管理方式，因此可以按照工程的分类对工程管理进行分类。一般来说，工程管理可以从行业领域和工程性质两个方面进行分类。

从行业领域方面工程管理可分为：土木建筑工程管理、交通运输工程管理、石油工程管理、化工工程管理、冶金工程管理、矿业工程管理、电子工程管理、通信工程管理、计算机工程管理、软件工程管理、生物工程管理、制造工程管理、航天工程管理、国防工程管理、金融工程管理等。

从工程性质方面工程管理可分为：建筑类工程管理、制造类工程管理、采掘类工程管理及探索类工程管理。其中，建筑类工程管理的对象包括一系列的土木建筑工程，如道路、房屋建筑、水利、工业建筑、市政等；制造类工程管理的对象包括行业的技术创新工程，如机械、化工、冶金、电气、电子通信等；采掘类工程管理的对象包括一系列开采工程，如化石能源、金属矿、非金属矿等；探索类工程管理的对象包括一系列科学探索工程，如航天、生物医学、超深钻探等[10]。

不论是何种类型的工程管理，工程管理的内容都大概包括需求管理、质量管理、成本管理、进度管理、风险管理、信息管理、环境管理、安全管理及采购管理等。不同的管理内容有各自的任务。例如，需求管理包括三大任务——需求收集、需求细化和需求管控；质量管理包括规划质量管理计划，管理、控制和保证质量等任务，具体见表1-2。

表 1-2　工程管理内容及任务

工程管理内容	任务
需求管理	收集、细化需求，控制和管理需求变更
质量管理	规划质量管理计划，管理、控制和保证质量
成本管理	制订成本管理计划，估算预测并控制成本，衡量并评价绩效，分析偏差和风险
进度管理	编制经济、合理的进度计划，检查进度计划的执行情况，分析实际执行情况与计划不一致的原因，调整或修订原工程进度计划
风险管理	识别、应对、评估、控制风险等
信息管理	分析信息需求，过滤、筛选、加工、输出、传递、储存信息等
环境管理	组织制定规范、改进作业流程，尽力减少施工对环境的不利影响
安全管理	分析、预防安全事故，建设安全体系等
采购管理	记录工程活动采购决策，明确采购方法，识别可能的卖方，管理采购关系并监督采购合同执行的情况，按照需要进行变更及采取一些纠正措施

1.3　我国工程管理的发展历程

1.3.1　我国工程管理的历史演进

我国工程管理经历了从经验式管理到科学管理、从古代传统管理到现代综合管理的漫长发展历程。古人通过总结日常生产生活经验，形成了最初的工程管理，后历经不断积累、提炼、完善和发展，逐渐形成科学、规范的理论与方法。总的来说，我国工程管理可概括为经验化、工具化、科学化三个发展阶段[11]。

1.3.1.1　经验化阶段：古代工程管理

古代劳动人民以现实生活为依据，积累了丰富的实践经验，其智慧与思想逐渐形成我国古代的工程管理。鉴于较为低下的生产力水平，较小规模的民间工程建筑，相对简单的建造与管理，古代建筑采用的方式多为建造者自主经营，即资金、材料与图纸均由工程建造者自主负责，并兼顾设计、施工与管理。诸如皇家宫廷楼宇、朝廷官方建筑等大型政府工程，由于涉及的人力、物力、财力数量庞大且结构复杂，因此设有专门的官方机构进行管理。比如，为服务皇室王族宫廷建筑，我国古代设有工官制度来管理官营土木营造事务。

古代工程管理有其独特的标准与程序。《考工记》是古代最早的一部工程技术著作[11]，该书详细阐述了春秋战国时期的建筑制度，包括王室城池的建筑规划、规模版式，以及城池道路、城墙、城门和内室的标准尺度等；《筑城法式》是一部诞生于北宋元丰年间，专注于归纳不同防卫工程经验的专著；《营造法式》是由宋代官方发布的一部建筑设计、施工规范用书，不仅标准化各类房屋，且主张各类工程的专业分工；元代的《河防通议》侧重于堤坝、水闸等河防技术、材料、工具的论述。

古代工程在策划和安排上也体现了管理的缜密和组织的严谨。长城是古代的一项超级工程，该建造过程充分体现了古代劳动人民的智慧与创新。如果遇到狭长难走的小道，人们便通过人行长队以接力传递的方式运输材料；若在冬天则通过泼水结冰来减小摩擦继而便于拉送材料；若遇深谷，工人则采用"飞筐走索"来传送物料。诸多精心的规划省时省力，也为工程的顺利完工提供了有力保障。

古代工程在质量安全控制方面也独具匠心。根据《吕氏春秋》记录，战国时期吕不韦高度重视产品质量，并创造"物勒工名"的制度使产品质量得到保障，即制造者要在产品上刻上自己的名字，且操作者也要承担监督责任，一旦出现问题，制造者和监督者均要承担相应责任。此后的长城修筑工程也沿袭了该责任制管理，不仅以碑文的形式详细记录工程修筑的规模、尺寸，以及建造者、监督者的姓名，还通过质量验收制度来确保工程合格。若发现不满足质量标准，不仅需要返工重修，且相关责任人不受时限均会被追究责任。宋代建筑师喻浩在修筑高层木塔时，为避免落物伤人，使用帷幕进行遮挡。由于成本低、收效好，该方法也被沿用至今。

1.3.1.2 工具化阶段：近代工程管理

鸦片战争后到中华人民共和国成立这一时间段被界定为近代工程管理时期。鸦片战争改变了我国传统建筑生产方式的面貌。清朝后期撤销了专掌营造工程事务的工部，与此配套的工官制度也随着清朝的灭亡而彻底成为历史。与此同时，国门的打开也带来了西方工程建设方式和思想，影响了中国近代工程管理的发展。人们通过引进、消化吸收再融合，形成了适合本土的工程管理形态。

古代社会分工明确且简单，因此工程建设的业主自主负责，雇用的工匠可以集设计、施工建设、管理于一体，既承担设计工作，又具体负责施工管理。随着社会的发展，以及建筑复杂性、多样性的提高，中国近代工程管理开始吸收学习西方专业分工的特色，设计、施工逐步分开，专门的工种初具雏形，专业化程度得到提升。1938 年国民政府发布《建筑法》，这是中国历史上第一部具有现代意义的全国性建筑管理法规[11]。之后颁布的《建筑师管理规则》和《管理营造业规则》进一步规定了建筑行业管理规则，《建筑技术规则》详述了建筑技术规范，一系列建筑法规的出台实施逐渐搭建起近代建筑管理机构体系的框架。

我国近代工程管理不仅学习借鉴了西方的专业建筑师制度、工程承包方式，并且引进了工程招投标模式。不过招投标模式在国内推广相对缓慢。例如，1864 年建造法国领事馆时，西方某个营造厂首次采用招投标，但国内直到 1891 年才只有杨瑞泰营造厂一家对江海关二期工程进行招投标。此后，国内营造厂商渐渐接受该模式，20 世纪初，工程招投标已经趋于完善。当时的招标文件、评标流程、合同条款、履约保证金等制度已与现代工程大致相同。

1.3.1.3　科学化阶段：现代工程管理

20 世纪以后，科学化是这一阶段工程管理的特点。这一时期，工程内涵不断扩大、工程管理内容更加丰富，相关理论方法融合加速，现代工程管理呈现多元化特点。

中华人民共和国成立以来，为了满足社会生产持续快速发展的需要，出现了许多大型及特大型的工程项目。除了传统的土木工程外，还涌现出一大批航空航天工程、核武器研发制造工程、"两弹一星"等新兴超级复杂工程，发展和完善了我国的工程管理思想。但这一时期我国相比于西方发达国家，经济发展差距较大，导致工程管理思想发展滞后，处于追随发达国家阶段。即使处于百废待兴、艰难困苦的阶段，我国这一时期的工程管理仍取得了颇为丰硕的成果。例如，我国"导弹之父"钱学森院士在领导建设"两弹"的过程中，通过整理、总结工程实践中常用的原则、方法，并加以理论化概括，最终形成科学理论。其专著《工程控制论》充分反映了钱学森院士的工程思想智慧[12]。

我国在 20 世纪 50 年代主要学习苏联的工程管理方法，施工组织计划与设计技术也在这一时期被引进。从现代工程管理主体的视角，当时引进的施工组织计划与设计既包括业主也包括承包商。从内容视角，组织结构规划、项目技术方案、工期安排、工人、设备、资金等均被涵盖。

20 世纪 60 年代，华罗庚教授在吸收关键路径法和计划评审技术思想精华的基础上，结合大量的现场走访研究，经过提炼加工，提出了符合中国国情的统筹法。为优化工艺参数、提高产品质量，华罗庚教授又提出了优选法，并从理论上给出了严格证明。统筹法与优选法（简称"双法"）不仅丰富了我国工程组织设计、施工中工期和资源优化的内涵，而且弥补了我国在现代项目管理上方法和手段的不足，缩小了我国与发达国家在研究和应用方面的差距。

产品全生命周期管理理念于 20 世纪 70 年代被运用到我国重大项目工程的管理实践，并经过拓展，发展为全生命周期费用管理、后勤一体化管理、决策点控制管理等。例如，系统工程管理方法的运用实施，保障了上海的宝钢工程、秦山核电站等大型工程项目建设目标的顺利实现[12]。

我国从 20 世纪 80 年代不断改革工程管理体制，其中最突出的表现是引进先进的工程项目管理制度，如项目经理责任制、工程建设监理制和工程合同管理制度等。1984 年，鲁布革水电站通过率先采用国际竞争性招标，不仅缩短了项目管理工期，而且大幅节约资金，为我国建设工程项目管理制树立了成功应用的典范。之后，项目管理制在众多大中型工程中得到普遍应用，项目资本金制、项目法人责任制、工程建设监理制等制度得到普及。工程各领域中工程管理思想的广泛运用推动了我国工程建设的蓬勃发展[12]。

20 世纪 90 年代后，新型工业化进程加快，带动工程管理地位的提升。全社会的高度重视，促使工程管理得到迅速发展。现代工程管理兼容并蓄，学习并融合系统论、信息论、控制论、行为科学等现代管理理论，继而健全和完善了其基础理论体系。计算机技术、数学建模分析方法的迅猛发展为解决工程管理的实际问题提供了更加丰富多样的方案和工具，同时大幅提高了工程管理的效率。

工程建设规模的增加及建造复杂度的提高使得工程管理难度越来越大，但同时也促使工程管理的研究得以深入发展。成立于 2000 年的中国工程院工程管理学部是我国最具权威的科研机构之一，它的成立标志着工程管理学科得到了学术界的广泛认同。2007 年 4 月，在广州举办了我国第一届工程管理论坛。围绕我国工程管理的现状和存在的重大问题，与会专家学者深入交流了先进的工程管理理念和成功的案例经验，并对工程管理行业未来的发展方向进行探究。此次论坛的成功举办为我国工程管理行业和学科的健康发展打下了良好的基础。

社会经济的持续稳健发展为工程管理的基础理论和实践运用创造了良好的大环境。一方面，科学技术的迅猛发展（包括计算机技术、系统工程理论、数学方法等）为工程管理的发展提供丰富的方法和手段；另一方面，社会经济的向好趋势，人民对美好生活的向往对工程管理产生巨大需求，为工程管理的不断完善和发展提供动力，促使工程管理在社会经济发展中发挥越来越大的作用。

1.3.2 我国重大工程管理实践

对国防建设、重大科技探索、社会持续稳定发展等有决定性影响的大型工程被称为重大工程。重大工程具有的复杂性、不确定性及高风险等特点，使其区别于一般的工程项目管理，重大工程并不是多个一般工程或项目的集合，而是工程技术、方法、理论的有机集成和创新[2]。我国在国防、土木水利、制造等重大工程管理实践上均取得了丰硕成果。

1.3.2.1 重大国防工程

在特定的国防系统环境下，创造独特产品、服务或其他成果的活动被称为国防工程。与一般工程项目相比，国防工程的特殊性体现在高科技特性、多学科复合性、高费用设计性和高保密性等方面。重大国防工程由于其高度的复杂性，通常由多家组织协同合作，项目成功的关键在于这些组织的系统工程管理能力。具有高风险、高复杂度的山东舰和北斗卫星导航系统便是典型的重大国防工程项目，为增强我国国防科技工业核心竞争力和持续发展提供了有力保障。

山东舰是中国首艘自主建造的国产航母，在对苏联航空母舰和辽宁号航空母舰的研究基础上，由中国自主研发设计。2013 年在大连造船厂正式开始建造，2017 年 4 月 26 日下水。为确保无误，接下来的两年间，共进行了八次海试，2019 年 12 月 17 日，山东舰正式交付海军使用。虽然山东舰建造只用了六年时间，但其中历经了无数困难，以航母配套设施为例，很多东西都是从零做起，如航母上的阻拦索，是我国自行探索出来的。山东舰的问世，不仅意味着我国彻底打破了常规动力航母的技术封锁，更代表着我国重大国防工程在工程庞大、技术密集、运用复杂的超大武器——航母领域实现重大突破。

由我国自主研发的北斗卫星导航系统是可以独立运行的全球导航定位系统，是全球四大卫星导航系统之一。从 2000 年第一颗北斗导航卫星拖着长长的尾焰划破苍穹冲向太空开始，直到 2020 年最后一颗卫星完美收官，标志着北斗导航系统正式完成全球组网。一颗北斗导航卫星的制造费用大约是 10 亿元人民币，55 颗北斗卫星大概花费 550 亿元，如果再加上前期的研发、后期的维护等，不仅所付出的人力、物力、财力巨大，且成功组织协调各类资源意味着我国重大国防工程的管理能力和管理水平迈上了一个新台阶。

1.3.2.2 重大土木水利工程

建造各类土地工程设施的科学技术活动统称为土木工程。水利工程指用以调配和管理自然界地表与地下水，实现兴利除害目的的建筑工程。中华人民共和国成立以来，我国在三峡工程、青藏铁路、港珠澳大桥等重大土木水利工程实践中努力创新工程管理的技术和方法，不仅使工程管理的应用面得以延展，而且提升了重大土木水利工程领域在工程管理中的地位。

三峡水利工程是世界著名水利工程之一，1994 年正式动工兴建，于2009 年全部完工。面对复杂、系统、高难度的工程管理，我国工程专家在学习吸收世界已有经验、管理理念的基础上，结合我国工程建设面临的实际情况，会同经济、生态、水利等各方专家，开展多方充分论证。经过数十年的不懈努力，我国自主研发设计出了处于世界工程项目管理领先水平的管理信息系统，为实现多部门、异地、全领域的规范有效合作提供有力支撑，使得工程管理人员可以实时掌握工程进度、保障工程质量等，为工程管理的发展做出了突出贡献。

青藏铁路是世界海拔最高的铁路，海拔 4000 米以上的路段占全线 85% 左右。工程建设不仅需要解决在世界最复杂的冻土区建设铁路的难题，而且需要保证铁路的建设不破坏青藏区的生态环境和野生动物的正常迁徙。为此，我国工程师充分发挥创造力，在全世界开创了在冻土区含冰量很高的地质条件下"以桥代路"修筑路基的先例，进而为工程质量和进度的实现提供了保障。此外，工程组设计了专门的路线保障野生动物的迁徙尽量少受青藏铁路修建的影响，最大限度地降低了青藏铁路工程对生态环境的破坏。柔性化管理在我国工程管理中得以充分体现，表明我国具备了在复杂地理地形条件下开展工程建设和工程管理的能力。

港珠澳大桥全长 55 公里①，是世界上最长的跨海大桥。港珠澳大桥选择的设计施工方案为桥、岛、隧一体。港珠澳大桥在桥梁重量上打破了世界纪录，主体梁身所用的钢材重量约为 60 座埃菲尔铁塔的重量。此外，港珠澳大桥的隧道长达 6.7 公里，也是全球最长的海底隧道，33 个巨型沉管构成这条世界第一长的海底沉管隧道。港珠澳大桥的隧道工程是我国首条外海沉管隧道，同时是全球独有的深埋隧道。由于是一个首创的建设工程，没有历史经验、案例可以参考，再加上港珠澳大桥跨三地建设，面临着极其复杂的施工条件，进一步加剧了该工程的建设难度。有别于其他跨海大桥，港珠澳大桥是以"搭积木"的形式搭建起来的。工程组人员首先在中山、东莞等地的工厂把桥梁部件做好，等到自然条件满足时再将部件一块块组装起来。港珠澳大桥开拓了工程管理的新模式，在工程理念、工程技术、工程管理等领域开创了诸多先例，并形成了一系列"中国标准"。

---

① 1 公里=1 千米。

1.3.2.3 制造工程

研发新产品、新技术、新工艺并通过有效的管理，用最少的费用生产出高质量的产品来满足社会需求的活动称为制造工程。作为技术和资本密集型产业，以高铁和大飞机为代表的典型制造工程不仅需要投入巨额资金且建设周期相比于其他工程更长。更为关键的是，这些工程涉及众多上下游产业，对国民经济增长和产业链具有显著拉动作用。

经过多年深耕，无论是技术水平还是工程管理经验，中国高铁都取得了享誉中外的成就，并构建了全球公认的高铁标准。自 2004 年我国开始引进高铁技术，之后我国科研工程人员在引进成果的基础上吸收消化、融合创新，我国在 2010 年底已与世界多个国家和地区构建了坚实的高速铁路合作关系。这表明我国的高铁技术已经达到世界一流水平。多年如一日的努力使得京津城际铁路（我国第一条拥有百分百自主知识产权的高铁）于 2008 年 8 月 1 日顺利开通运营。截至 2020 年，我国已经成为全球拥有最全高铁技术、最强继承能力、最长运营里程数等多个世界之最的国家。高速铁路技术的快速发展也带来了技术标准的日臻完善，我国已经成功建立系统完善的高铁技术标准体系。中国高铁，是一项系统性工程，是线路、列车、信号系统和人的有机结合，其工程复杂度超乎想象。中国的高铁建设被称为中国经济发展的一大奇迹，不断刷新世界纪录，是中国在世界制造工程中的一张闪亮名片。

国产大飞机属于世界各行业中利润最为丰厚且规模最大的产业之一，欧洲空中客车公司和美国波音公司两家航空巨头在当今的民用航空研发制造领域中处于垄断地位。国产大飞机 C919 的研发目标是能够进入这个领域，和"A""B"并列，出现一个"C"，在未来民用航空领域有一定的话语权，甚至实现三足鼎立的状态。2017 年 5 月 5 日成功首飞的 C919 属于民用客机，是中国第一款根据最新国际适航标准、自行研发制造、拥有自主知识产权的民用飞机。大飞机绝不仅仅是为了满足航空领域的发展需求，而是为了实现大飞机国产化。这是国之重器，强大的运输机可以实现千里奔袭、千里救援、千里运送战略物资和后勤补给。

远程战略打击、战略攻击、战略威慑都能实现。大飞机技术的突破，预示着中国的航空制造工程迈入了强国的行列，也为提高中国军事力量提供了条件。

1.4　潍柴工程管理成功的密码

1.4.1　潍柴的发展历程

制造业是国民经济的主体，具有举足轻重的地位。2019 年我国制造业增加值占国内生产总值（gross domestic product，GDP）比重达到 27.2%，大幅领先于国内其他行业。为了进一步提高我国制造业的核心竞争力，推动制造业高质量发展，我国陆续发布了很多支持政策，也采取了各种不同的举措，如《中国制造 2025》《增强制造业核心竞争力三年行动计划（2018—2020 年）》等，促使国内制造业以更快的速度朝着智能化、绿色化、服务化方向发展，进而提升我国制造业在全球价值链中的地位。相对于全球的先进水平而言，我国制造业虽然在规模方面成绩斐然，实现了快速稳步扩张，但在自主创新能力、资源利用效率等方面依旧存在较大差距，传统制造业向先进制造业转型升级，是当前企业亟待解决的难题，也是它们重点关注的课题。

制造工程属于工程专业的一个分支，其发展水平对制造业的整体发展情况具有关键性影响，尤其随着新一代信息技术和人工智能技术等的不断发展，智能制造工程成为制造业追求的重要发展方向。基于该背景，教育部自 2017 年开始，每年均会审核并批准部分高校开设智能制造工程的专业课程，并会对这些高校的名单进行公布，如在《教育部关于公布 2018 年度普通高等学校本科专业备案和审批结果的通知》中列示。《中国制造 2025》对我国当前重点支持的五大制造工程进行了阐述，这五大工程为制造业创新中心建设工程、智能制造工程、工业强基工程、绿色制造工程和高端装备创新工程。

中华人民共和国成立初期，属于典型的农业国，经济技术十分落后，连火柴这样的基本生活品都需要进口。在历经 70 余年的发展后，尤其是实行改革开放的 40 余年中，我国经济技术持续快速发展。目前我国已步入制造业大国行列，产业体系完整，产业配置比较完善，我国还成了全球重要的制造基地。工业产值由 1952 年的 163.5 亿元增至 2019 年的 317 108.7 亿元[①]。2010 年，我国制造业产值第一次超过了美国，跃升为世界第一，并持续多年未被其他国家超越。除了在规模方面实现扩张，我国制造业在技术层面上也取得了诸多成果，多种不同类型的大国重器被研发出来，很好地体现了中国制造的硬核能力，超超临界火电机组、750 千伏交流输变电成套设备等，在自控及其他技术方面均达到国际先进水平，高速铁路机车及相关系统更是很好地体现了"中国制造"的实力，在很多尖端领域进入了国际前列。

目前，中国已完成向制造业大国的转变，正在向制造业强国迈进，伴随着中国制造业的发展步伐，一批本土制造业企业也在成长壮大，潍柴即是其中的典型代表。

潍柴创建于 1946 年，在发展的早期仅生产重型柴油机，产品结构极为单一，配套市场高度集中。20 世纪 90 年代末，受内外部环境影响，企业已到了濒临破产的边缘，在生死存亡的关键时刻，潍柴人把握住了自己的命运，率先通过市场化改革，迅速摆脱了困境。其后又成功抓住产业化整合、国际化跨越两大关键发展阶段，延伸了产业链条，完善了产业布局，逐步走出了一条独具特色的高质量发展之路。

（1）市场化改革，为企业发展注入活力。1998 年面对企业的困局，潍柴拉开了市场化改革的大幕，通过实施三项制度改革、"三三制改革"[②]、产品质量提升、配套市场战略转移等一系列重大举措，由一个计划经济体制下的大企业再造成为适应市场经济的、有竞争力的全新企业。

（2）产业化整合，构筑黄金产业链。2005～2007 年，潍柴通过战略重组湘火炬汽车集团股份有限公司，从此拥有了国内唯一的重卡发动机（潍柴）、商用车［陕西重型汽车有限公司（以下简称陕汽）］、变速

---

① 资料来源：新中国五十条统计资料汇编（1949—1999）。
② 将所有业务一分为三，即 1/3 成立股份公司，1/3 存续在母公司，1/3 与主业无关的彻底推向市场。

箱（陕西法士特齿轮有限责任公司）、车桥（陕西汉德车桥有限公司）的黄金产业链，改变了单一的发动机业务布局，形成了独一无二的核心竞争力，打造了国内最完整、实力最强的重型汽车产业链，实现了涅槃重生。此后，潍柴又通过资本之手对国内业务进行了精心和明确的布局，打造了国内产业集群（表 1-3）。

表 1-3　国内业务布局

区域板块	所在省市	产业
环渤海板块	山东省	中高速全系列发动机、新能源动力、高端液压元件、农业装备
长三角板块	江苏省	高速小功率发动机、客车、特种车、叉车、船艇
东南板块	福建省	新能源客车、叉车
中南板块	湖南省	火花塞、齿轮
西南板块	重庆市	中高速大马力发动机、运动型多用途汽车（sport utility vehicle，SUV）
西北板块	陕西省	卡车、变速箱、车桥

（3）国际化跨越，整合全球资源，补足产业短板。2009 年以来，潍柴先后并购具有百年历史的法国博杜安动力国际公司，战略重组豪华游艇制造企业意大利法拉帝有限公司（以下简称法拉帝），与工业叉车及服务提供商德国凯傲集团股份公司（以下简称凯傲集团）战略合作，并购德国林德液压有限责任及两合公司并实现国产化落地，支持凯傲集团收购自动化物流提供商美国德马泰克公司，战略投资可替代燃料动力系统提供商美国国际动力解决方案股份有限公司（Power Solutions International，Inc.，PSI）、固态氧化物燃料电池供应商英国锡里斯动力控股有限公司和氢燃料电池提供商加拿大巴拉德动力系统公司，战略重组德国欧德思股份公司、奥地利威迪斯（Variable Drive Systems，VDS）控股有限公司。通过投资整合全球最优质的资源，补足了产业短板，实现了战略业务覆盖全球、均衡协同发展（表 1-4）。

表 1-4　海外业务布局

区域	国家	产业
亚洲	缅甸、印度、泰国	发动机、变速箱
欧洲	英国、德国、意大利、法国、俄罗斯、白俄罗斯、奥地利	发动机、叉车、高端液压元件、豪华游艇、电机控制器、液压机械无级变速箱、固态氧化物燃料电池

续表

区域	国家	产业
北美洲	美国、加拿大	发动机、智能物流、氢燃料电池
非洲	埃塞俄比亚	发动机

经过 70 多年，尤其是 1998 年以来的发展，潍柴全球员工已达 9 万多人，业务涵盖动力系统、商用车、智能物流、农业装备、海洋交通装备、后市场服务等六大业务板块（图 1-1），旗下拥有潍柴动力有限公司、潍柴重机有限公司、扬州亚星客车股份有限公司、德国凯傲集团等海内外 7 家上市公司、9 只股票，分布在海内外的不同国家和地区，成为跨领域、跨行业经营的国际化企业集团。

图 1-1 潍柴六大业务板块

潍柴在围绕主业、拓展业务领域、扩大企业规模的同时，深知要在制造工程领域获得可持续高质量发展，创新是根本之路。因此，潍柴高度重视科技创新，经过多年经营，潍柴拥有内燃机可靠性国家重点实验室、国家商用汽车动力系统总成工程技术研究中心、国家商用汽车及工程机械新能源动力系统产业创新战略联盟、国家专业化众创空间等国家级研发平台，设有"院士工作站""博士后工作站"等研究基地，建有国家智能制造示范基地。在潍坊、上海、西安等地建立了研发中心，并在全球多地设立前沿技术创新中心，搭建起了全球协同研发平台，确保制造工程技术水平始终紧跟世界前沿，并力争引领全球技术发展。

潍柴的努力获得了丰硕的成果。2019 年，潍柴营业收入超过 2600 亿元，位居我国百强企业第 83 位，制造企业中位列第 23 位，实现了规模从小变大，综合实力由弱到强的跨越式发展。从 1998 年濒临破产到步入高质量发展 20 余年，潍柴营业收入年均复合增长率 34%，利润总额年均复合增长率 45%（图 1-2），创造了"潍柴速度"和"潍柴奇迹"。

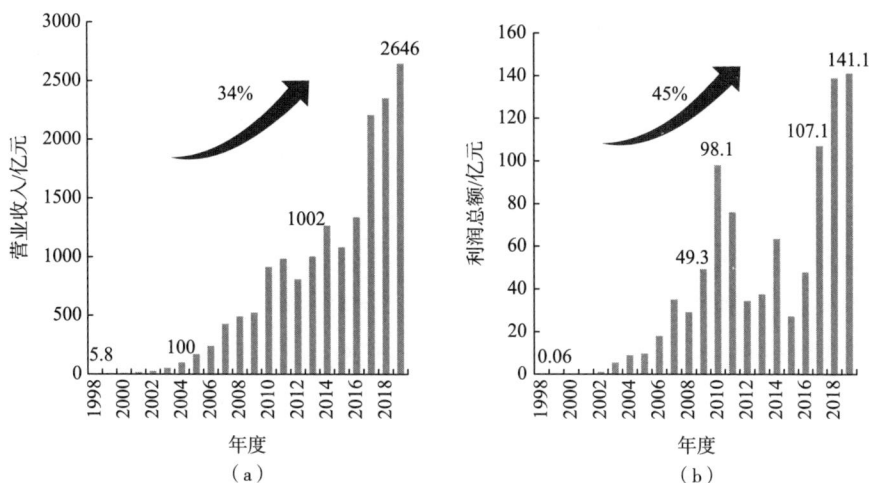

图 1-2　1998～2019 年企业经营成果

1.4.2　潍柴成功管理之道

潍柴一路走来取得的成就有目共睹，是值得骄傲的，那么潍柴实现跨越式发展的根本原因是什么？这也是潍柴人一直想要找到答案的问题。经过我们长期的思考和总结，目前已有了初步的线索和答案，本书正是在这样的背景下，对潍柴在工程管理方面多年践行的思想、理念和相关经验进行了系统梳理和总结。首先，潍柴非常重视技术研发工作，跟李斯特内燃机及测试设备公司（Anstalt für Verbrennungskraftmaschinen List，AVL）合作，共同在奥地利成立欧洲研发中心，团队努力学习国外机构设定规范、累积数据、判定技术发展趋势的相关方法，学习并领悟把研发成果转化为生产力、应用到潍柴自己的制造生产中的要领。这种对国际领先研发体系的深入学习，使其科研队伍以极快的速度成长起来。2005 年，潍柴研制出我国首台自主研发的 10 升、12 升大功率国Ⅲ发动机——"蓝擎 WP10/12"。

这也是我国首台大功率国Ⅲ排放柴油机，标志着潍柴在技术方面成为我国同类企业的领头者。其次，潍柴设立了十分完善的研发管理体系，为自身的发展奠定了良好的根基，但迈向成功的道路不可能是一帆风顺的，始终保证发展不偏离正轨的关键在于以科学的方式对工程管理的相关活动进行管理。例如，潍柴 2012 年并购重组全球最大豪华游艇企业法拉帝后，在整合的道路上遇到了诸多的波折。重组初期的首席执行官能够听取总部的意见，并会对总部发布的任务加以有效落实，但后期开始忽视总部命令，管理层跟员工间的矛盾逐渐凸显出来，业绩持续走低，想要扭亏为盈变得十分困难。在多次开展论证讨论后，潍柴决定采取修剪措施，2014 年 9 月正式更换首席执行官，并推行了一系列的革新，经过逐步融合后，2016 年法拉帝开始盈利，净利润高于 1400 万欧元。历经 6 年的时间，营业收入由最初不足 3 亿欧元，2018 年增长到超过 6.5 亿欧元，复合增长率高于 22%，2018 年，法拉帝净利润达到 4000 万欧元，收入和利润均处于全球游艇行业的首位。

通过数十年如一日的心无旁骛、专注主业，潍柴走出了一条独具特色的链合创新之路，实现潍柴高质量的稳健发展，并始终在推动我国从制造业大国迈向制造业强国的道路上奋力前行。潍柴的努力和付出得到了社会各界的充分肯定，荣获了"国家科技进步一等奖""自主创新典型企业""国家创新型企业""中国质量奖""中国工业大奖""全国质量奖"等系列荣誉称号。

潍柴的成长是中国制造业发展的一个缩影，一路走来，潍柴积累了大量宝贵的制造工程管理经验，是时候对其进行系统梳理总结，并力争将其升华为理论了，这不仅可以丰富中国本土的工程管理思想，还可以为其他类型的工程管理活动提供宝贵的借鉴和指导。从上述关于潍柴的发展经验中，我们提炼概括出潍柴成功管理的五个关键要素，即用正确的方式做正确的事（correct），配置合适的领导及团队（leader），必要的检查与修剪（inspect/clip），始终如一地朝着一个坚定的目标迈进（king），这五个要素相互联系，相互依赖，构成一个有机整体，取这五个关键要素的英文首字母，将其称为 CLICK。CLICK 的具体提炼过程将在第 3 章介绍。

1.5　本书内容安排

　　本章首先阐述了工程管理的产生与发展历史。工程管理大致经历了萌芽、形成和发展三个阶段，其中人类工程实践催生了工程管理的萌芽，科技进步促进了工程管理理论和方法的形成，新型工业化则加速了工程管理的发展。其次，对工程管理的内涵进行了总结归纳，并在现有分类基础上，对工程管理的内容及任务进行了提炼。我国工程管理有悠久的发展历史，大致经历了从经验式管理到科学管理、从古代传统管理到现代综合管理的过程，近年来我国工程管理实践取得了很大进步，但理论发展相对薄弱。最后，从潍柴的发展历程梳理中，对潍柴的成功之道进行了概括性提炼，发现其成功的五要素为用正确的方式做正确的事（correct），配置合适的领导及团队（leader），必要的检查与修剪（inspect/clip），始终如一地朝着一个坚定的目标迈进（king），这五个要素相互联系，相互依赖，构成一个有机整体。

　　接下来的章节分别从产生背景、代表人物、主要观点和对管理学的贡献四个方面简要梳理了经验主义学派和系统管理学派这两个对潍柴工程管理理论有重要帮助和影响的理论。紧接着本书从研究方法、CLICK 概念模型、CLICK 工程管理理论模型方面详细阐述了 CLICK 理论模型的构建。理论模型构建完成后，本书分五章分别对 C、L、I、C′、K 每个要素的理论内涵进行了系统论述，并以 H1 平台开发工程为例，分析各维度在实际工程管理中的运用。最后，本书以潍柴运营工程为例，依据 CLICK 工程管理理论模型，从 C、L、I、C′、K 五个要素的环境研判、要素识别直至目标达成度评价各流程，详细介绍该案例的实施过程，全景展现 CLICK 工程管理理论模型在实际工程活动中的具体应用。本书的内容框架如图 1-3 所示。

```
┌─ 工程管理的介绍和理论基础 ─────────────────────────────────────────┐
│                                                                    │
│  ┌─────────┐   ┌──────┐   ┌─────────┐   ┌─────────┐   ┌─────────┐ │
│  │产生与发展│→ │ 概念  │→ │国内的发展 │→ │潍柴工程管理│   │理论基础  │ │
│  │人类工程实践、│   │内涵  │   │历程      │   │成功的密码 │   │经验主义学│ │
│  │科技进步、新型│   │分类  │   │历史演进、重大│   │         │   │派、系统管│ │
│  │工业化    │   │      │   │工程管理实践│   │发展历程梳理、成│   │理学派    │ │
│  │         │   │      │   │         │   │功之道总结、提炼│   │         │ │
│  └─────────┘   └──────┘   └─────────┘   └─────────┘   └─────────┘ │
└────────────────────────────────────────────────────────────────────┘

┌─ CLICK理论模型构建 ──────────────────────────────────────────────┐
│                                                                    │
│  ┌─────────┐   ┌──────────┐   ┌─────────┐   ┌──────────────┐     │
│  │确定研究方法│→ │数据收集和处理│→ │CLICK概念模型│→ │CLICK工程管理理论模型│  │
│  │改进的扎根 │   │正式出版物、 │   │开放式编码、主轴│   │主要概念界定，C、L、I、│  │
│  │理论方法  │   │原生态文集、 │   │编码、选择性编码、│   │C′、K释义，C、L、I、C′、│ │
│  │         │   │社会媒体报道 │   │相关人员打分 │   │K作业流程分解  │     │
│  └─────────┘   └──────────┘   └─────────┘   └──────────────┘     │
└────────────────────────────────────────────────────────────────────┘

┌─ CLICK理论模型各维度内涵与案例应用 ────────────────────────────────┐
│                                                                    │
│  ┌───────┐  ┌───────┐  ┌───────┐  ┌───────┐  ┌───────┐         │
│  │correct │→│leader  │→│inspect │→│clip    │→│king    │         │
│  │环境研判、要│  │活动类型、组│  │检查方法、检│  │修剪方法、│  │目标评估的│         │
│  │素属性识别、│  │织结构、人员│  │查结果、H1平│  │修剪方案、│  │定义、目标│         │
│  │H1平台开发 │  │匹配、H1平台│  │台开发工程的│  │H1平台开发│  │评估的原则│         │
│  │工程的应用 │  │开发工程的 │  │应用      │  │工程的应用│  │与方法、H1│         │
│  │         │  │应用     │  │         │  │         │  │平台开发工│         │
│  │         │  │         │  │         │  │         │  │程的应用  │         │
│  └───────┘  └───────┘  └───────┘  └───────┘  └───────┘         │
│                                                                    │
│  ┌──────────────────────────────────────────────────┐            │
│  │ CLICK理论模型应用——潍柴运营工程管理案例            │←           │
│  └──────────────────────────────────────────────────┘            │
└────────────────────────────────────────────────────────────────────┘

┌─ CLICK理论总结 ──── 逻辑整体性、系统开放性、循环提升性、广泛移植性 ──┐
└────────────────────────────────────────────────────────────────────┘
```

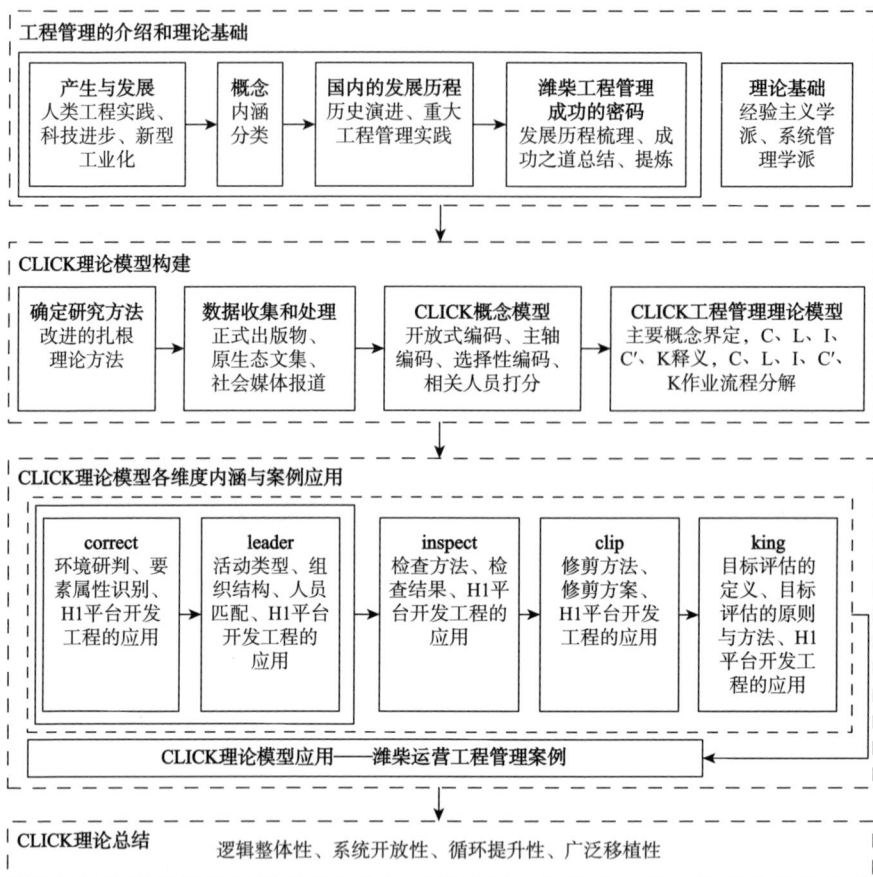

图 1-3 本书的内容框架

2 理论基础

理论与实践相辅相成，管理理论也不例外，而且管理是一门应用性很强的学科，理论与实践的互动更加密切、更加频繁。

本章着重介绍对我们梳理潍柴工程管理理论有重要帮助和影响的两大理论：经验主义学派和系统管理学派。其中，经验主义学派认为管理理论就是研究成功企业的管理经验。系统管理学派的核心思想是：系统观点、系统分析和系统管理。而系统观点、系统分析和系统管理也是潍柴一直秉持的工程管理思想。

2.1 经验主义学派

2.1.1 产生背景

20 世纪 60 年代，国际环境动荡不安，传统理论难以适应外部环境的变化，管理理论进入缤纷的丛林阶段，涌现出很多经典的理论。其中以"现代管理之父" Peter Ferdinand Drucker 为代表的经验主义学派理论观点主要来源于美国成功的大企业的管理经验。

经验主义学派的产生最早可以回溯到 1911 年，哈佛大学商学院邀请美国《系统杂志》的出版商阿奇·威尔金森·肖（Arch Wilkinson Shaw，1876—1962）讲授"商业政策"课程。哈佛大学商学院邀请 Arch Wilkinson Shaw

讲授这门课程的目的，是想让他从实际公司管理的视角，而不是纯粹的理论视角帮助学生理解和整合所学的管理知识。在教学过程中，Arch Wilkinson Shaw 邀请了许多公司的高层管理者参与到课程中，让他们讲述自己在过去企业管理实践中面临的具体问题、关键问题及常用的解决方案，并且与学生一起讨论可能的、更好的解决措施。与此同时，哈佛大学商学院的教授们通过对这些公司总裁管理经验的深入分析发现，管理者的决策直接影响企业的经营业绩和竞争优势，这些决策包括对企业所处环境的分析、对企业自身优势和劣势的分析、对关乎企业命运的重大战略的选择。这些内容与之后 Peter Ferdinand Drucker 的管理任务理论有着惊人的相似，而 Peter Ferdinand Drucker 正是受到这种基于管理经验提炼普适管理原则的研究方法的影响，最终形成了以其为代表的经验主义学派[13, 14]。

1942 年 Peter Ferdinand Drucker 出版《工业人的未来》，凭借该书的影响，他受邀担任通用汽车顾问[15]。在职期间，通过对通用汽车公司内部结构和管理经验的深入调研分析，Peter Ferdinand Drucker 在 1946 年出版了《公司概念》一书，进一步奠定了以其为代表的经验主义学派的理论基础。1950 年，Peter Ferdinand Drucker 进入纽约商学院学习，他父亲的朋友、著名的经济学家和管理学家约瑟夫·阿洛伊斯·熊彼特（Joseph Alois Schumpeter，1883—1950）在弥留之际对前来探望的 Peter Ferdinand Drucker 说，到了他现在的年纪就知道，一个人想流芳百世仅仅凭着几本书和理论是不够的，除非这些理论能真正改变人们的生活。这番话引起了 Peter Ferdinand Drucker 的共鸣，进一步坚定了他对管理实践经验的重视："管理是一种实践，其本质不在于知而在于行，其验证不在于逻辑而在于成果"[16]。至此，以 Peter Ferdinand Drucker 为代表的经验主义学派正式形成[17]。

2.1.2　代表人物

Peter Ferdinand Drucker，著名管理学家，现代经验主义学派的开山鼻祖，第一个提出"管理学"概念的人，被誉为现代管理学之父。他对管理学的贡献很多，如在他 1946 年出版的《公司概念》一书中，首次提出"组织"的概念，阐述了一个大型组织需要拥有不同技能和知识背景的人，通过专业化分工和他们的通力合作共同完成组织任务，以此奠定了组织学的基础；其次，在他 1954 年出版的《管理实践》一书中，Peter Ferdinand Drucker 提出了"目标管理"的概念，后人在他的理论观点基础上形成的目标管理，至今在管理实践中仍被普遍采用，由此奠定了 Peter Ferdinand Drucker 现代管理大师的地位；此外，1973 年出版的《管理：任务、责任和实践》，分别为企业经营者和管理专业的学生提供了系统化的管理手册与教科书，被誉为"管理学圣经"；1982 年出版的《巨变时代的管理》，讲述了管理者在其角色内涵方面的变化，包括管理者的任务和使命、面临的问题和机遇，以及他们的发展趋势等[16, 17]。这些观点对管理学都产生了重要的影响。

欧内斯特·戴尔（Ernest Dale, 1917—1996），著名管理学家，经验主义学派的重要代表人物之一。Ernest Dale 在其代表作《伟大的组织者》中指出，企业管理知识的真正源泉是那些大公司中"伟大的组织者"的非凡个性、杰出才能和管理经验等。他研究了一些大公司的成功管理经验，其中包括美国杜邦公司、通用汽车公司、美国钢铁公司和美国西屋电气公司，得出的结论是组织和管理中并不存在着"普遍原则"或者"通用准则"，管理情境和管理经验对企业管理成效非常重要，进而反对构建普适性的理论体系，主张通过比较的方法对大企业的管理经验进行总结提炼。此外，他的代表作还有《公司组织结构的计划和发展》《组织中的参谋工作》《企业管理的理论与实践》等[18, 19]。

艾尔弗雷德·普里查德·斯隆（Alfred Pritchard Sloan, 1875—1966），美国高级经理人员、企业家，长期在通用汽车公司担任要职，其中 1923～1937 年任公司总裁，1937～1956 年任公司董事长，是事业部管理体制的首创人之一，他还首次提出了职业经理人的概念和职能。在通用汽车公司任职期间，Alfred Pritchard Sloan 根据通用汽车公司的经营产品，组建了 21 个事业部，分属 4 个副总经理领导。在这个实践经验基础上，于 1921～1922 年提出了"集中政策控制下的分散经营"组织模式，在这种组织模式下，公司总部仅需要掌握有关公司发展的重大决策和控制信息，如财务控制、重要领导人员的任免、公司长期战略与发展计划、重要项目的决策等，其他具体业务则可完全交由各事业部负责。Alfred Pritchard Sloan 的代表作为

《我在通用汽车公司的岁月》，该书详细记录了他在公司重大发展战略上的谋划，充分显示了他在管理学理论和实践上的贡献[20]。

2.1.3　主要观点

经验主义学派把管理实践放在第一位，认为管理学就是研究管理人员在过去一段时间内的管理实践，通过对管理实践中的成功经验和失败教训的总结提炼，为后来的管理者提供借鉴和指导，让他们清楚在何种情况下运用何种方法可以有效地解决他们面临的管理问题。简言之，管理学应该从企业管理的实际出发，尤其是那些大企业的管理实践经验，用比较研究的方法对其加以高度总结和理论凝练，然后再反馈指导企业管理人员的管理实践[16, 21]。

2.1.3.1　管理的性质

管理是管理者通过计划、组织、领导、控制，使一群人或一个团体朝着组织共同目标努力的过程。经验主义学派认为管理是研究管理者需要具备哪些技能和知识才能做到有效管理。例如，Peter Ferdinand Drucker 认为管理需要一些特殊的技能，因为管理本身就是一项特殊的工作，虽然单个管理者不可能掌握所有的管理技能，但每一个管理者都应该对管理技能有所了解。这些管理所需的技能包括做出有效的决策、在组织内外部进行信息交流、正确运用核查与控制、正确运用分析工具。因此，Peter Ferdinand Drucker 强调，管理学不是一个纯理论的学科，而是一个实用性很强的学科[22-24]。

2.1.3.2　管理的任务

传统管理理论偏重讲述一般管理技巧、管理原则或者管理职能，似乎是希望将一整套普适性的管理技巧、管理职能运用到各种组织中。以 Peter Ferdinand Drucker 为代表的经验主义学派，他们的关注点在大企业的成功经验，管理的出发点是任务，为完成任务才需要管理，而任务不同，有效的管理行为也不同。现实中管理者有着各自特殊的任务，应该有与之相匹配的管理方式。尤其作为高层管理者，他们所面临的任务事关企业的生存与发展，具有复杂多样性、多角经营性、变革创新性等特点，因此也就面临着组织结构和战略上的各种特殊挑战[16, 25]。

具体而言，管理者的任务包括以下三方面。

（1）了解本组织的目的和使命，了解企业之所以存在的、特殊的社会职能，即企业必须提供社会需要的产品和服务，并取得经济成果，获取利润。企业作为社会组织中的一员，与其他社会组织最根本的区别就在于，企业的最终目的是营利，因此企业的经理人员应该把营利作为他们的每一项决策和行动的根本出发点和最终落脚点。

（2）让员工有成就感。企业中真正的资源只有一项，那就是人。企业需要依靠人这项资源来完成工作，取得成就，进而实现企业目标。

（3）妥善处理企业对社会的责任。企业作为社会组织的一种典型存在形式，是为社会而不是它自己存在的，因此企业对社会承担着有限度的社会责任。

2.1.3.3 管理的职责

Peter Ferdinand Drucker 认为，作为企业主要管理者、领导的经理，有两项特殊的职责。第一项职责是组建一个"生产的统一体"，创造出一个整体大于局部之和的统一体，也就是说经理要善于对投入于企业中的各项资源进行统筹整合，创造出新的价值，且创造出的新价值大于原始投入的各项资源的总和。第二项职责是在做出每一项决策或行动时，一定要综合考虑眼前利益和长远利益，不能顾此失彼。

具体而言，任何管理者共同的管理职责包括以下六方面：①树立目标并确定实现手段，同时知晓所有有关人员；②为实现目标进行组织工作；③为激励职工建立适宜的奖酬制度；④加强组织内信息沟通和联系；⑤分析工作成果，并确定评价及考核工作的方法和标准；⑥为职工创造成长和发展的机会。

2.1.3.4 组织结构

Peter Ferdinand Drucker 非常重视组织结构，他将世界管理组织的新模式概括为五种：集权式的职能制结构；分权式的联邦制结构，即事业部制结构；规划-目标结构，即矩阵制结构；模拟性分权管理结构；系统结构。Peter Ferdinand Drucker 认为，任何一种组织结构都必须满足以下必要条件。

（1）明确性。包括明确的层级结构、隶属关系、协作关系、角色职责、信息流动方向。

（2）经济性。包括经济活动的监督和成本的控制，尽可能鼓励人们自我控制、自我激励。

（3）远景方向。为组织内各部门和个人的发展远景提供指引，指引企业取得想要的目标成绩。

（4）理解本身的任务和共同的任务。

（5）决策。检验组织结构的设计对决策过程的影响。

（6）稳定性和适应性。组织结构的充分稳定性和高度适应性决定着企业的稳定运行与长久发展。

（7）永存性和自我更新。组织结构的设计应该考虑到能否从组织内部产生未来的领导者。此外，组织结构要实现永存，还必须接受新思想、愿意做新事情、能够做新事情，以实现自我更新[23]。

2.1.3.5　目标管理

"目标管理"概念最早由 Peter Ferdinand Drucker 提出，后经他人不断补充和发展，最终形成了当今的目标管理模式，得到理论界的普遍重视和实业界的广泛应用。Peter Ferdinand Drucker 之所以提出目标管理，是因为古典管理理论阶段强调以工作为中心，把人视为"经济人"，而行为科学理论则过分强调人的心理和情感因素，忽视了工作本身的因素。目标管理被称为"管理中的管理"，一方面强调工作的重要性，强调要通过取得工作成果来完成目标；另一方面又强调人的重要性，强调员工要自主参与目标的制定、主动实施、自我控制。关于工作和目标间的关系，Peter Ferdinand Drucker 认为，目标先于工作，有了目标才能确定每个人的工作。

目标管理的要点包括以下两方面。

（1）组织中的各层级管理人员和所有员工必须共同参与目标的制定，并积极参与目标的实现。

（2）所制定的目标应同每个经营单位和每个人的工作成果相联系，通过目标明确每个经营单位和每个人的工作任务，界定主要职责范围，并进行自我管理和自我评价。

2.1.4 对管理学的贡献

经验主义学派在研究管理实践的过程中，将管理经验凝练为管理理论，高度重视人的重要性，提出了目标（任务）管理法，并在复杂动态变化的现实关系中不断形成和再造管理的未来[14]。

首先，经验主义学派认为，管理科学是独立于自然科学的存在，与自然科学有根本区别，具有不同于自然科学的不可重复性，没有一般规律可循，不可以将自然科学中探寻一般规律的方法套用于管理科学。因此，经验主义学派认为，管理学研究必须注重对管理经验个案的考察和研究。

其次，经验主义学派认为，组织中最重要的资源是人，组织中的各项活动均由个人行动来决定，而个人行动又由个人动机、行为规范和价值关系决定，在充分肯定人在企业管理中的重要作用的同时，又强调了人的个性化发展，同时把人的发展与企业的发展一起列为组织目标，由此提出目标管理模式。

2.2 系统管理学派

2.2.1 产生的背景

第二次世界大战的爆发对科学理论的建立与发展产生了重要影响，时势动荡在抛出问题的同时也催生了新思想和新的解决方案。由于军事物资资源调度、优化配置等一系列军事管理需要，产生了运筹学，战后运筹学从军事管理转向一般管理，为管理科学提供了一系列的量化方法。第二次世界大战后，系统论、信息论、控制论（老三论）和耗散结构论、突变论、协同论（新三论）等系统科学得到快速发展与丰富完善。与此同时，战后重建等发展需要使得西方国家企业管理进入战略及其管理时代，企业内部的组织结构随规模扩大而更加复杂、外部环境愈发多样化均对企业管理提出了挑战。然而，以往的管理理论或偏重生产技术过程的管理，或强调一般的组织结构问题，或着重于人际关系。如何从企业整体出发，协调好企业内部各个单位或部门之间、个人与组织间的关系，保证组织的有效运转，成为众多学者关注的重要问题[26]。在这一背景下，运筹学、系统科学、系统工程等学科与管理科学之间的相互渗透融合使得系统管理科学呼之欲出。

系统管理学派的思想基础是一般系统理论。除了一般系统理论外，社会系统论、决策理论等都对系统管理理论的产生起了巨大推动作用。20世纪30年代，美籍奥地利生物学家卡尔·路德维格·冯·贝塔朗菲（Karl Ludwig von Bertalanffy，1901—1972）最早明确地把系统作为研究对象，提出"一般系统论"概念。同期，美国管理学家 Chester Irving Barnard 认为组织是一个复杂的社会系统，个人与组织、组织与组织间的协调问题是系统运转有效的保证，在此基础上提出协作系统的概念，社会系统学派由此产生。而后，决策理论学派在社会系统论的基础上，进一步吸收行为科学和系统论的思想，并融入运筹学与电子计算机技术，最终发展成为第二次世界大战后新崛起的管理学派之一。系统管理学派同社会系统学派和决策理论有着密切的渊源关系，侧重点各不相同，直至20世纪60年代，以一般系统论为基础的系统管理学派才得以正式形成。

2.2.2　代表人物

Karl Ludwig von Bertalanffy，美籍奥地利生物学家，系统管理学派的奠基人。1968年 Karl Ludwig von Bertalanffy 出版了《一般系统论——基础、发展和应用》，该书总结了一般系统论的概念、方法和应用，被公认为是一般系统论的经典著作。1972年 Karl Ludwig von Bertalanffy 在《一般系统论的历史和现状》一文中试图重新界定一般系统论，他尝试把一般系统论从局限于技术方面的数学理论扩展到系统科学的范畴[27]。

弗里蒙特·埃尔斯沃思·卡斯特（Fremont Ellsworth Kast，1926— ），美国西雅图华盛顿大学的管理学教授，系统管理学派的主要代表人物之一。1963 年，Fremont Ellsworth Kast 与理查德·阿维德·约翰逊（Richard Arvid Johnson，1917— ）、詹姆斯·欧文·罗森茨韦格（James Erwin Rosenzweig，1929—2005）合著出版了《系统理论与管理》一书，较为全面地论述了系统管理的观点，成为系统管理理论创立的奠基之作。1970 年，Fremont Ellsworth Kast 和 James Erwin Rosenzweig 再度携手，联合出版了《组织与管理：系统方法与权变方法》一书，主张用系统理论的范畴和原理来全面分析和研究管理问题，即把系统理论和管理理论结合起来，系统管理学派的理论框架由此建立。

詹姆斯·格里尔·米勒（James Grier Miller，1916—2002），美国生物学家，系统科学的先驱，首创了"行为科学"一词的现代用法。James Grier Miller 不仅组建了一般系统研究所，还以一般系统论学会的名义创办了《行为科学》杂志。1978 年，James Grier Miller 出版《生命系统》一书，至今仍被视为将一般系统思想应用于生命科学领域内的典范。James Grier Miller 的生命系统论是结合传统生物学理论和社会学理论的跨学科研究，揭示了既适用于生物系统也适用于社会系统的统一系统规律。

米哈伊洛·D. 梅萨罗维奇（Mihajlo D. Mesarovic，1928— ），南斯拉夫科学家，是系统理论领域的先驱，系统管理学派主要代表人物之一。其代表作为 1975 年出版的《一般系统理论：数学基础》，主张所有主要系统概念都应具备一种统一的、形式化的数学方法。

2.2.3 主要观点

系统管理学派主张从系统整体的角度研究组织内外部各因素间的关系及其相互作用。具体而言，系统管理学派强调管理问题的分析要从组织的层面着手，而任何组织都是一个开放的系统，组织管理者在处理各种复杂管理问题时，既要了解导致问题发生的组织内部因素，还要考虑组织当下和未来所处的外部环境因素，从而进行系统分析、系统管理。

2.2.3.1 系统观点

系统观点是系统管理学派处理和解决管理问题的出发点。

系统管理学派认为，组织是一个人造的系统，由相互独立但又相互联系的、为达成某一目标而共同工作的五个子系统组成，这五个子系统分别为目标与价值子系统、技术子系统、社会心理子系统、组织结构子系统和管理子系统。其中，管理子系统在这五个子系统中起着核心和纽带的作用。同时强调，系统整体是前提，并在发展中保持稳定和统一，而各子系统相互协作，为实现整体的发展可不断调整和变化。

此外，系统管理学派认为，组织系统是开放的，并非独立存在的，它总是处于同其外部环境持续的相互作用之中，并通过连续不断地投入—转换—产出的循环过程，取得一种稳定状态，即动态平衡，也就是周围环境一旦发生变化，组织系统也要依据环境变化进行自我调节以适应环境变化要求和自身发展需求[28]。

2.2.3.2 系统分析

系统分析是一个有目的、有步骤的探索性分析过程，它要求管理人员在处理和解决复杂管理问题时要做到考虑系统的各个主要方面以实现系统整体最优。具体操作过程表现为：针对关键问题，运用逻辑的思维推理，采用定量分析和定性分析相结合的科学分析方法，在确定和不确定的条件下，找出各种可行的方案，分析对比，选出最优方案，进而执行和检查。系统分析要求问题的处理要紧密围绕系统整体目标，要求解决问题的相关组织行为要从系统的整体利益出发。

2.2.3.3 系统管理

系统管理思想得益于 Fremont Ellsworth Kast 的开放组织系统理论，具有以人为中心、以目标为中心、以责任为中心及以系统为中心的四个特点，强调系统的整体性、开放性和层次性观念，强调系统管理由创建系统的决策、系统的设计、系统的运转和控制、系统运转结果的检查和评价四个紧密联系的阶段构成。系统管理学派认为,组织是一个相对开放的系统,具有可渗透的边界,能够对外界内容进行选择性吸收与输入;组织系统要想稳定发展,必须要适应其所处的周围环境,但在适应环境的同时也应反向影响环境,以促进系统的更高层次发展。

系统观点、系统分析和系统管理三者既有联系又有区别,具体如表 2-1 所示。

表 2-1   系统观点、系统分析和系统管理的关系矩阵

比较内容	系统观点	系统分析	系统管理
观点	概念的	优化的	实践的
方法	战略思考	建立模型	综合实施
组织子系统	高层管理	作业管理	任务管理
任务	把组织与环境结合	有效利用资源	整合组织各项要素

2.2.4   对管理学的贡献

系统管理学派的学术贡献不在具体方法层面,而在哲学式的思维方面。首先,系统管理学派归纳了管理的整体性及整体与部分之间的关系。它试图总结管理中最一般、最普遍的规律性,给出前所未有的关于管理本质认识的新尺度。其次,系统管理学派赋予了人们认识管理的新体系,即系统观。要求管理者在实际管理活动中要注重企业的整体效率,要求从系统的观点来处理问题和管理企业,既包括从系统整体视角审视内部各子系统的功能、地位及其之间的相互关系,还包括在了解外部环境的基础上分析解决组织内部相关问题。最后,系统管理学派继承和发展了辩证思维方法。总之,系统管理理论为人们分析和处理各类组织的管理问题提供了一种非常重要的新思想方法。

2.3   本 章 小 结

本章从理论产生的背景、主要代表人物、主要学术观点和对管理学贡

献四个方面，简要介绍了对本书具有重要帮助和影响的两大理论。第一个是以"现代管理之父"Peter Ferdinand Drucker 为代表的经验主义学派，其理论观点主要来源于美国大企业的成功管理经验。经验主义学派把管理实践放在第一位，其主要学术观点体现在管理的性质、管理的任务、管理的职责、组织结构、目标管理等方面。经验主义学派对管理学的重要贡献表现在，从研究管理实践的过程中，将管理经验凝练为管理理论，高度重视人的重要性，提出了目标管理模式，并在复杂动态变化的现实关系中不断形成和再造管理的未来。

第二个是系统管理学派，系统管理学派源起于 Karl Ludwig von Bertalanffy 的一般系统论，并在应对第二次世界大战后企业规模越来越庞大、组织结构越来越复杂、外部环境越来越多样化的现实管理挑战中得到逐步发展。本章首先介绍了系统管理学派的奠基人与主要代表人物。其次，本章重点从系统观点、系统分析和系统管理这三个既相互联系又相互区别的方面引出系统管理学派的主要观点。最后，阐述了系统管理学派对管理学的重要贡献，系统管理提供了认识管理本质的新尺度，赋予了人们认识管理的新体系——系统观；系统管理理论梳理了整体与局部之间的相互关系，归纳总结了管理的整体性，继承和发展了辩证思维方法，并试图给出管理学中最普遍的规律性。

本章对经验主义学派和系统管理学派主要观点和管理思想的阐述，一定程度上为本书从系统观点出发，系统分析基于潍柴成功经验的工程管理理论奠定了相应的理论基础。

3 CLICK 理论模型构建

潍柴快速发展阶段积累了大量宝贵资料，这些资料真实反映了潍柴工程管理的创新与实践。本章从潍柴丰富真实的文本资料出发，基于改进的扎根理论方法提取潍柴成功的关键驱动因素，即用正确的方式做正确的事（correct），配置合适的领导及团队（leader），必要的检查与修剪（inspect/clip），始终如一地朝着一个坚定的目标迈进（king），结合关系网络提出 CLICK 概念模型；在此基础上，进一步对 CLICK 每个维度的流程及不同维度间的流程关系进行分析，构建 CLICK 工程管理理论模型。具体技术路线如图 3-1 所示。

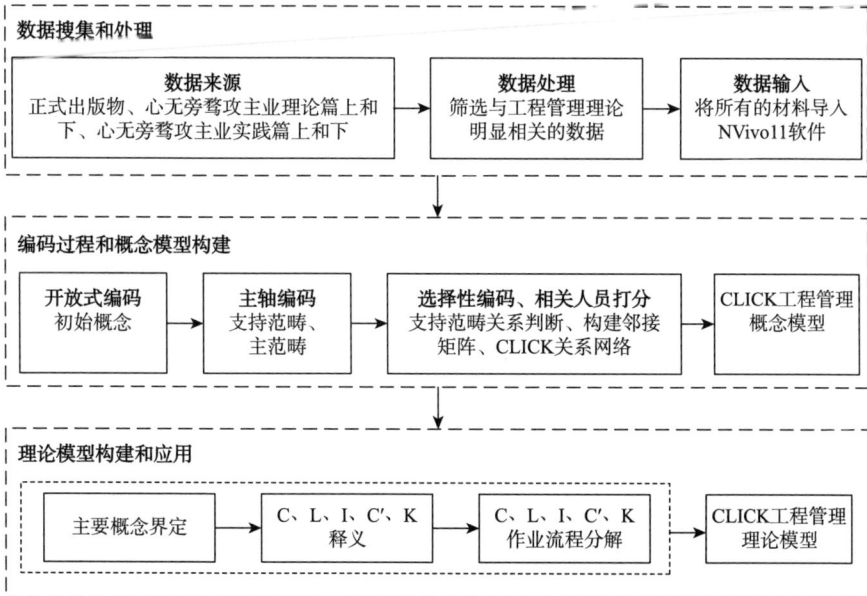

图 3-1 技术路线

3.1 研 究 方 法

3.1.1 扎根理论

扎根理论由社会学者巴尼·加兰·格拉泽（Barney Galland Glaser，1930—）和安塞尔姆·伦纳德·斯特劳斯（Anselm Leonard Strauss，1916—1996）在 1967 年提出。扎根理论运用搜集的资料，通过科学的逻辑、归纳、演绎、对比和分析，螺旋式循环地逐渐提升概念及其关系[29]。扎根理论不仅可以全面、有效地分析处理各类文本性资料，而且在理论归纳和演绎方面独具优势，有益于理论模型的构建和完善[30]。作为一种自下而上的质性研究方法，该方法已被广泛应用于政策有效性因素分析[31]、行为影响因素分析[32]、创新管理[33, 34]、跨国并购[35]等方面的研究。

扎根理论是归纳分析的一种模式，可以认为是从日常经验中衍生或"扎根"的理论，研究者在开展研究之前没有理论假设，而是要先进行相关资料的收集，再对这些原始资料进行分析，数据的收集和分析构成了扎根理论的核心内容，不断地重复数据的收集和分析最终产生理论。与其他质性研究方法不同，扎根理论的数据分析过程由开放式编码、主轴编码和选择性编码 3 个步骤构成，依次完成对原始资源逐句的概念化和范畴化、聚类，以及确定核心范畴。新概念或者系统的理论的产生是以新数据不再产生或者数据达到饱和作为标志的，这一过程被称作饱和度检验，同时代表着数据收集和分析过程的结束。

开放式编码是指对访谈数据中的词语和短语进行分类、抽象标注，以及研究者对访谈数据进行阅读和分配初步编码的过程[32]。开放编码的过程类似于一个漏斗，由一个较为宽广的范围逐渐缩小和集中，直到译码呈现饱和。在开放编码的过程中，会产生数十乃至上百个概念，因此研究人员必须将类似的概念整合，进而成为类属。而此阶段中的类属概念是暂时性的，随时可能会因为新发现而出现必须修改的情况。开放式编码阶段，概念的命名一般采用三种方式。①由研究者自行创建：研究者在数据对比测试的背景下，借由事物所唤起的意义或意象，授予能反映该意义或意象的名字。②沿用已存在学术文献中的名字：这样的命名，概念本身已包含了极为丰富的分析意义，且都是已经发展得近乎完整的概念，故而非常严谨，但缺点则是缺乏弹性，未必能与自己想表达的概念一致。③见实编码：研究人员从被采访者使用的语句中提取相应的字词进行编码[36]。

主轴编码是在开放式编码的基础上进行聚类分析，进一步梳理清楚不同概念间的关系，通过对概念之间的反复思考、比较，提炼出更高抽象层次的范畴[37]。主轴编码进行的步骤分别是：①检查各次要概念类属与各现象彼此的关系，在这个基础上思考主要概念类属与次概念类属间可能存在的假设性关系；②检证实际资料是否支持上述这种假设性的关系；③持续不断地寻找主要概念类属与次概念类属的性质，并从实际的个案中确认它们在个别面向上的定位；④检证实际应用数据中的证据、事故、事件，并予以解释、说明。通过反复推导和归纳整理，研究者将开发出一些针对研究问题的概念类属[36]。

以主轴编码为前提基础，选择性编码对主轴编码类别之间的关系做进一步梳理、总结和归纳，最终发现轴向编码类别与开放编码类别之间的关系[33, 38]。在选择核心类属后，选择性编码关键通过 5 个步骤：①创建一条清楚明确的故事线；②通过译码范式模型连接主要概念类属和次概念类属；③在面向的层级发展派系类型；④利用数据验证各派系中概念类属间的关联；⑤完善可能需要补充或发展的类属。通过这些步骤，研究者得以发展派系类型，并在此基础上构建理论[36]。

3.1.2　改进的扎根理论方法

扎根理论方法的优点是不需要预先设定理论假设，研究人员直接对原始素材进行总结和概括，提炼相关概念、范畴，进而构建新的理论或丰富现有的理论[39]。作为一种被广泛使用的质性研究方法，该方法要求研究者在提炼相关概念、范畴，以及构建概念、范畴之间关系的理论框架时应具有严密性、系统性和逻辑性[40]。但是，与所有质性研究方法一样，该方法对研究人员的经验、直觉等要求较高。为尽量减少经验和直觉对概念模型构建的影响，在由扎根理论方法提炼出概念、范畴后，通过评价小组判断，构建支持范畴间直接影响的邻接矩阵，再根据邻接矩阵，运用关系网络方法建立反映支持范畴间关系的 CLICK 概念模型。

刻画支持范畴间直接影响的邻接矩阵如式（3-1）所示。

$$A = \begin{bmatrix} a_{11} & a_{12} & \cdots & a_{1n} \\ a_{21} & a_{22} & \cdots & a_{2n} \\ \vdots & \vdots & & \vdots \\ a_{n1} & a_{n2} & \cdots & a_{nn} \end{bmatrix} \qquad （3-1）$$

其中，$a_{ij} = \begin{cases} 1, & \text{当要素} s_i \text{对要素} s_j \text{有直接影响时} \\ 0, & \text{当要素} s_i \text{对要素} s_j \text{无直接影响时} \end{cases}$ $(i, j = 1, 2, \cdots, n)$，各支持范畴对自身的影响记为 1，即 $a_{ii} = 1$。

邻接矩阵构造包括以下五个步骤。

（1）组成评价小组。选取来自不同部门且与工程管理活动密切相关的多位骨干人员组成评价小组。这些专家需保证具备扎实的工程管理活动专业知识、足够经验，且可以给出深刻见地。此外，这些专家需要来自不同机构，从而在一定程度上保证专家所属部门和单位的综合性与代表性，使得专家意见可以相互启发和补充。

（2）向所有评价小组成员介绍该项目背景资料，包括工程管理活动的研究目的、资料来源、支持范畴的内涵等，以便评价小组成员能够对评价内容有较为准确的把握。将一份事先没有经过严密组织、引导，仅仅包含支持范畴关系的判别空表发给评价小组的各个专家。

（3）统计专家票数。在评价小组各专家填好支持范畴关系判决表后，对回收的判决表和专家判决的意见加以汇总、整理，剔除相关性或意义不大的意见。若将专家票数按照平均数的原则判断支持范畴之间的关系，则平均数的大小与每位专家给出的数据都有关系，即平均数受专家打分数据中较大数和较小数的影响很大。若按照众数判断，则只要数出现次数最多的数据的频数即可。众数与概率有密切的关系。众数的大小仅与专家打分集合中的部分数据有关，众数反映出数据的一种集中趋势。若根据中位数判断，则将各位专家的判断结果按从小到大依次排列，把处在中心位置的一个数（或中心位置的两个数的平均数）称为这些数据的中位数。中位数不受极端值影响，常被用来描述一组数据的集中趋势。

（4）第二轮打分。经过第一轮专家打分，若出现专家意见差异较大的情况，则需进入第二轮评价小组专家打分。将经过汇总处理的打分表发给每位专家，专家就第二轮打分表进行再次评价，并阐述理由。将第二轮打分表收回后，对专家的打分情况和意见进行再次收集。

（5）第 N 轮打分。若第 $N-1$ 轮打分后分歧较大的打分的差距有所缩小，但是仍存在部分争议，则需进行第 N 轮打分。将经过汇总处理的第 N 份打分表分发给每位专家，专家就第 N 份打分表对支持范畴之间的直接影响关系进行再次评价。在经过 N 轮打分后，评价小组形成较为一致的评价结果。

3.2　CLICK 概念模型

3.2.1　数据米源

数据主要来自以下三个方面。

（1）正式出版物。展示潍柴链合共赢的供应商质量管控之道的《链合共赢：供应商质量管控之道》[41]；总结复杂高速变化环境下运营工程管理经验的《质量成就梦想——WOS 潍柴质量管理模式》[42]；全面阐述客户满意导向价值观、系统实现方法和操作实务，提供全球化商业环境下应用客户满意系统实现方法的实践框架《客户满意系统实现方法》[43]。这些著作高度凝练了潍柴的管理经验，详细论述了潍柴成长的"学习方法论"。

（2）凝结潍柴管理思想的原生态文集。包括心无旁骛攻主业理论篇上、下两部分，共有 2008～2018 年 10 年间 160 篇讲话稿，都是不同场合、不同情境下的思考和发言，涵盖论改革发展 39 篇、论科技创新 21

篇、论国际化 15 篇、论运营管控 25 篇、论人力资本 18 篇、论党建文化 16 篇、论团队建设 26 篇众多方面，充分展示了潍柴改革创新发展的轨迹。

（3）2008～2018 年社会媒体对潍柴的报道，分为心无旁骛攻主业实践篇上和下，其中实践篇上 187 份报道，实践篇下 200 份报道，包括一些访谈阐述潍柴在重大事件、关键节点的选择决策等，如《人民日报》题为《潍柴动力　让中国动力更强劲》的文章分析了潍柴自主研发蓝擎发动机成功的原因。《中国工业报》题为《规范、包容铸就和谐潍柴大家族》的文章，从文化制度视角剖析潍柴成功发展的密码。这些报道从"他者视角"还原潍柴波澜壮阔的发展历程，解码潍柴十年奋起腾飞的成功基因。

上述三方面的素材包含了大约 2 180 000 字的原始文字信息。

3.2.2　开放式编码

在对所搜集的材料逐行逐句进行细致分析后，提炼相应的初始概念。如表 3-1 所示，认真分析当前经济情况、总结经济特点、科学预判经济形势等可概念化为"把握经济形势"，领先了解市场需求、识别客户需求、攻克客户痛点等文本可概念化为"客户需求分析"。结合国家社会发展方向、相对应的国家政策文件精神、政策法规、行业政策规章制度等概念化为"行业政策分析"。跟踪国内外技术发展趋势和动态、技术紧跟世界前沿、深入分析调研未来产品技术发展趋势等文本内容均可概念化为"研判技术趋势"。由于"把握经济形势""客户需求分析""行业政策分析""研判技术趋势"均是从工程管理活动内外部对不同的环境进行分析，将这 4 个初始概念进一步范畴化为"环境研判"。环境研判是工程管理活动的前提和基础，只有准确把握客户需求，对经济形势、技术趋势有正确的预判，并在行业政策框架下开展工程管理活动，最终工程项目才有可能取得成功。

表 3-1 开放式编码（环境研判资料示例）

资料示例 （截取部分信息作为例证）	开放式编码	
	初始概念	范畴
经济形势的基本评估：①将有明显增长的迹象。②全球经济衰退格局不会有大的变化。③中国经济在世界危机的后期面临许多问题。④经济环境将会发生重大变化	把握经济形势	
当前经济发展形势的判断。正确判断经济形势的发展变化，对集团如何驾驭复杂环境具有重要指导意义。我们重点讨论的是经济形势		
企业要提供顾客需要的产品，首先必须知道顾客到底需要什么，因此识别顾客需要是企业工作的起点	客户需求分析	
"客户满意"贯穿了集团发展的始终。在潍柴人看来，如果不能实现"客户满意"，就意味着没有潍柴的明天		
充分认识"一带一路"倡议对企业发展的重要意义，统一规划，加强协同，深耕家门口的市场。一是对于国家的"一带一路"倡议，我们一定要认识到这是一次战略机遇，不是你想不想干，而是你必须干。这与我们提出的"做好家门口市场"的战略是一致的	行业政策分析	环境研判
《国家"十二五"科学和技术发展规划》出台，为企业提升自主创新能力提供了政策支持。《国家"十二五"科学和技术发展规划》突出强调全面推进国家创新体系建设，深入实施国家技术创新工程和知识创新工程，不断创新产学研结合机制，优化全社会创新环境。这为企业实施科技强企，增强核心竞争力，创造了良好的外部环境		
同时，时刻跟踪与研究替代能源技术，依托科学技术部批准、潍柴动力牵头的商用车与工程机械新能源动力产业技术创新联盟，痛下决心突破核心技术，开展系统创新，在商用汽车与工程机械我国这一耗能最大的领域，起到节能、降耗与减排的关键作用，切实履行人企业的社会责任	研判技术趋势	
我们先后成立了新能源技术中心、电控技术研究所、动力总成研究所，并组建了200余人的研发队伍，全面跟踪世界发动机前沿技术		

注：资料的开放式编码篇幅表格较多，为节省空间，本书仅截取部分表格作为示例

如表 3-2 所示，董事长常年多次全球考察概念化为"董事长调度"，可视为一种最高级别的检查方法。自我检查、素质"体检"可概念化为"制定问题暴露机制"。建立系统的风险防范和应对体系，做好重大风险识别、分析和应对等可概念化为"风险防控机制"。现场对现物实时分析、现场5S 管理、可视化管理等可概念化"现场管理"。由于"董事长调度""督查检查机制""定期跟进工程项目实施情况""制定问题暴露机制""质量人员全过程参与""协同监控产品质量""卓越绩效管理""风险防控机制""现场管理"均是不同维度对工程管理活动进行检查，将这 9 个初始概念进一步范畴化为"检查方法的确定"。不同类型的工程管理活动需要不同的检查方法，匹配合适的检查方法不仅可以及时有效地发现工程管理活动存在的

问题，而且可以为选择解决方案提供准确的依据。

表 3-2　开放式编码（检查方法的确定资料示例）

资料示例 （截取部分信息作为例证）	开放式编码	
	初始概念	范畴
2007 年春末夏初，谭旭光先后三次出国考察，拜访德国、美国的世界著名公司，为新潍柴寻找价值扩张的答案	董事长调度	检查方法的确定
多起的跨国并购，让谭旭光这几年长时间奔波在国外，考察、谈判、签约，两鬓又多了些许白发。去年一年，他出国 12 次，行程 30 万公里，其中在欧洲就有 4 个月。很多时候，连睡觉也是在飞机上，一下飞机就直奔谈判现场		
抓落实光靠自觉不行，必须有一套完整的督促检查机制，以切实解决"落实不力"的问题	督查检查机制	
要形成制度。各部门要围绕出口业务形成每月调度一次的机制，各单位都要形成会议纪要备查，办公室、督查室随时调度各单位		
整改验证 （1）审核中发现的对关键质量特性产生重大影响的严重不符合项要求在 1 个月内完成整改，之后的 15 个工作日内完成验证。期间对相应产品的进货检验密切关注，必要时实施加严控制 （2）一般不符合项及改善点要求在规定时间内完成整改，之后的 15 个工作日内完成验证	定期跟进工程项目实施情况	
因此，要自上而下，大力倡导自我检查、暴露自身问题的工作方法。坚决杜绝报喜不报忧，只说成绩不谈问题的陋习	制定问题暴露机制	
我们要借这次调整认真坐下来研究，眼睛向内，对企业开展素质"体检"，梳理我们管理中的问题，向我们的标杆企业学习，扎扎实实，夯实基础，使集团整个管理上一个新台阶		
在产品设计、过程设计、产品确认等过程中质量人员需全阶段参与，多功能小组为研发采购物料质量控制提供了完善的组织保障	质量人员全过程参与	
链合检测——协同监控产品质量。质量检验具有对产品质量鉴别、把关、预防、报告的功能，是保障质量的重要手段。在供应商质量控制中，质量检验主要是指进货检验。此外，企业还需对供应商的质量自检进行全面的掌握，整合检验资源和能力，因此有必要对供应商的自检能力进行管理和评价。供应商测量能力水平是保证企业与供应商测量工作和检验结果一致性的重要反映，是供应商自检能力评价的重要部分。供应链的协同发展要求企业整合供应商的检测能力，与供应商共享检验信息，消除重复检验等导致的浪费，实时监测和管控产品质量	协同监控产品质量	
（1）潍柴以卓越的绩效管理并以总分第一名的成绩，从全国上万家优秀企业中脱颖而出，荣获代表中国管理最高荣誉的全国质量大奖，这也标志着潍柴的运营管理水平与国际接轨，走在了国内同行的前列 （2）潍柴从"大质量"的概念出发，全面实施卓越绩效管理模式，从"领导""战略""顾客与市场""资源""过程管理""测量、分析与改进""经营结果"等 7 个方面，对企业运行质量进行自评，找出改进空间，并加以整改，提高了企业的整体管理水平	卓越绩效管理	

续表

资料示例 （截取部分信息作为例证）	开放式编码	
	初始概念	范畴
（1）要加快建立风险管理体系，做好重大风险识别、分析和应对，重大经营和投资决策要充分论证、集体研究	风险防控机制	检查方法的确定
（2）在投资过程中，要审慎选择，建立系统的风险防范和应对体系，建立起防火墙，一旦出现风险要有一系列的应对措施		
（1）生产厂级产品质量控制（三级）利用其灵活的优势，将会场与现场相结合，实现了现场对现物进行实时分析。"现场"开会便于参会人员对质量问题进行分析判断，加快了问题解决速度。同时，现场会也避免会议冗长，提高了解决问题的效率	现场管理	
（2）围绕生产现场，建立层级评价标准，结合班组管理基础单元，持续开展现场 5S、可视化管理及标准作业等活动，持续夯实现场基础		
通过可视化管理及"瓶颈"管理等手段，有效地提升了现场管理水平		

表 3-3 呈现了设置新目标的资料示例。其中，明确下阶段工作重点、产量要求等均可概念化为"明确规划下阶段工作"。掌控核心竞争力、研发投入要求等可概念化为"迈向技术高端"。培育、引进高端人才等可概念化为"人才高端"。推动绿色环保发动机的生产、树立绿色制造理念等可概念化为"定位绿色新目标"。"明确规划下阶段工作""迈向技术高端""人才高端""质量高端""市场高端""引领行业发展""定位绿色新目标""第一品牌"都是对未来的要求和规划，故将这 8 个初始概念进一步范畴化为"设置新目标"。设置新目标以上一阶段的工程活动结果为基础，是对下一阶段工程管理活动的展望和要求。设置新目标是下阶段工程管理的行动指南。

表 3-3　开放式编码（设置新目标资料示例）

资料示例 （截取部分信息作为例证）	开放式编码	
	初始概念	范畴
按照目前重型汽车的走势来看，我们突破全年指标关键看自己的工作。7 月份已经过了，发动机、变速箱要力求在结构上发生重大变化，大功率发动机、重型变速箱，抓住一切可能的机会放量	明确规划下阶段工作	设置新目标
做好中长期规划的结合：①全面提速新 160/200/250 优化升级工程，迅速适应第二阶段对内河航运排放的要求。新 160/200/250 三个产品的提升，要从规划开始抓起。要通过这次工程，锻炼一批有一定工作经验的青年科技研发人员		

续表

资料示例 （截取部分信息作为例证）	开放式编码	
	初始概念	范畴
未来，潍柴要稳步进行产业结构调整，逐步摆脱现阶段初级加工的格局，向集成高端技术转型	迈向技术高端	
潍柴要树立创新自信，坚持目标导向，全面对标国际一流技术水平，致力于引领国内乃至全球动力行业的技术发展方向，实现技术高端化，掌控核心竞争力。要做到四个兼顾，即兼顾客户需求和技术引领，兼顾传统能源和新能源，兼顾系统集成技术和关键零部件技术，兼顾当前应用技术和未来储备技术		
技术高端。就是我们每年要将销售收入的 5% 投入研发。今年发动机板块的研发投入大约 20 亿元，我们正在同步建设一个未来创新中心，大约需要 40 亿元。同时，我们每年申报的发明专利要达到 1000 项。我们正同步在德国、美国、日本要建立科技创新中心		
人才高端。潍柴将引进全球高层次人才，特别是通过海外创新中心，引进海外高端人才	人才高端	设置新目标
研发的主体是人，研发人员是我们最宝贵的财富。我们要推进人才的高端化，通过引进和培养加快形成具有国际水平、行业一流、结构合理的研发团队，形成全球性的科技人才集聚高地		
我们将瞄准顶级跨国公司，再引进一批具有实战经验的高端管理和技术人才，特别是懂中文、懂中国文化的外籍人才。同时强化现有人才特别是各公司首席执行官、首席财务官人才的潜能开发，打造一支符合国际化要求的高端人才队伍。加强高端人才后备力量储备。重点面向 70 年代、80 年代，选拔一批语言能力强、文化认同度高、知识结构合理、工作经历丰富的年轻人才，并有计划、系统性地对年轻人才进行重点培养		
开展高端发动机项目是"迈向高端、跨越百年"的战略落地。"迈向高端"不能成为一句空话、一句口号，我们必须要拥有自主核心技术，生产出实实在在的高端产品来支撑，我们高端产品的初步规划期是 10 年	质量高端	
高端产品体现为优异的性能、可靠的质量、先进的技术、完美的设计和合理的成本，能够与全球任何一个竞争对手相抗衡，在行业标准的制定和引领中具有强大话语权。要从点线突破带动全面提升，根据规划，到 2025 年我们所有的产品都要达到全球高端。要么不做，要做就做到最好		
产品高端。包括这几个方面：柴油机热效率要超越 50%，挑战 55%，挑战零排放，这不仅是简单一句话，里面有很多内容；天然气发动机热效率要实现 42.5%~45%；全系列发动机要达到爆压 250 巴；产品 B10 寿命要挑战 200 万公里/3.2 万工作小时		
市场高端是指未来潍柴的 200 万台发动机定位为中高端市场。潍柴将逐步退出低价格、同质化竞争市场，全面突破军工、油气田、矿卡、游艇、叉车等高端领域，全面适应个性化需求的全球市场，满足全球对中高端市场的高端技术需求	市场高端	
要在当前已进入的市场领域成为高端产品的引领者，保持领先的市场占有率，并体现出潍柴的市场竞争力和品牌溢价。要进一步拓展高端配套领域，在军工、油气田、矿车、游艇、叉车等领域实现质的突破，培育新的战略市场。要成为欧美发达国家强有力的市场挑战者，在全球打造潍柴品牌，建立起全球化的产品格局和竞争力		

续表

资料示例 （截取部分信息作为例证）	开放式编码	
	初始概念	范畴
我希望我们的技术系统能够多一些追求，不能总是处在跟随阶段，要实现赶超、引领发展，想别人没想的，干别人没干的	引领行业发展	设置新目标
依托强大的研发能力，从国Ⅰ到国Ⅴ，潍柴始终成为行业技术和排放升级的引领者，形成了生产一代、研发一代、储备一代的创新格局		
用更先进的技术推动绿色环保发动机的生产进程，是潍柴动力落实科学发展观的实际行动	定位绿色新目标	
在潍柴，绿色制造的理念早就整合在了各种管理理念、管理方法之中		
同时，在主机厂的积极引导和配套下，每年有 3 万台潍柴动力发动机进入国际市场，打造了"中国制造"的国际化品牌。企业先后荣获中国驰名商标和全国质量大奖，产品荣获中国名牌称号，"潍柴动力"品牌连续多年入选亚洲品牌 500 强，知名度、美誉度和品牌价值逐年提升，实现了由经营产品到经营品牌的跨越	第一品牌	
二是做好品牌的定位和传播。要以品牌核心价值为中心，建立完善品牌识别系统，面向海内外各目标市场，为产品塑造和设计相应的品牌形象，赋予不同的个性与内涵。做好品牌整体传播，整合品牌传播渠道，赢得消费者认同，促进市场营销，让潍柴品牌深入客户心中。今年我们要充分利用赞助法拉利 F1 赛车队的机会，将潍柴动力品牌推向全球高端		

最终在对相似的概念进行合并整合后共得到 113 个初始概念，如表 3-4 所示。

表 3-4　开放式编码结果

范畴	初始概念
环境研判	把握经济形势、客户需求分析、行业政策分析、研判技术趋势
要素的关键性识别	明确的产品战略、专注质量、黄金产业链、差异化竞争力、拓展新兴市场、风险管理、全面预算管理、绿色发展、资本运营、人力资源投资、内涵式发展、自主创新、链合创新、进度管控、供应商管理、设备平台、制度要素
要素的不可调整性评估	常态化人才储备、市场潜力巨大、企业授信额度充足、融资能力强、柔性生产线、柔性生产能力、议价能力强、专注主业
管理活动类型	战略新业务、工程项目负责制、工程项目性质的多样性、工程项目的重要程度、工程项目的技术复杂程度、工程项目的紧急性、质量管控复杂情境、工程项目的不确定性、产权的复杂性
领导匹配	正确的领导者、团队建设、业务能力强、沟通协调能力强、卓越领导力、统筹能力、综合管理能力、业务管理能力、经营管理能力、风险意识
组织授权	部门有否决权、指定责任人、集权、分权、授权到位
检查方法的确定	董事长调度、督查检查机制、定期跟进工程项目实施情况、制定问题暴露机制、质量人员全过程参与、协同监控产品质量、卓越绩效管理、风险防控机制、现场管理

续表

范畴	初始概念
指标偏差的分析	制定生产线验收标准、标杆管理、监控关键参数、偏离质量目标、偏离预期目标
要素变化的分析	质量改进与反馈、生产过程质量问题的逆向反馈与解决、质量事故追查反思、技术跟踪
研判偏差 可接受性	人员冗余、消极/中庸/低效干部、质量事故、安全事故、产能浪费、研发资源浪费、时间浪费、成本浪费
评定修剪 难易程度	项目扭亏的难易程度、产品系统的维修难易程度、满足客户需求的难易程度、检出不合格产品的难易程度、组织协调难度、故障解决难度、维修难度、压缩过剩产能的难易程度
制订并实施修剪 方案	借力外脑、提升运营效率、强化进度管控、自我诊断完善、持续改进机制、严格奖惩、人才/岗位动态优化、降本增效、拓宽融资渠道、更换管理团队、质量事故追查反思
评估目标	质量目标达成结果、顾客满意度、预算目标达成、宏观目标达成率、运营目标达成、目标完成情况、目标提升的可能性
设置新目标	明确规划下阶段工作、迈向技术高端、人才高端、质量高端、市场高端、引领行业发展、定位绿色新目标、第一品牌

3.2.3　主轴编码

　　主轴编码后得到："环境研判"、"要素的关键性识别"和"要素的不可调整性评估"归属于"correct"这一主范畴。correct 的含义是"正确的"，指用正确的方式做正确的事。"事情的正确性是首位的，要做的事情必须正确；做事情的方式也必须正确。"

　　"管理活动类型""领导匹配""组织授权"归属于"leader"这一主范畴。leader 的意思是"领导及团队"，是指利用权力指挥、带领、引导和影响下属为达成组织和群体目标而积极行动和努力工作的过程；是在一定的社会组织和群体内，为实现组织预定目标，领导者利用组织授权和自身影响力影响被领导者的行为，并将其引向组织目标的过程。做任何事情，负责人非常重要，工程管理也不例外。因此，根据一定的标准匹配合适的领导人是实现工程管理目标的重要一环。

　　"检查方法的确定""指标偏差的分析""要素变化的分析"归属于"inspect"这一主范畴。inspect 的意思是"检查"。事情布置完后，必须要进行检查、审查。由管理部门、技术服务部门或相关部门依据一定的工作准则与要求，通过严密的程序，定期或不定期地对工程准备、实施及管理的全过程进行全面或专项的检查、审查。

"研判偏差可接受性""评定修剪难易程度""制订并实施修剪方案"归属于"clip"这一主范畴。clip 的意思是"修剪"。检查发现问题后，必须进行必要的修剪、修正。这种修正可能是因为外部环境发生变化，也可能是执行走样。因此，必须根据不同情况进行修剪、修正，可能是修正做事情的方式，可能是调整目标，可能是人事调整，还有可能是终止工程管理活动。

"评估目标""设置新目标"归属于"king"这一主范畴。king 的意思是"国王，首屈一指的人"。在 CLICK 管理理论中，king 是指目标，在个人层面上要追求成为其所属工程领域中首屈一指的人，在工程管理层面即要不断实现工程管理的目标，追求卓越、成为行业的标杆。

在 CLICK 中 king 具有指明方向的重要作用，是工程管理活动的"北斗星"。目标是管理者协调团队行动方向的依据，可帮助引导团队成员形成一致的行动。king 还具有激励的作用，是激励团队成员的力量源泉。只有在团队成员明确了行动目标后，才能激发其潜在动力，使其尽力而为，不断追求卓越。

此外，目标不仅是 CLICK 中做正确事的出发点，而且为检查和修剪提供依据。只有制定了明确的目标，团队成员的思考和行动才有客观的准绳，而不至于在复杂的情境下做出错误的判断或决定。

最后得到 5 个轴向编码类别——correct、leader、inspect、clip 和 king，如表 3-5 所示。

表 3-5　主轴编码结果

主范畴	支持范畴
correct	环境研判、要素的关键性识别、要素的不可调整性评估
leader	管理活动类型、领导匹配、组织授权
inspect	检查方法的确定、指标偏差的分析、要素变化的分析
clip	研判偏差可接受性、评定修剪难易程度、制订并实施修剪方案
king	评估目标、设置新目标

3.2.4　选择性编码

根据改进的扎根理论方法，确定支持范畴间的邻接矩阵的具体实施包括以下六个步骤。

（1）组成评价小组。作者选取了来自研发、质量、应用、运营、战略部门，与工程管理活动密切相关的 5 位骨干人员组成评价小组。这 5 位专家都是对工程管理活动有专业知识、丰富经验的人，且 5 位专家均来自不同部门。

（2）向所有评价小组成员介绍该工程背景资料，包括工程管理活动的研究目的、资料来源、14 个支持范畴的内涵等，以便评价小组成员能够对评价内容有较为准确的把握。

（3）将一份事先没有经过严密组织、引导，仅仅包含支持范畴关系的判别空表发给评价小组的各个专家。

（4）统计专家票数。在评价小组各专家填好支持范畴关系的判决表后，对回收的专家意见加以汇总、整理，剔除相关性或意义不大的意见。综合考虑平均数、众数和中位数的优缺点，结合本次专家人数，选择众数汇总专家意见结果。

（5）第二轮打分。经过第一轮专家打分，出现专家意见差异较大的情况，因此需进行第二轮专家打分。将经过汇总处理的打分表发给每位专家，专家进行再次评价，并阐述理由。将第二轮打分表回收后，对专家的打分情况和意见进行再次汇总。

（6）第三轮打分。第二轮打分后，相比第一轮分歧有所缩小，但是仍存在部分争议，故进行第三轮打分。将经过汇总处理的第三轮打分表发给每位专家，专家进行第三轮评价。在经过三轮打分后，评价小组形成较为一致的评价结果。根据该结果，采用众数抉择 14 个支持范畴之间的直接影响关系。最终评价小组讨论建立的邻接矩阵 A 如表 3-6 所示。

表 3-6 支持范畴间的邻接矩阵

支持范畴	s_1	s_2	s_3	s_4	s_5	s_6	s_7	s_8	s_9	s_{10}	s_{11}	s_{12}	s_{13}	s_{14}
s_1	1	1	1	0	0	0	0	0	0	0	0	0	0	0
s_2	0	1	0	1	1	0	1	0	0	0	0	0	0	0
s_3	0	0	1	1	1	0	1	0	0	0	0	0	0	0
s_4	0	0	0	1	1	1	0	0	0	0	0	0	0	0
s_5	0	0	0	0	1	0	1	0	1	0	0	0	0	0
s_6	0	0	0	0	0	1	0	0	0	0	0	0	0	0
s_7	0	0	0	0	0	0	1	1	0	0	0	0	0	0
s_8	0	0	0	0	0	0	0	1	1	1	0	0	0	0
s_9	0	0	0	0	0	0	0	0	1	0	1	0	1	0
s_{10}	0	0	0	0	0	0	0	0	1	1	1	0	1	0
s_{11}	0	0	0	0	0	0	0	0	0	0	1	1	0	0
s_{12}	0	0	0	0	0	0	1	0	0	0	0	1	1	0
s_{13}	1	1	1	0	0	0	0	0	0	0	0	0	1	1
s_{14}	0	0	0	0	0	0	0	0	0	0	0	0	0	1

注：$s_1 \sim s_{14}$ 分别表示表 3-5 中支持范畴"环境研判"……"设置新目标"

例如，评价小组根据实际运营情况和经验在多轮讨论后认为 s_1（环境研判）对 s_2（要素的关键性识别）有直接影响，则邻接矩阵相应位置为 1；s_1（环境研判）对 s_4（管理活动类型）无直接影响，则邻接矩阵相应位置为 0。其他支持范畴之间的关系判断以此类推。

根据上述邻接矩阵，利用 Gephi 软件可视化 14 个支持范畴之间的有向关系网络。如图 3-2 的上半部分所示，环境研判会直接影响要素的关键性识别和要素的不可调整性评估，要素的关键性识别和要素的不可调整性评估均会直接影响管理活动类型和领导匹配。领导匹配进而会直接影响到检查方法的确定和要素变化的分析，而指标偏差的分析和要素变化的分析又分别影响到研判偏差的可接受性和评定修剪难易程度，最终决定了评估目标和设置新目标，且评估目标后又会作用于新一轮的环境研判和要素属性识别（包括要素的关键性识别和要素的不可调整性评估）。

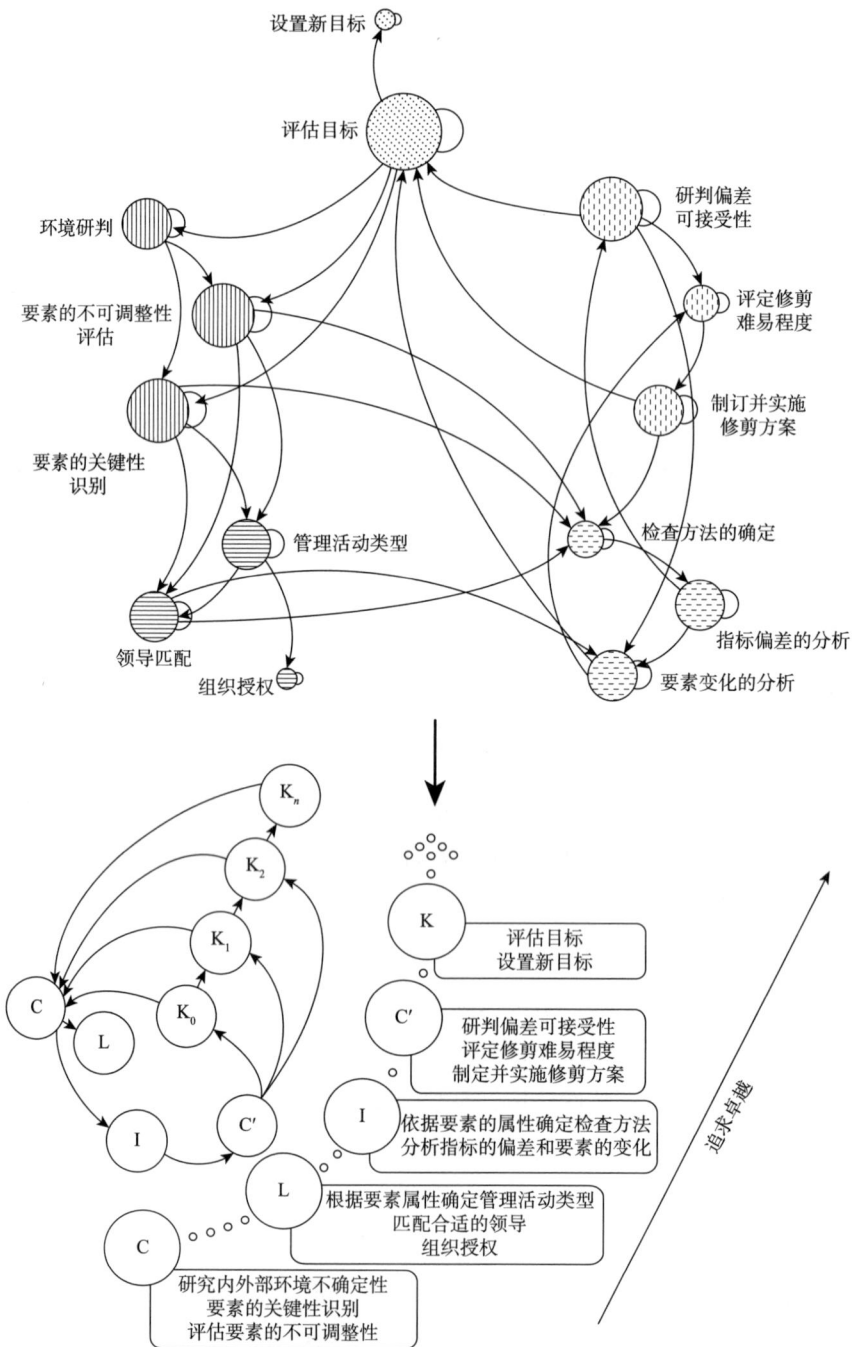

图 3-2　CLICK 概念模型

⊙表示 king 主范畴；Ⅲ表示 correct 主范畴；⊜表示 leader 主范畴；

Ⓒ表示 clip 主范畴；⊜表示 inspect 主范畴；

根据支持范畴和主范畴之间的关系可得图 3-2 中下半部分的 CLICK 五个维度之间的逻辑关系，即 K 既是出发点也是落脚点，在既定的目标下，用正确的方式做正确的事（C）是工程管理活动的前提，根据工程活动特点配置合适的领导及团队（L）很大程度上影响甚至决定工程活动的效果；C 和 L 到位后，在工程推进过程中，必须对工程运行的全过程进行必要的检查（I），并对检查中发现的问题进行深入系统分析，剖析偏差产生的原因，对可能的修剪方案进行评估，选定并实施修正方案（C'），确保工程管理目标的实现（K）。

CLICK 五个维度之间的关系不是封闭的，而是螺旋式上升的，即一个工程管理活动的目标实现后，通过对目标完成度进行评估，设置新的目标，从而进入下一轮 CLICK 循环，持续追求卓越。

3.3　CLICK 工程管理理论模型

在 CLICK 概念模型基础上，结合工程管理活动流程知识，对 CLICK 每个维度的工作流程及各维度间的流程关系进行系统的梳理，进而构建 CLICK 工程管理理论模型，具体如图 3-3 所示。

CLICK 工程管理理论模型的第一环节为 correct，即 C 环节。从工程管理活动工作流程的角度，C 环节首先要确定影响工程管理活动目标实现的要素，其次对要素的关键性和不可调整性进行识别。

L 环节要解决的主要问题是把合适的人放在合适的岗位上。具体而言，首先需要根据 C 环节识别的要素属性确定工程管理活动类型，再根据活动类型匹配合适的领导及相应的组织授权。

C 和 L 环节完成后，需要 I 环节对 C 环节确定的要素及 L 环节的人员配置进行检查，后期可能会根据检查的结果进行动态调整。根据检查要素的关键性和不可调整性需要采取不同的检查方法。以关键且不可调整的要素/指标为例，由于该类要素/指标关键，多数情况下需要采用高频检查方法。同时由于要素缺乏弹性，往往需要采用专项检查方法，以便全面系统评估

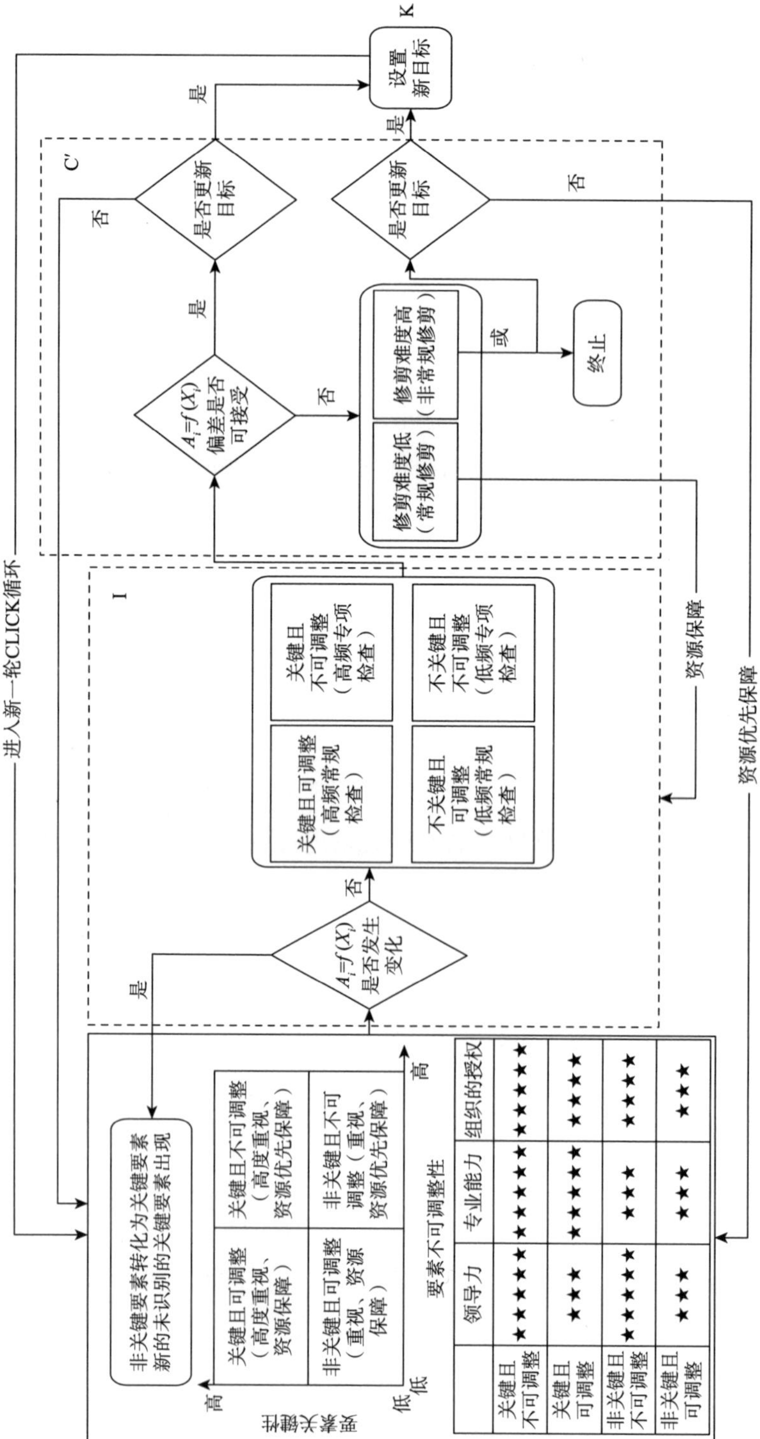

图3-3　CLICK工程管理理论模型

注：$X_i = (x_{i1}, x_{i2}, x_{i3}, \cdots, x_{ik})$ 表示指标向量；A_i 表示要素

不可调整要素的真实状态、避免其对管理活动造成不可逆的影响。

检查的结果包括指标的偏差和要素的变化。检查的结果还包括对偏差结果做初步的分析，以及判断要素是否发生变化。若检查的指标偏差中出现了极端异常情况或发现大量指标的偏差较大等现象，则很有可能是已识别的要素属性发生了转变，包括关键与非关键之间发生转变，可调整和不可调整之间发生转变。此外，还需要结合内外部环境做进一步分析，判断是否出现新的未识别的要素。

I 环节完成后，则需对检查存在的问题进行相应的修剪，即进入 C′ 环节。修剪的对象为要素/指标的偏差。修剪的方案取决于 I 环节发现的偏差的大小，即偏差是否在可接受范围内。偏差的可接受性取决于要素的可调整性。如果偏差大于要素的可调整程度，此时偏差是不可接受的，如果偏差小于要素的可调整程度，此时偏差就是可接受的。

偏差可接受时有两种修剪方案。方案一：直接进入下一阶段的目标，即更新目标。方案二：无法进入下一阶段的新目标，此时维持原目标。偏差不可接受时，修剪的方案要视修剪的难易程度而定，难易程度取决于修剪对象的性质、外部环境的复杂性、内部资源的可获取性等，此时有四种可能的修剪方案。方案二：修剪难度低，按照常规修剪后，返回 I 环节。方案四：修剪难度高，但目标可调整，此时可以更新目标。方案五：修剪难度高，目标不能调整也不能放弃，此时集中资源进行非常规修剪，实现目标。方案六：修剪难度高，权衡成本收益后，终止工程管理活动。

C′ 环节后则进入 K 环节，即评估本阶段目标的完成情况及如何设置下一阶段的目标。如果达成度高且提升度高，则可设置更高水平的新目标。若达成度高但受宏观经济和行业技术水平的限制，目标的提升潜力有限，则可采用稳健的发展方式，维持原目标。若达成度低，则需进一步研判提升度，如造成本阶段目标达成度低的原因主要是外在的或是随机的/偶然的内在因素，但是综合考虑企业能力的动态变化，若下一阶段目标提升度还有较大空间，则可设置更高水平的新目标，否则维持原目标。

关于 CLICK 各维度的工作流程及相互作用机制的系统分析见第 4~8 章。此外，每章在对各维度理论分析之后均以潍柴 H1 平台开发工程为例，具体说明在实际工程活动中对应环节的操作过程。

3.4　本章小结

　　本章首先结合经典的扎根理论方法和专家评价小组法提出改进的扎根理论方法，不仅保留质性研究方法的优点，而且减少了经验和直觉对概念模型构建的影响。其次，基于潍柴快速发展阶段积累的大量宝贵文字资料，利用改进的扎根理论方法进行开放式编码、主轴编码和选择性编码。开放式编码后提炼出环境研判、要素的关键性识别等 113 个初始概念。主轴编码共得到 5 个轴向编码类别，分别是 correct、leader、inspect、clip 和 king，五个单词首字母构成 CLICK。选择性编码分析出 14 个支持范畴和 CLICK 五个维度之间的逻辑关系。最后，对构建的 CLICK 工程管理理论模型进行了概括性阐述。

4 Correct

correct 的意思是"正确的"。在 CLICK 模型中是指用正确的方式做正确的事。"做正确的事"是指决策要正确，要做的事情必须正确，要找对方向与目标，这是首位的。此外，做事情的方式也必须正确，确保高效率完成目标，具体包括环境研判和要素属性识别。

本章首先介绍环境研判，具体包括经济环境研判、技术环境研判、社会文化环境研判和政治与法律环境研判；其次，从要素的定义、要素的内容、要素的分类和要素属性的识别方法等方面对要素属性识别进行阐述；最后，以潍柴 H1 平台开发工程为案例，详细阐述工程管理活动实施过程中环境研判和要素属性识别。

4.1 环 境 研 判

环境研判是指对工程管理活动周围事物、条件或影响的聚合体进行分析。任何活动都处在一定的环境之中，这些环境因素根据内容不同可被划分为不同类型，主要有经济环境因素、技术环境因素、社会文化环境因素、政治与法律环境因素等。这些客观环境综合作用决定着工程活动的成败，必须重视环境的作用。

环境研判对工程管理活动能否成功具有重要的意义，如果环境研判不到位，可能会造成工程管理活动的失利或失败。1975 年发明世界上第一台数码相机的美国伊士曼柯达公司（以下简称柯达公司），2012 年提交破产保护申请，2020 年宣布拟出售相纸、冲印化学、显示器各软件业务，转而进军制药业，柯达公司跨界医药圈让业界颇为惊讶。综合来看，柯达公司的失败主要就在于技术环境研判不到位和市场需求研判不到位。柯达公司的管理层大多来自传统专业，当时在任的 49 名高层管理人员中有 7 名是化学专业出身，而只有 3 位出自电子专业。专业背景的局限性，使公司过度专注于传统技术，缺乏前瞻眼光，技术环境研判不到位。最终，柯达公司不仅被一个个对手轻松超越，也被投资者无情抛弃。同时，柯达公司忽视了市场需求趋势变化，疏忽了消费者拍摄图片的存储习惯和用途变化，人们拍照的目的已经从单纯的回忆用途转为用于在 Facebook、Twitter 等通信媒介和社交网络上的分享。由于管理层犹豫不决，没有及时调整公司经营重心和部门结构，产品转型不坚决，柯达公司错失了发展良机。因此，做正确的事首先必须进行严密的环境研判。

4.1.1　经济环境研判

经济环境主要是指一个组织赖以生存和发展的社会经济状况与宏观经济政策。经济环境研判是任何工程管理活动顺利实施的第一步，也是最基础的一步。其中，行业政策分析和市场需求分析是工程管理项目必不可少的研判内容。

行业政策是政府为了鼓励或抑制某个或某几个经济部门发展所使用的政策手段。行业政策分析的目的在于判断拟开展的活动是否符合相关行业政策的要求。行业政策分析主要包括行业发展方向、行业结构调整趋势、行业空间布局、行业技术政策、法律法规的要求等方面。

市场需求分析可以帮助生产者真正了解市场，掌握丰富的市场信息，运用这些信息，生产者可以进一步分析市场需求的变化趋势和消费者潜在购买动机，以增强决策的科学性。需要注意，市场需求分析只是一种估计，仅代表当前当时市场的可能状况。此外，需求分析的方法不同，得出的结论也不尽相同。所以，客观性、科学性、针对性是市场需求分析的前提。准确的市场需求分析报告是决策者科学决策的前提。

市场需求分析的内容主要包括五个方面。①市场竞争格局，包括市场主要竞争主体及其竞品分析，各竞争主体及其竞品在市场上的地位，以及行业采取的主要竞争手段等。②市场供给预测，包括估计目前行业市场供给量和预测未来行业市场的供给能力。③市场需求预测，包括估计当前市场需求量和预测未来市场容量及产品竞争能力。④细分市场需求特征分析，即根据各细分市场特点、人口分布、经济收入、消费习惯等，分析不同地区、不同消费者及用户的需求。⑤价格变化趋势，即注意收集市场供需情况、消费者的需求倾向和消费结构及其变化等信息，预测产品价格的变化趋势。

4.1.2　技术环境研判

工程管理活动综合应用知识、技能、工具和技术以便满足或者超过相关方的需求和期望。随着科学技术的迅猛发展，任何组织运营都离不开技术的应用和技术进步，技术的先进性决定着一个工程管理项目的生命力。

在对技术环境进行分析时，我们应该重点关注该领域技术发展动态、行业技术标准及其变化趋势、政策对技术的态度等方面。首先，必须关注技术发展动态，只有清楚把握全球领先技术，了解同行业或同类活动中做得最好的技术是什么，才能确保工程管理活动具有一定的先进性。其次，要及时关注行业技术标准的变化，并分析该变化是否会造成风险。最后，要研究政策对技术的态度。政策对技术的态度可以为管理者指明方向。例如，政府出台的《打赢蓝天保卫战三年行动计划》就对技术有着非常明确的指向性评估，对于可能造成污染的技术，政府是严令整治的。

4.1.3　社会文化环境研判

每项工程管理活动都是在一种或多种社会文化形式的背景下进行的。文化影响的领域包括政治、经济、人口统计、教育、种族、宗教及信仰和态度，这一切影响着个人及组织相互作用的方式。对工程管理活动所处的社会文化环境进行分析是非常必要的。

在实践中，如果管理者忽略社会文化环境分析，在进入外埠区域或市场时，仍然沿用之前的工作模式或方法，往往会导致工程管理项目失败。因此，社会文化环境研判应关注的因素有：当地的相关方管理和文化习俗、区域的资源环境分析、所选区域政府公信力的情况。

4.1.4　政治与法律环境研判

政治与法律环境是指对工程管理活动有实际影响的政治力量、政治体制、方针政策及与企业经营活动相关的法律法规等。政治和法律因素一方面会限制企业的经营活动，迫使企业改变其经营战略，另一方面会保护企业的合法权益，促进企业的发展。此外，工程管理活动通常是长期的，企业在进行决策时，不仅要考虑到当前的政治与法律环境，也要考虑未来相关政治与法律环境是否会发生变化。

政治与法律环境的研判主要分为以下几个部分。①政治的稳定性。其中包括政局的稳定性、政党的稳定性、国家或地区基本政策的稳定性等。②政府制定的发展方向。政府的决定与偏好影响着企业的发展战略和项目的决策。③与经营相关的法律法规。政府是否允许某些项目发展是企业能否经营的基础。法律会保护依法经营企业的合法权益，促进企业间公平竞争。④国家司法、执法机关。包括法院、检察院、公安机关、工商行政管理机关、税务机关、环境保护机关等。

4.2　要素属性识别

除环境研判外，做正确的事还需要正确识别要素属性。在环境研判的基础上，工程管理项目的管理者需要对工程管理活动的要素及其属性加以识别。要素属性识别主要包含明确要素定义、理清要素内容、把握要素分类和掌握要素属性的识别方法等。

4.2.1   要素的定义

要素是指影响工程管理目标实现程度的主要因素，它是反映工程管理活动的一系列指标的综合作用的结果。

4.2.2   要素的内容

根据内容不同，工程管理活动的要素可归纳为不同类型，主要包括需求管理、质量管理、成本管理、进度管理、风险管理、信息管理、环境管理、安全管理、采购管理。

用户需求决定了工程管理活动所要解决的问题、所要带来的结果。需求管理是一种用于查找、记录、组织和跟踪需求变更的系统化方法。需求管理与需求的动态变化进程紧密相连，需求管理贯穿工程管理活动始终，了解需求才能保证质量，而追踪需求的变化才能保持工程项目团队和客户在最终结果上的一致性。就好比裁缝做衣服，必须先为客人量好尺寸，了解客人的风格喜好才能选布料裁衣，中间还可能因为顾客的身材变化而改变剪裁尺寸。

质量管理决定工程质量的好与坏，需要花费时间、精力、资金及运用相关专业技术。对于质量的认识，从过去到现在发生了很大的改变，质量管理不再局限于某一部门的责任，而是所有工作人员的责任，提高质量不但不会增加成本，还有可能带来商业机会的增加而降低成本。质量管理其实也是一个动态的改进过程，需要不断发现问题、解决问题，循环往复，就像不断转动的齿轮，包含一套完整而通顺的流程，推动工程顺利完美地进行。

每项工程在开始前都有规定的预算，成本管理的目的就是保证工程项目要在预算内完成，不能超出预算。成本管理包括成本估算、成本核算、成本控制等具体内容，需要记录工程项目数据，还要进行分析。成本管理对工程项目的成功来说很关键，应尽可能地节约成本，提高工程管理及其产品竞争力。

　　进度管理，顾名思义，是对工程活动的进度进行管理。工程项目在开始前会制订计划，包含时间、资源和人员分配，计划里有重要的节点，如开始日期、终止日期，还包括中间重要的会议、评审。通过进度管理可以追踪工程项目的进展情况，更加合理地分配工作，建立工作分解结构，将责任细化，由上而下层层分解，这样也能加强对工程的监督，使工程进展得更加顺利和高效。

　　风险管理在工程项目中非常关键。工程是动态的过程，面临各种变化，风险管理的作用就是防止或扭转各种不良局面，这些可能导致不良局面的各种因素就是风险。风险管理就是通过风险识别、风险分析和风险评价，去认识工程项目的风险，并以此为基础合理地使用各种风险应对措施、管理方法、技术和手段对工程项目的风险实行有效的控制，妥善处理风险事件造成的不利后果，以最小的成本保证工程总体目标实现。如果把工程项目比作一个人，那风险管理就像一个医生，会在病毒来临时给予提醒，并提供预防的措施，降低感染的可能性，当然，他也能识别病毒，并在人感染病毒后进行有效的治疗，帮其度过危险。风险管理的重要程度和风险的高低成正比，需要管理者具备敏锐的洞察力及良好的随机应变能力，将工程项目控制在可控范围以内。

　　信息管理简单来说就是对信息资源和活动的管理，它贯穿整个管理过程，起到中介的作用。任何管理活动中，都有各种各样的信息，信息管理需要对这些信息进行过滤，筛选出有用的信息输入到工程项目里，然后在项目进行过程中加工，最后输出、传递，或者储存。信息管理的目的就是将信息利用率最大化，最大限度地实现信息的价值。

　　随着人们环保意识的提高，环境管理在工程管理活动中的地位也越来越重要。环境管理就是用现代管理的科学知识，通过努力改进劳动和工作环境，有效地规范生产活动，进行全过程的环境控制，使劳动生产在减少或避免对环境造成不利影响的前提下顺利进行而采取的一系列管理活动。环境管理决定了组织环境绩效的高低，也是社会责任的体现。简单地说，环境管理就是需要组织制定规范、改进作业流程，尽可能减少施工作业对环境的不良影响，追求可持续发展，在确保环保的前提下，使工程项目顺利进行。

安全管理，就是在工程实施过程中，组织安全生产的全部管理活动。在任何事物中，安全和危险都是相互对立且相互依赖的，正因为有危险存在，才需要安全管理。安全和危险是此消彼长的状态，安全管理就是一个动态管理的过程。安全管理就是针对工程活动的特点，对工程项目实施安全状态的控制，采取有力措施，将一切可能发生的事故在其萌芽状态消灭掉，保护劳动者的健康，以使项目工期、质量等的顺利实现得到充分保证。

采购管理即对采购工作的实施与控制。采购管理包括申请、订货、进货、入库、发票处理、供应商管理等一系列流程，还要考虑现金流、成本控制等内容。良好的采购是工程项目美好的开端，采购管理也需要制订合理周全的计划，尽可能地降低采购成本，提高工程项目利润。

4.2.3　要素的分类

一个工程管理活动，包含的要素有很多。要想实现工程管理目标，亦离不开对各要素的依赖。但这些要素的属性有所不同，最重要的属性当属要素的关键性与不可调整性。

关键性反映了要素对管理活动结果产生决定性影响的程度。有些要素的关键性程度很高，对管理活动结果有决定性影响，即为关键要素。而有些要素的关键性程度相对较低，对管理活动结果无决定性影响但又不可缺少，即为非关键要素。根据资源基础理论，内外部要素是企业及其工程项目存续的基础，通过尽可能地搜集实现目标所需的要素信息集合完成对要素关键性的识别。

不可调整性是指要素不具有弹性。相对应的可调整性是指要素具有一定的弹性，能够在达到工程管理目标的前提下，对要素做出局部或者非根本性的调整或者校正。还可进一步理解为，企业在进行某项工程管理活动过程中投入资源的能力具有一定的弹性，能够在保证达到管理活动效果的情况下，做出局部或者非根本性的调整或者校正。而对于那些没有弹性的要素，即不可调整性较高的要素，必须在规定的时段内满足，若不满足可能对目标的实现产生很大的影响，甚至导致目标的失败。因此，为了实现工程管理的目标，对要素的不可调整性程度必须加以识别。对于不可调整性低的要素，由于企业能力是动态调整的，即使当前不能充分满足，后期某个特定时期的满足也不会对工程管理目标的实现产生较大影响。

　　需要注意的是，上述这两类重要属性——关键性/非关键性和可调整性/不可调整性，仅仅是将要素属性进行简单二分归类，如图 4-1 所示。在实际的工程管理活动中，要素的关键性和不可调整性通常是连续的，不是离散的。分析问题时常将其离散化，离散时可能二分，也可能三分……具体视问题的复杂程度及分析的需要而定。例如，在本章 4.3 节案例分析中，H1 平台开发工程要素的关键性和不可调整性被划分为五个等级。

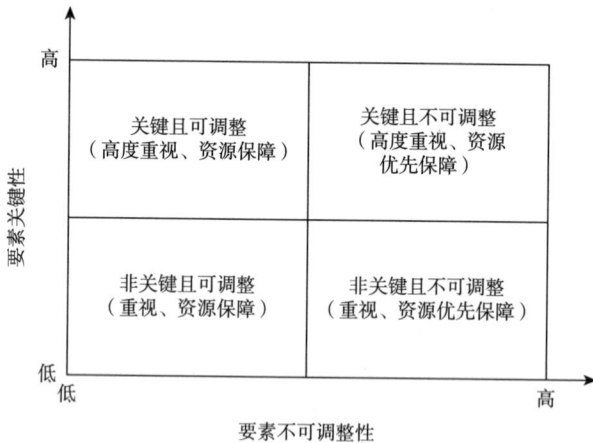

图 4-1　要素分类图

4.2.4　要素属性的识别方法

　　识别关键要素和不可调整要素，就是将与工程管理密切相关的各种要素列举出来，然后运用系统分析的思想，把各种要素相互匹配起来加以分析和属性识别。

　　具体操作中，首先需要根据实际工程、专家意见，初步筛选出若干要素。其次，可采用一些定性方法、定量方法或定性定量相结合的方法对要素的关键性/非关键性、可调整性/不可调整性进行识别。定性方法主要有德尔菲法、头脑风暴法、利克特量表法等；定性定量相结合的方法主要有层次分析法、模糊综合评价法、判别矩阵等；定量方法包括逼近理想解排序法等方法。这些方法可以对工程管理所拥有的要素进行全面、系统、准确的识别，从而根据不同的要素组合制定相应的战略、计划及对策等。

以最为常见的德尔菲法为例。将德尔菲法应用到要素属性识别中，需经历专家选择和开展数轮问卷调查两大步骤。

4.2.4.1 专家选择

首先，请专家根据表 4-1 和表 4-2 对打分时的判断依据（Ca）和专家对问题的熟悉程度（Cs）进行自评。然后计算专家的权威系数（Cr）。专家权威系数（Cr）受到 Ca 和 Cs 两个因素的影响，三者之间的关系是

$$Cr = \frac{Ca + Cs}{2} \tag{4-1}$$

其中，专家权威系数 Cr 介于 0 到 1 之间，Cr ≥ 0.7 即可表明专家意见可靠，专家团队符合德尔菲法的研究要求。

表 4-1　专家判断依据量化表

判断依据	对专家判断的影响程度		
	大	中	小
理论分析	0.3	0.2	0.1
实践经验	0.5	0.4	0.3
国内外同行的了解	0.1	0.1	0.1
直觉	0.1	0.1	0.1

表 4-2　专家熟悉程度量化表

熟悉程度	Cs
很熟悉	0.9
熟悉	0.7
较熟悉	0.5
一般	0.3
较不熟悉	0.1
很不熟悉	0

4.2.4.2 开展数轮问卷调查

第一轮，通过发放表 4-3 要素关键性/不可调整性排序咨询问卷（一），

请专家对要素关键性/不可调整性进行 1～5 分排序。1～5 分代表要素的关键性/不可调整性程度依次增强。请专家在认为合适的等级下打√。

表 4-3　要素关键性/不可调整性排序咨询问卷（一）

要素	1	2	3	4	5
要素 1					
要素 2					
要素 3					
…					
要素 n					

在获得专家对要素排序的初步意见后，对结果进行整理、统计，根据专家排序的众数确定要素排序，即排序（一）。

第二轮，首先，根据排序（一）重新设计问卷，见表 4-4 要素关键性/不可调整性排序咨询问卷（二）。请专家对要素排序合适程度进行判断并提出修改意见。问卷采用三级量表（1 分表示不合适；2 分表示修改后合适；3 分表示合适）收集数据，采用开放性问题的形式收集修改意见。

表 4-4　要素关键性/不可调整性排序咨询问卷（二）

要素	排序（一）	不合适	修改后合适	合适
要素 1				
要素 2				
要素 3				
…				
要素 n				

其次，整理专家反馈意见，得到评价要素的相关统计量（均值、差异系数、满分率）。其中，均值表示专家对该要素排序的认可程度，值越大，认可程度越高。差异系数表示专家对该要素排序的波动程度，用 VC（variation coefficient）来表示。

$$VC = \frac{S}{M} \tag{4-2}$$

其中，S 表示要素排序的标准偏差；M 表示要素排序的均值。VC 越小，说明专家的协调程度越高。满分率是对该要素排序完全认可的专家比例。在此基础上对要素排序进行修订，形成排序（二）。

第 n 轮，同样，根据排序（$n-1$）设计第 n 轮问卷，请专家给出意见并进行统计分析。若专家形成较为一致的排序结果，根据该结果形成要素最终排序。若专家意见仍然有较大分歧，则继续对排序进行修订，直至专家形成较为一致的意见。全部过程如图 4-2 所示。

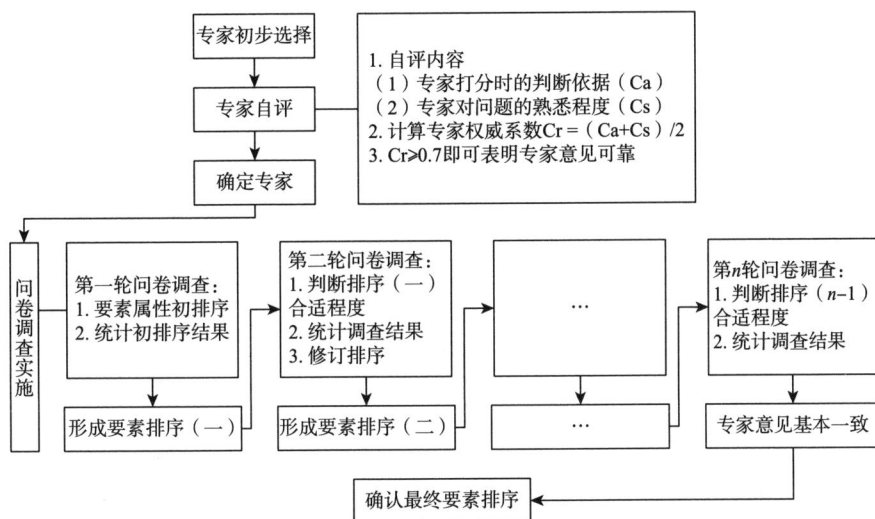

图 4-2 德尔菲法在要素属性识别中的应用

4.3 H1 平台开发工程：Correct

2011 年以前，潍柴一直以具备国际先进水平的国Ⅲ蓝擎 WP10、WP12 系列产品占据国内重型柴油发动机的主要市场份额。但随着全球绿色可持续发展理念的深入发展，机动车污染排放标准日渐趋严。在当时看来，欧洲已于 2009 年开始实施欧Ⅴ排放标准，欧Ⅵ排放标准将在 2012 年 12 月 31 日生效。2013 年 7 月 1 日，我国柴油汽车将全面实施国Ⅳ排放标准，并将紧跟欧洲陆续实施国Ⅴ甚至国Ⅵ标准。此外，2011 年，潍柴的几大竞争对手均已拥有自己的 9 升左右排量的产品，并在缸径、排放等指标上开始优于 WP10 产品（排量 9.726 升）。作为一款老牌产品，WP10 的竞争优势在逐渐减弱。为能达到欧Ⅵ（道路）和 Tier 4 Final（非道路）排放要求，甩开竞争对手，巩固潍柴发动机的市场占有率，面向未来 5～15 年做技术储备，实现潍柴"全球领先、全系列、全领域"的产品战略（"全球领先"是指，潍柴的发动机要在未来几年内性能达到全球领先；"全系列"是指，潍柴的发动机要实现从小排量到大排量、从小功率到大功率的全面覆盖；"全领域"是指，潍柴的发动机将涵盖国民经济的各个领域）。潍柴决定研发一款 9 升左右排量的 WP9 产品，H1 平台开发工程由此初步确立。这里的 H 表示 high，H1 平台即潍柴新一代高端、高速重型发动机首款产品平台。

H1 平台开发工程是在潍柴自主开发，满足欧Ⅲ排放标准的 5 升、7 升发动机产品项目开发经验基础上进行的全新的、自主研发的工程项目。该项目于 2012 年 1 月启动，至 2016 年 2 月结项，研发经费投入为 2 亿多元，固定资产投资达 5 亿多元。H1 平台开发工程项目柴油机在 2015 年下半年投入小批量生产，2019 年收入 57.23 亿元。

H1 平台开发工程的成功离不开人力物力资源的保障，公司董事、执行总裁 A 任该项目的指导委员会主任，公司副总裁 B 担任该项目领导小组组长。投入该项目的人员共 200 多位，先后有来自市场部、产品规划部、技术中心、制造工程部、应用工程部、采购管理部、价值工程部、质量部多达 50 位骨干工程师组成多功能组参与该项目。

此外，H1 平台开发工程的成功也离不开先进、科学、严格的工程管理流程。基于该项目的重要战略地位，采用了最全的 18 个管理控制流程，采用 A、B、C 三级评审检查节点，建立了部门间协同开发、检查和修剪的控制规范。

H1 平台开发工程的成功树立起高速重型发动机寿命的最高标准，全面提升了中国内燃机可靠性的新标准，完美诠释了潍柴"可靠、耐用"的差异化优势，对实现潍柴"全球领先、全系列、全领域"的产品战略起到至关重要的作用，充分展现出工程管理活动对工程项目成功的重要性。

4.3.1 环境研判

H1 平台开发工程在立项之初，对市场与用户、政策影响、技术趋势及其可行性进行了广泛而深入的分析。基于分析结果，确定了 H1 平台开发工程新产品初步设想，并得出最终的项目环境研判结论。

4.3.1.1 市场与用户分析

H1 平台开发工程启动之初，首先对市场与用户需求进行了详细的摸底与分析。2011 年底，国内市场上，9 升左右柴油机主要有锡柴 6DL2、玉柴 YC6L、上柴 8DK、上柴 9DF 等几款产品，且市场容量相对较小。国内外竞争对手手中 9 升左右柴油机及其主要参数如表 4-5 所示。

表 4-5 国内外 9 升左右柴油机及其主要参数

机型	生产企业	缸径/毫米	行程/毫米	排量/升	功率/千瓦	标定转速/（转/分）	最大扭矩/牛米	燃油系统	满足排放
6DL2	锡柴	112	145	8.6	275	2100	1500	共轨	国Ⅳ
YC6L	玉柴	113	140	8.4	243	2200	1280	单体泵	国Ⅳ
8DK	上柴	114	135	8.3	206	2200	1160	共轨	国Ⅳ
9DF	上柴	114	145	8.9	247	2200	1160	共轨	国Ⅳ
C9	CAT	112	149	8.8	260	2100	1400	共轨	
A09C	HINO	112	150	8.9	260	1800	1100	共轨	
ISC8.3	CUMMINS	114	135	8.3	260	2200	1350	共轨	
ISL8.9	CUMMINS	114	145	8.9	296	2200	1560	共轨	
MaxxForce9	NAVISTAR	116.6	146	9.4	330	2200	1300	共轨	EPA2010
Cursor9	IVECO	117	135	8.7	265	2100	1600	共轨	国Ⅴ
PR	DAF	118	140	9.2	265	2200	1450	单体泵	欧Ⅴ
1300	PERKINS	116.6	135.9	8.7	220	2200	1300	共轨	
D9	VOLVO	120	138	9.4	425	2600	1630	泵喷嘴	欧Ⅴ

潍柴 WP10 产品虽占据了较大的市场份额，但随着柴油机市场由卖方市场向买方市场转变，用户的选择增多，WP10 的产品优势在逐渐减少。

此外，潍柴已有产品中，WP7（7.14 升）和 WP10（9.726 升）之间跨度较大，需要一款 9 升左右排量的产品与上述几款竞品相抗衡。

因此，综合分析后认为，在装载机配套领域，潍柴需要研发一款 9 升柴油机来巩固市场占有率；在重卡领域，9 升排量的柴油机也可以满足中国 6 千瓦/吨左右的动力性要求。

4.3.1.2　减排政策分析

2011 年 12 月 29 日，为推进机动车污染减排，改善大气环境质量，中华人民共和国环境保护部《关于实施国家第四阶段车用压燃式发动机与汽车污染物排放标准的公告》明确表示，将根据车用燃料供应实际，分车型、分区域实施机动车国Ⅳ标准。从分车型来看，气体燃料点燃式发动机与汽车严格实施国Ⅳ标准，车用压燃式发动机与汽车的国Ⅲ标准实施截止时间延长至 2012 年 6 月 30 日；从分区域来看，北京和上海市地区用于公交、环卫和邮政用途的装用压燃式发动机汽车将率先实施国Ⅳ标准，停止销售和注册登记不符合国Ⅳ标准要求的相关车辆，所有压燃式发动机与汽车至 2013 年 7 月 1 日必须符合国Ⅳ标准。此外，从当时看，欧洲已于 2009 年施行欧Ⅴ排放标准，欧Ⅵ排放标准将在 2012 年 12 月 31 日生效，中国排放标准紧跟欧洲，也将陆续实施国Ⅴ甚至国Ⅵ标准。

基于此，WP9 作为一款面向 5～15 年后市场的先进柴油机，必须满足即将颁布的欧Ⅵ排放标准及日趋提高的性能要求。

4.3.1.3　技术分析

确定需求之后，潍柴进一步对国内外技术水平展开分析。随着柴油机排放法规越来越严格，在中重载柴油机市场，减少排放和改善柴油机性能的趋势仍将继续。为达到欧Ⅵ（道路）和 Tier 4 Final（非道路）排放要求，各国生产企业根据自身的技术特长和生产经验，采取不同的技术路线。国外企业以戴姆勒-奔驰汽车公司（以下简称奔驰）、菲亚特动力科技有限公司、斯堪尼亚汽车工业股份有限公司（以下简称斯堪尼亚）、康明斯公司（以下简称康明斯）、沃尔沃集团等为代表，竞相推出了欧Ⅵ和 Tier 4 Final 柴油机。国内企业以玉柴为代表，玉柴于 2010 年底推出一款欧Ⅵ柴油机 YC6K，采用高效逆向冷却技术（top-down cooling）、桁架机体、顶置凸轮轴、集成式机油冷却器、蠕墨铸铁缸体缸盖等较为先进的技术。潍柴国内的竞争对手也着眼未来，加快了先进技术迭代的脚步。

因此，潍柴初步确定，H1 平台开发工程应着眼欧Ⅵ和 Tier 4 Final，做好技术储备，保证未来 5～15 年内有足够的竞争力。当前的技术难度主要体现在需满足排放法规。通过市场、产品、技术分析，H1 平台开发工程开始进行深入的技术可行性分析，并确定 WP9 柴油机拟采用以下技术达到产品开发需求。

（1）高压共轨技术：采用高喷射压力的燃油系统，达到优化燃烧、降低排放的要求，目前博世成熟高压共轨系统的喷射压力可达到 180 兆帕斯卡，未来将推出超过 200 兆帕斯卡喷射压力的新产品。

（2）废气再循环（exhaust gas recirculation，EGR）+选择性催化还原（selective catalytic reduction，SCR）的排放控制技术：将采用 EGR 与高效 SCR（转化效率超过 90%）结合的技术路线达到欧Ⅵ排放要求，此技术路线在国外奔驰、斯堪尼亚等产品中已有成熟应用。

（3）可变截面涡轮增压器（variable geometric turbocharger，VGT）和 2 级增压技术：基于升功率的要求，增压系统可能考虑 VGT 或 2 级增压，经过近些年的发展，VGT 和 2 级增压技术已是成熟技术。

（4）新结构、新材料：以钢活塞、蠕墨铸铁气缸盖为代表的新材料在国外欧Ⅵ产品中也已有成熟应用。

可以看出，虽然欧Ⅵ排放法规极为苛刻，但是拟采用的各项技术均较为成熟，在国外欧Ⅵ柴油机上已广泛应用，从技术角度讲是可行的。

4.3.1.4　H1 平台开发工程新产品初步设想

1）产品主要结构及新技术、新材料

为了满足欧Ⅵ排放，WP9 柴油机需要承受较高的爆发压力（如 22 兆帕斯卡），可能采用的新技术、新材料有：钢活塞、蠕墨铸铁气缸盖、2 级增压或 VGT 增压系统等。WP9 产品主要结构如表 4-6 所示。此表所示结构将在预概念设计中进一步讨论，最终结构将在概念设计评审阶段确定。

表 4-6　产品主要结构

项目	结构
气缸盖	整体式
缸盖材料	蠕墨铸铁
气缸体	龙门式
缸体材料	灰铸铁
凸轮轴	顶置/侧置
每缸气门数	4
配气机构	滚轮摇臂/滚轮挺柱
气缸套	湿式
活塞	钢活塞
连杆	胀断连杆
曲轴箱通风	闭式
齿轮室	后置
燃油系统	高压共轨
增压系统	带放气阀/2 级增压/VGT
后处理系统	EGR+SCR+柴油颗粒过滤器（diesel particulate filter，DPF）
发动机制动系统	潍柴动力排气门制动技术（Weichai exhaust valve brake，WEVB）/其他
冷启动系统	进气加热
后取力	预留

2）性能指标和可靠性指标

WP9 作为一款满足欧Ⅵ排放标准的先进柴油机，其性能指标和可靠性指标应该达到或优于国内外同类产品水平。各指标的确定是一个复杂而系统的工作，需要统筹考虑市场需求、相关法规、预期产量、生产策略、供方能力等各种因素，表 4-7 列出了预概念阶段各项指标，最终指标将在概念设计评审阶段确定。

表 4-7　性能指标和可靠性指标

项目	单位	参数
额定功率/转速	千瓦/（转/分）	290/2000
最大扭矩/转速	牛米/（转/分）	1700/（1100～1600）
扭矩储备系数		约23%
最高爆发压力	兆帕斯卡	22
额定点最低燃油消耗率	克/千瓦时	≤215

续表

项目	单位	参数
噪声（声功率级）	分贝	≤110
发动机长度	毫米	≤1270
净质量	千克	≤870
排放指标		欧Ⅵ
B10 寿命	千米	≥100 万

3）产品开发周期和费用

产品开发周期为 48 个月，预计 2012 年 2 月启动，2015 年中期完成最终设计评审并投入小批量生产。

本产品开发费用预计 7065 万元，具体各项费用如表 4-8 所示。

表 4-8　产品开发费用表

项目	费用/万元
设计咨询费	4000
燃油费	1600
试验费（三高+路试）	120
样机制造费（包括小批量生产样机）	1300
总认证费	45
合计	7065

注：三高指高寒、高温和高原

4）产品成本分析

根据 H1 平台开发工程市场调研报告，WP9 欧Ⅵ柴油机市场售价预计为 75 000 元（含税，不含后处理）。毛利率预估 25%。根据以下计算公式，计算柴油机的成本。

柴油机不含税售价计算公式为

$$ET = TC / (1 + TR) \qquad (4-3)$$

其中，ET 表示不含税售价；TC 表示含税售价；TR 表示税率（17%）。

柴油机成本计算公式：

$$C = P \times (1 - g) \qquad (4-4)$$

其中，C 表示柴油机目标成本；P 表示预计销售价格；g 表示毛利润率。

综合得到 WP9 欧Ⅵ柴油机成本，如表 4-9 所示。

表 4-9　WP9 欧Ⅵ柴油机产品成本

指标	WP9 欧Ⅵ柴油机产品批量状态单台成本
排放阶段	欧Ⅵ
销售价格（含税）	75 000 元
销售价格（不含税）	64 100 元
毛利润率	25%
成本	48 100 元
备注	（1）以上数据是在柴油机功率 310 马力（公制），年产 10 万台基础上的售价 （2）以上数据为 H1 欧Ⅵ柴油机本体机价格，不含后处理

4.3.1.5　环境研判结论

综上，WP9 欧Ⅵ系列柴油机的研发对于完善潍柴产品系列，保持市场领先地位具有战略性意义。通过对国内外市场用户、减排政策、技术可行性等进行分析，表明潍柴开发 WP9 欧Ⅵ柴油机切实可行，建议立即开展 WP9 欧Ⅵ柴油机的设计工作。

基于产品成本分析，WP9 欧Ⅵ柴油机成本为 48 100 元（不含后处理成本）。经过分析，产品成本可行。

4.3.2　要素属性识别

根据 4.2.4 节要素属性识别方法的理论部分，H1 平台开发工程的要素属性识别经历了要素整理和属性识别两个步骤。

4.3.2.1　要素整理

H1 平台开发工程立项后，第一步要做的就是系统梳理出项目的要素。经过前期环境研判和专家评审，确定要素包括主要结构、性能、可靠性、价值、进度、法律法规、工艺、采购、需求。例如，WP9 发动机具体的功率定为国Ⅴ为 257 千瓦，欧Ⅵ为 235 千瓦，转速定为 2100 转。具体要素、指标及标准如表 4-10 所示。

表 4-10　WP9 发动机的具体要素、指标及标准

要素	指标	标准		要素	指标	标准
主要结构	用途	车用		可靠性	首次故障前平均工作时间	500 小时
					平均故障间隔时间	1000 小时
	型式	四冲程、直列、直喷、增压中冷			无故障性综合评分值	
	缸数	6			车机寿命	100 万千米
	缸径×行程	116 毫米×139 毫米		价值	开发费用（国 V）	865 万元
	总排量	8.8 升			开发费用（欧 VI）	7065 万元
	重量	820 千克		进度	研发周期	
	外形	长 1220 毫米×宽 730 毫米×高 630 毫米			评审节点	
		国 V	欧 VI	法律法规	排放	
性能	额定功率/千瓦	257	235		噪声	
	怠速/（转/分）	600±50	600±50		振动	
	最高空车转速/（转/分）	2310	2310	工艺	热加工	
	额定转速/（转/分）	2100	2100		冷加工	
	最大扭矩/牛米	1520	1400		装配准确性	
	最大扭矩转速/（转/分）	1100～1600	1100～1600		材质	
	低速扭矩/（牛米/转/分）	≥1150/1000	≥1100/1000	采购	外协零部件匹配度	
	额定工况燃油消耗率/（克/千瓦时）	≤215	≤225		外协零部件合格率	
	外特性最低燃油消耗率/（克/千瓦时）	≤195	≤205		外协零部件交付准时率	
	最大扭矩点燃油消耗率/（克/千瓦时）	≤195	≤208		政策法规	
	综合比油耗/（克/千瓦时）	205	215	需求	竞品价格	
	机油燃油消耗比	<0.1%			竞品的边界参数	
					客户特征	

4.3.2.2　属性识别

其次要对这些要素的属性进行识别。根据 4.2.4 节，应用德尔菲法识别

H1 平台开发工程的要素属性。邀请产品规划部、市场部、应用工程部、标准部、设计部、制造工艺部等部门的负责人，按照德尔菲法的具体步骤，对 H1 平台开发工程的要素进行排序给分。最终，确定 H1 平台开发工程中，法律法规、需求、性能、可靠性和主要结构为关键性高且不可调整性高的要素；进度、工艺、价值和采购为非关键且可调整的要素（图 4-3）。

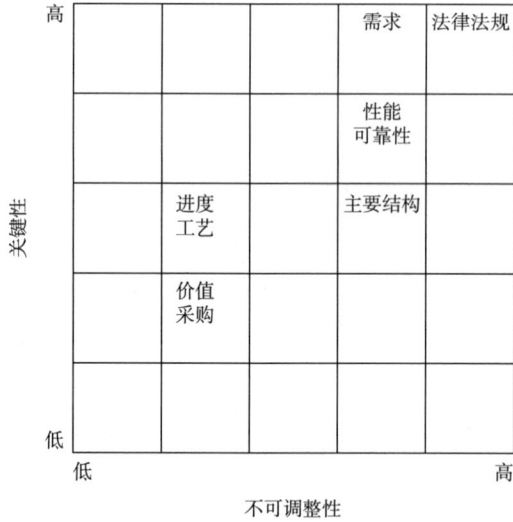

图 4-3　H1 平台开发工程的要素属性识别结果

4.4　本 章 小 结

做正确的事首先必须进行严密的环境研判。本章首先介绍了环境研判的内涵、对工程管理活动的重要意义，并从经济环境研判、技术环境研判、社会文化环境研判和政治与法律环境研判四个方面，介绍了环境研判的目的、具体方法和研判内容。

在环境研判的基础上，做正确的事还需要正确识别要素属性。本章明确了要素的定义，从需求管理、质量管理、成本管理、进度管理、风险管理、信息管理、环境管理、安全管理、采购管理方面理清了要素的内容，从关键性和不可调整性两个重要属性对要素进行分类，以德尔菲法为例介绍了要素属性的识别方法。

　　最后，本章以潍柴 H1 平台开发工程为案例，详细阐述工程管理活动实施过程中环境研判和要素属性识别。H1 平台开发工程在对市场与用户、政策影响、技术趋势及其可行性进行了广泛而深入的分析后，从产品的主要结构、技术、材料、成本和开发周期等方面确定了 H1 平台开发工程新产品初步设想，并得出最终的环境研判结论，H1 平台开发工程开发 WP9 欧Ⅵ柴油机切实可行，建议立即开展 WP9 欧Ⅵ柴油机的设计工作。WP9 欧Ⅵ系列柴油机的研发对于完善潍柴产品系列，保持市场领先地位具有战略性意义。H1 平台开发工程通过要素整理和属性识别两个步骤完成了要素属性识别。经过环境研判和专家评审，确定 H1 平台开发工程的要素包括主要结构、性能、可靠性、价值、进度、法律法规、工艺、采购、需求。进而，应用德尔菲法识别 H1 平台开发工程中法律法规、需求、性能、可靠性和主要结构为关键性高且不可调整性高要素；进度、工艺、价值和采购为非关键且可调整要素。

5　Leader

leader 的意思是领导者。在确定做正确的事之后，必须配置合适的领导及团队。人是管理活动中最重要的资源，工程管理也不例外，特别是一些大型复杂工程，其中很多还是一次性的，可借鉴、可参考的经验有限，人在其中的作用将更加突出。而且这些大型复杂工程常常耗费的人力、物力、财力巨大，不是一个人就可以实现有效管理的，往往需要一支优秀的团队。但人多力量未必大，其中组织设计是关键，只有组织结构合理、选配人员适当才能最大限度地发挥出领导及团队的作用。

本章首先结合第 4 章识别的工程管理活动中要素的属性，对工程管理活动进行分类；其次，介绍工程管理中常见的三种组织结构，并对每种组织结构适用的活动类型进行简单阐述；再次，探讨如何匹配与组织结构相匹配的人员问题；最后，以潍柴 H1 平台开发工程为案例，详细阐述该项工程管理活动中人员的匹配问题。

5.1　活动类型与组织结构

5.1.1　活动类型

工程管理活动类型在很大程度上决定了工程管理活动的组织结构，进而决定人员的配置。工程管理活动有不同的分类方法。本书重点介绍两种分类方法，第一种方法按照第 4 章识别的要素属性结果进行分类，第二种方法将工程活动进行结构分解，再对分解后的每个活动单元重要性程度进行评估，进而汇总得到工程管理活动重要性级别分类。

根据第 4 章 correct 中识别的要素属性可知，任何一项工程管理活动的要素都具有关键性和不可调整性两方面属性，不同要素这两方面属性的程度不同。一般通过专家判断等方法，了解活动的关键要素和不可调整要素的分布情况，根据它们的分布不同可以将工程管理活动进行分类，如将要素的属性按两分法分为关键、不关键与不可调整、可调整，则工程管理活动可以分为四种类型。其中，关键要素占比较高且不可调整要素占比也高的工程活动，即类型一，关键且不可调整活动类型。其余活动类型分别为关键且可调整、非关键且不可调整、非关键且可调整。

第二种分类方法是对工程活动进行结构分解，根据分解结果对工程活动进行重要性评估，继而达到分类的目的。这种分类方法分两步。第一步，对工程活动进行结构分解。比如，运用任务分解结构方法，将工程活动按照内在结构或实施过程的顺序进行逐层分解，如图 5-1 所示。将整个工程活动分解成若干大小合适的部分，每个部分有足够的确切程度，能够估计所需要的人力、物力、财力，以及收益、风险等信息。

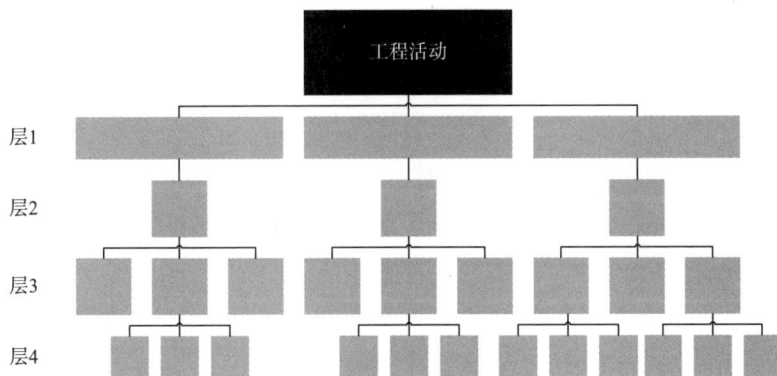

图 5-1　工程活动的任务分解结构

第二步，根据分解结果，对每个小单元活动按照其所需的人力、物力、财力，或者收益、风险等指标进行重要性评估，最后汇总为整个工程管理活动重要性评估结果。例如，机械开发类工程可以根据机械内在结构将其分解为主要零部件开发活动，通过对主要零部件开发活动占用的人力、物力、财力或收益与风险进行评估，确定工程活动重要性类别。

上述两种分类方法基于的角度不同，相互之间并无矛盾，在一定程度上是相互统一的。在根据要素属性分类中，如果将所有要素在两个属性上的得分加总，根据总分落在一定的区间，可将工程活动按重要性程度分类，得分越高，重要性程度越高。例如，假设某项工程活动共有 10 个要素，按5 分制评分，每个要素任意属性最高得分为 5，最低得分为 1，则 10 个要素，两类属性总得分介于 20 与 100 之间，根据实际总得分可判定工程活动的重要性等级类别。

有时两种方法还可以叠加运用。如果某项工程活动非常复杂，要素不仅多而且很难判定要素属性的得分，或者专家意见很难统一，此时可以将工程活动先运用任务分解结构方法分解，然后再对小的活动单元按要素属性分类，最后汇总为整个工程活动的要素属性分类。实际管理中可以同时采用多种分类方法，结合多种分类方法结果，最终判定工程活动的类别，以便设计的组织结构更加合理有效。

5.1.2 组织结构

活动类型是决定组织结构设计的重要因素，只有组织结构与活动类型相匹配，才能最大限度发挥领导及其团队的作用。

层级组织是人类的一项伟大发明，没有合理的层级组织，人多未必力量大，可能只是一群乌合之众，一盘散沙。在冷兵器时代，因为不同布阵的战斗力差别很大，所以军队十分注重布阵。在自然界中也一样，石墨和金刚石都是由碳原子构成的，但是因为构成它们的碳原子的排列方式有所差异，所以它们的硬度差别很大。工程管理，特别是一些大型工程管理活动，如果组织结构设计不当，在很大程度上可能直接导致工程活动的失败。例如，1961 年美国总统肯尼迪对是否能够实施"阿波罗"登月计划提出了质疑，因此要求科学顾问了解实现该计划是否可行。顾问经过详细调研后得出以下结论：该计划虽然在工程技术上可行，但是管理上可能会出现问题。该计划是在人类历史上前所未有的耗资 250 亿美元的巨大工程活动，需要众多企业和高校的参与，因此活动中的每个主要步骤都必须仔细计算，并由次级活动计划及第三级活动计划等加以支持。为使设计、制造、发射和回收等工作顺利完工，需要精心组织和精确地控制人力、物力、财力。所有这些都要有一个组织加以强有力的领导。所以，管理工作的优劣是工程活动成败的关键。而现代一切管理工作，无论是企业管理、社会管理还是政府管理，都是依据层级组织开展工作的。因此，匹配领导及团队之前首先需要明确与之相适应的层级组织结构。

现代管理学之父 Peter Ferdinand Drucker 也提出了要根据组织结构来进行人员选派的观点。Peter Ferdinand Drucker 认为，对于任何类型的组织结构而言，除了高层管理之外的每个部门的设计都有其独特的主要任务。因此，要按照组织结构的运作规律来选派人员，管理这些单位，执行这些作业[16]。

为使组织高效率运行，设计合理的组织结构至关重要。虽然好的管理者能使任意组织发挥它的作用，但是合理的组织结构必定会提高管理者的成功机会。工程管理中常见的组织结构有职能型、矩阵型及项目型（事业部型），具体架构如图 5-2 所示。三种组织结构都在企业下设工程项目经理，但团队人员构成及其行政隶属和上下级关系不同。

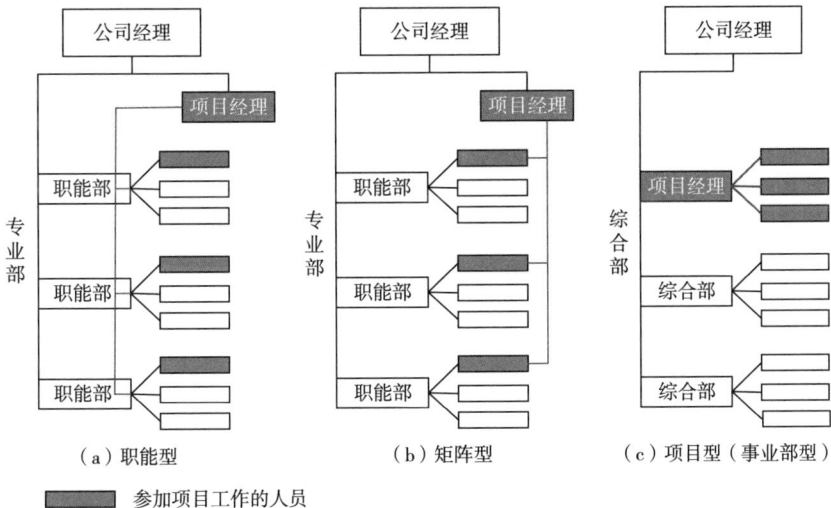

（a）职能型　　　（b）矩阵型　　　（c）项目型（事业部型）

■ 参加项目工作的人员

图 5-2　工程管理活动常见的组织结构

5.1.2.1　职能型组织结构

职能型组织结构的管理是在组织现有的职能型层级结构下进行的，见图 5-2（a）。该组织结构的团队不一定有固定人员和职责分工，而是将工程活动进行作业分解，分解成的各项作业与企业现有的职能部门挂钩，将与部门关联性较强的作业分配到该职能部门，由其承担并负责完成，各职能部门只需负责完成分配给该部门的工程活动内容，具体人员由职能部门确定，可能有时职能部门会指定专门人员负责该任务，而有时并不指定固定人员。

职能型组织结构有很多的优点，如能够给团队成员连续性的事业保障，对企业工程活动管理的连续性比较有利等。但职能部门之间横向联系不多，这种分散于各个职能部门的人员组织架构更容易导致团队成员之间交流困难、团队成员不容易产生事业感等[44]，具体见表 5-1。

表 5-1　职能型组织结构优缺点

优点	缺点
·可以灵活地使用人员，只要将适合的职能部门选为工程活动的上级，其就能为工程活动提供所需要的技术人员，并且技术人员可以在同一时间被不同的工程活动使用，而且在工程活动结束后仍然可以返回原岗位 ·在人员离开工程活动团队的时候，职能部门还可以作为基础以维持工程活动的连续性 ·技术人员还可以通过所在的职能部门获得晋升机会	·工程活动总是缺乏重点，由于核心日常业务的不同，每个职能部门都有一些自身的基本需求需要得到满足，这样一来可能就会忽视工程活动的责任，特别是当工程活动给各个部门带来的利益有差异时 ·职能型组织在不同部门之间的交流合作上可能存在一定的障碍 ·参与工程活动的人员认为该活动与他们的晋升和职业发展没有直接的关系，因此把工程活动视为一种额外的负担，从而失去积极性 ·项目经理仅负责工程活动的一部分，其他人负责工程活动的其他部分，因此有时会出现无人承担工程活动所有责任的情况，这会增加协调的难度

职能型组织结构适用于任何设有稳定的专业职能部门的单位，适用于经常需要同时开展多个专业性相似的工程活动，此类工程活动的重要性程度一般不是很高，工程管理的关键性要素和不可调整性要素不多，工程活动运行规律性较强、变异性小，需要协调的内部管理工作相对容易，工程活动的技术和管理复杂性是一般的管理人员不能单独胜任的，并且工程活动实施期比较短，没有必要成立项目型组织的工程活动。

5.1.2.2　项目型组织结构

不同于职能型组织结构，项目型组织结构是在现有的企业组织结构中建立独立的工程项目团队，见图 5-2（c）。这些团队有自己的技术和管理人员，与母体组织其他的职能部门独立运行，企业将特定的资源分配给该团队，并给予工程项目经理最大的执行工程活动的自由。

项目型组织结构具有避免多重领导、能够迅速做出决策，并为团队成员提供明确的工作目标等优点。这种组织结构的不足之处是，容易浪费和重复配置资源，团队成员在工程活动后期心理上缺少归属感等[44]，具体见表 5-2。

表 5-2　项目型组织结构优缺点

优点	缺点
·工程活动团队重点比较集中，项目经理单独领导团队人员完成工程活动这一唯一任务并对工程活动全权负责 ·工程活动团队能在工程活动内快速做出决策，决策反应快 ·工程活动团队成员具有高度的积极性和凝聚力，参与者能够明确个人责任及工程活动与小组共同目标	·每个工程都需要独立的团队，企业面对多个工程时会出现工程活动的重复努力和失去规模经济等问题 ·工程团队自身的独立性会分裂团队与母体组织之间的关系并产生明显的界面，从而导致工程活动团队与母体组织之间融合的有效性被削弱 ·创建独立的工程活动团队会阻碍采用最佳技术来解决出现的问题 ·在项目完成后，团队成员很难回到原职能部门工作，很难为其提供连续性的和具有保障的事业

项目型组织结构适合工程活动重要性程度中等的活动类型，或者关键性要素较多、不可调整性要素较少，或者反之，关键性要素较少、不可调整性要素较多的活动类型。这类活动相对比较复杂，不仅需要团队之间更加密切的合作，而且需要具备一定职务级别或者专业才能的人员组织团队，进行团队内部协调，以及工程项目团队与企业组织、组织内其他职能部门之间关于人、财、物的协调等。

现实中，项目型组织结构通常用于一次性的、没有标准执行文件的、特有的、非重复性的工程活动，工程项目团队完成任务后，随即解散，返回原部门，采用项目型组织结构对这种特点的工程活动更有效。

5.1.2.3　矩阵型组织结构

矩阵型组织是介于职能型与项目型组织之间的一种暂时的、半松散的组织形式，见图 5-2（b）。矩阵型组织结构中，参与活动的人员既要接受工程项目组的领导，还要接受其所在职能部门的领导。在工程活动期间，这些人员的工作内容服从团队的安排，人员行政关系隶属于原职能部门，但是人员之间的沟通不再需要通过他所在的职能部门领导，而是通常由项目经理向上级公司领导直接汇报工作。

矩阵型组织结构根据团队情况可分为三种形式——弱矩阵型组织结构、强矩阵型组织结构和平衡矩阵型组织结构[45]。

1）弱矩阵型组织结构

一般来说，该组织结构的团队中只安排一名协调员而非明确的项目经理来协调工作。团队成员互相协调以实施各自职能部门对应的工作任务。事实上，在此模式下，部门负责人承担了项目经理的许多职能。

2）强矩阵型组织结构

这种模式的主要特点是由企业专门的工程活动管理部门派出一个专职项目经理来负责工程活动的管理和运作。该专职项目经理与上级的沟通通常是通过工程活动管理部门的负责人。

3）平衡矩阵型组织结构

该组织结构形式处于强矩阵型组织结构与弱矩阵型组织结构之间。主要特点是由职能部门的一个团队成员来担任项目经理，项目经理不仅要对工程活动进行管理，还可能对所在部门的相应任务负责。因此在和上级沟通时，项目经理必须在领导及他所在的职能部门负责人之间进行调整与平衡。

矩阵型组织结构有很多的优点，如减少人员冗余问题，提高企业资源利用率等。矩阵型组织结构也存在一些缺点，如相对复杂的信息回路；团队成员存在多头领导，破坏统一指挥的原则等。具体见表 5-3。

表 5-3　矩阵型组织结构优缺点

优点	缺点
·通过在多个工程活动中共享资源以减少人员冗余 ·工程活动是工作的焦点，项目经理是正式指定的，因此项目经理对工程活动更加关注，对整合和协调不同部门的任务和工作更加负责 ·当企业有多个工程活动在同期进行时，可以平衡资源，从而确保每个工程活动都能完成自己的成本、进度及质量要求 ·团队成员对于工程活动结束后的焦虑减少。他们不仅与工程活动有很强的联系，还会对职能部门产生"家"的感觉	·该结构加剧了项目经理和职能经理两者之间的紧张关系 ·资源、设备及人员的跨工程活动共享，在所有情况下都可能导致冲突及竞争稀有资源等情况的出现 ·就工程活动实施过程中遇到的各种问题，项目经理必须与部门经理进行协商及谈判，这会影响决策制定的及时性 ·矩阵管理违背了"命令统一"这一管理原则，团队成员有项目经理和部门经理双重领导，当两个领导发布的命令不一致时，成员们会感到左右为难，不知所措

　　矩阵型组织结构适合重要性程度很高，或者关键性与不可调整性要素都很多的工程活动类型。这种活动其管理复杂程度不是一个单一的项目组可以承担的，通常需要将整个工程活动按任务的内在结构或工作流程进行分解，分解后的每个活动单元或流程都需要专门的项目组或工作组才能完成，这些小项目组负责人或主要骨干构成整个工程管理的多功能小组，成为一个矩阵型组织结构。

　　现实中，矩阵型组织结构通常用于单位内部设立了专业职能部门，但实施周期长，协调工作量较大且活动任务比较困难的工程活动。至于采用强矩阵型、弱矩阵型还是平衡矩阵型组织结构，要进一步视工程活动的重要性和企业组织的资源而定。

　　无论采用何种组织结构，工程管理团队人员的构成都应与该项工程管理活动的要素密切相关。由于工程管理活动中质量管理、需求管理、采购管理等是一些共性要素，工程管理团队人员构成大致如图 5-3 所示。

　　三种组织结构都在企业下设项目经理职位，除了项目经理外，还应根据工程管理活动的要素配备相应的工作组，如质量小组、需求小组、采购小组等。各小组设置经理职位及相应成员职位，如质量小组设置质量经理，以及工艺工程师、质量工程师、结构工程师、后处理工程师等职位；需求小组设置需求经理、客户代表、市场分析师及竞品分析工程师等职位；采购小组设置采购经理、采购工程师等职位。

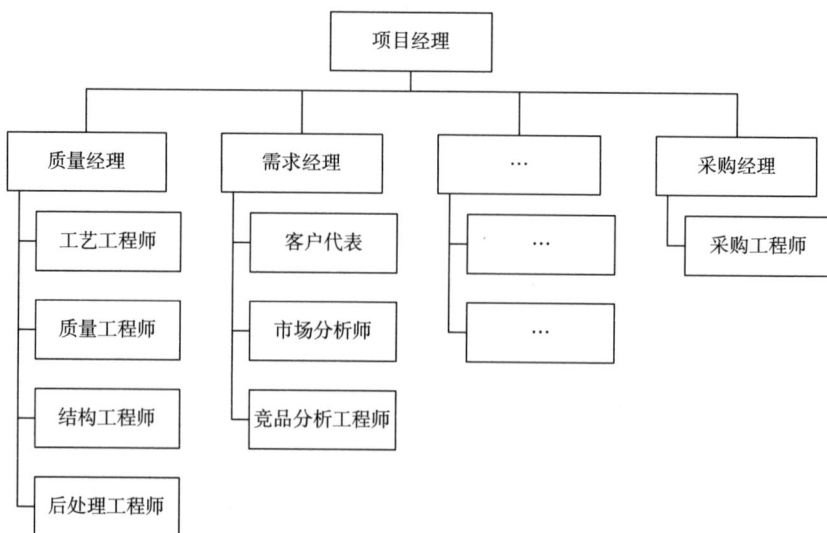

图 5-3　工程管理团队职位构成

5.2　人　员　匹　配

组织结构设计完成后，接下来要解决的问题就是把合适的人放在合适的岗位上，而人员匹配中关键是领导。

领导实质上是一种对他人的影响力，即管理者对下属和组织行为的影响力，施加影响力的过程就是领导的过程。领导者对下属和组织行为的影响力来自两方面：一是权力（又称职位权力）影响力，如组织授权，由于领导者在组织中所处的位置是由上级和组织赋予的，该影响力会随职务的变动而变化；二是非权力（又称个人权力、非职位权力）影响力，该影响力是由领导者本身的某些特殊条件产生的，如领导力和业务能力，这种权力不随职位的变动而变化，并且会对下属产生深刻而长远的影响[46]。

因此，选择合适的领导要同时考虑领导者的两种影响力——权力影响力和非权力影响力，权力影响力主要来自组织授权，非权力影响力一方面来自领导者的人格品质、魅力等，即领导力，另一方面来自领导者的业务专长，即业务能力。

5.2.1　领导力

领导力是指领导者影响集体和个人以实现组织目标的能力，是一系列行为的组合。这些行为将会激励人员追随领导者，而非简单地听从领导者。

领导力在领导系统中是一个根本性、战略性的范畴，也是领导者在特定条件下，依靠其个人素质，对特定的组织或个人所产生的感召力及人格凝聚力。它是保持组织可持续发展和成长的重要动力。

5.2.2　业务能力

业务能力是指个体将所学的专业知识、技能和态度在工程管理活动中进行类化迁移与整合所形成的能完成工程管理目标的能力。

作为一名领导者，要想充分地发挥以上领导力，其前提是他必须具有相应的业务素质、丰富的专业知识，否则，就会犯盲目、武断、瞎指挥等常见的领导错误。因此，领导者的业务能力是决定领导者是否能够实现其有效领导的根本。

5.2.3　组织授权

组织授权是指领导者为实现组织目标而为下属及其员工提供更多的工作自主权的过程[47]。组织的授权对于提高行动和决策的质量非常重要。伴随信息化趋势及组织发展的推进，组织的管理越来越复杂，也越来越要求采用专业化管理。此外，越来越多组织的结构越来越扁平化，每个管理者要管理的内容跨度越来越大，这将对管理者的能力、知识和精力提出极大的挑战。许多管理人员感到尽管他们尽了一切努力，仍很难完成任务。其中一个很重要的原因是缺少或没有实施有效的组织授权。

把合适的人放在合适的岗位上就是要根据不同的组织结构和活动类

型，配备具有不同领导力、业务能力及组织授权的领导者。在工程管理领域也是一样。以活动类型一关键且不可调整型活动为例，由于对工程管理活动有决定性影响的要素占比较大，配备的领导者需要具有很强的业务能力，以五颗星表示。同时由于缺乏弹性的要素较多，配备的领导者需要具有很强的领导力。此外，组织应该给予领导者高度自主的决策空间，即组织授权要高。而活动类型二关键要素占比较高，因此要求领导具有很高的业务能力，可调整要素占比较高，因此对领导资源协调方面的能力相对要求较弱，以三颗星表示，相比较活动类型四而言，其对组织的授权要求略高，但比活动类型一对组织的授权要求略低，因此用四颗星表示，具体结果见表 5-4。

表 5-4　领导匹配

类型	领导力	业务能力	组织授权
一、关键且不可调整	★★★★★	★★★★★	★★★★★
二、关键且可调整	★★★	★★★★★	★★★★
三、非关键且不可调整	★★★★★	★★★	★★★★
四、非关键且可调整	★★★	★★★	★★★

5.3　H1 平台开发工程：Leader

5.3.1　H1 平台开发工程活动类型

根据 4.3.2 节 H1 平台开发工程要素属性识别结果，法律法规在关键性和不可调整性两方面得分都达到最高级别，其次需求、性能、可靠性和主要结构四个要素，在关键性和不可调整性得分均不低于 3 分，只有价值和采购两个要素在关键性和不可调整性得分低于 3 分，因此，根据 5.1.1 节内容可判定此项工程活动属于关键且不可调整的活动类型。

在根据要素属性判定该项活动类型后，潍柴还根据柴油机研发工程特点，将 H1 平台开发工程根据任务结构分解为主要零部件的开发，再根据这些主要零部件开发的重要性程度进行专家评分，根据评分结果判定此项工程活动属于重要性程度最高级别的管理活动。两种分类结果相一致。

5.3.2　H1 平台开发工程组织结构

考虑到 H1 平台开发工程活动类型，潍柴决定采用与之相适应的强矩阵型组织结构进行管理活动。与一般强矩阵型组织结构不同，H1 平台开发工程的组织结构不仅配置了专门的项目经理，还设置了以公司高层构成的指导委员会和领导小组。

柴油发动机研发工程中，质量是关键，本案例将一般工程管理中的质量管理要素进一步分解为结构、性能、可靠性等要素，通过 4.3.2 节专家判断结果也可知，结构、性能及可靠性要素在关键性和不可调整性得分都较高。鉴于此，潍柴为 H1 平台开发工程配置了一位经验丰富的骨干技术人员作为产品质量先期策划（advanced product quality planning，APQP）多功能小组组长，全权负责多功能小组相关活动，并成立指导委员会、领导小组和八个工作组，三个层次的资源线为工程活动提供支持。

H1 平台开发工程组织结构中的指导委员会和领导小组是指由公司高管人员组成的团队，具体由公司首席执行官、执行总裁、副总裁等主要领导构成。多功能小组由产品规划部、市场部、设计部、价值部、采购部、工艺部、质量部、制造部、应用部门、标准化部、专利部等部门人员构成，下设八个工作组，八个工作组分别为客户组、市场组、设计组、开发组、质量组、工艺组、商务组、技术准备组。具体组织构成如下。

5.3.2.1　指导委员会与领导小组配置

由于 H1 平台开发工程属于潍柴最高级别的工程，该工程同时配置了指导委员会和领导小组。指导委员会及领导小组的配置均为潍柴高层管理人员，但是二者的任务及分工有所不同，其中指导委员会只参与工程活动重大战略决策，如工程活动目标、计划制订、主要人员确定等，不参与具体工程活动运行的管理，如资源协调、工程活动运行监督等，这些工作由工程项目领导小组负责，具体见表 5-5。

表 5-5 指导委员会和领导小组设置

名称	成员	职务	任务及分工
指导委员会	A	主任	重大事项决策，具体包括工程活动目标的确定，工程活动计划的制定，项目经理、合作伙伴、领导小组成员及工作组组长的提名，以及合作伙伴高层沟通
	B	副主任	
领导小组	C	组长	参与指导委员会负责的重大事项决策，并负责组建工作小组、协调资源、监督工程活动
	D	副组长	
	E	副组长	
	F	副组长	

5.3.2.2 多功能小组

多功能小组为 H1 平台开发工程提供了完善的组织保障。H1 平台开发工程多功能小组筹建是按照发动机研发周期主要阶段设置的，具体而言，潍柴发动机研发分为可行性分析及决策过程、概念设计过程、布置设计过程、样式工艺设计过程、详细设计过程、B 样品准备过程、单缸机验证过程、B 样品验证过程、C 样品准备过程、C 样品验证过程、批量工艺设计过程、批量工艺实施准备及验证过程、产品导入过程、配套终端产品可靠性试验过程、最终设计评审、应用配套过程、市场验证过程、上市准备及量产发布过程十八个过程。如表 5-6 所示，不同的研发过程需要不同的小组参与。例如，在可行性分析及决策过程，需要产品规划部、市场部和设计部参与；在概念设计过程，需要产品规划部、设计部、价值部、采购部和质量部参与；在布置设计过程，需要设计部、价值部及质量部的参与。

表 5-6 H1 平台开发工程多功能小组

开发过程	产品规划部	市场部	设计部	价值部	采购部	工艺部	质量部	制造部	应用部门	标准化部	专利部
可行性分析及决策过程	√	√	√								
概念设计过程	√		√	√	√		√				
布置设计过程			√	√			√				

开发过程	产品规划部	市场部	设计部	价值部	采购部	工艺部	质量部	制造部	应用部门	标准化部	专利部
样式工艺设计过程					√	√					
详细设计过程			√	√			√				
B样品准备过程			√		√		√	√			
单缸机验证过程			√								
B样品验证过程			√								
C样品准备过程			√		√		√	√			
C样品验证过程	√		√								
批量工艺设计过程		√		√	√	√					
批量工艺实施准备及验证过程					√	√					
产品导入过程	√	√									
配套终端产品可靠性试验过程			√								
最终设计评审	√		√	√			√			√	√
应用配套过程	√								√		
市场验证过程		√									
上市准备及量产发布过程	√	√									

　　H1平台开发工程多功能组成员分布在技术中心、价值工程部、市场部、应用工程部、制造工程部、质量部、采购部和产品规划部等不同的部门，不同的部门设有不同的职务，不同的职务具有不同的任务及分工，并配置不同的人数。例如，技术中心部配置了1名项目经理，2名项目助理，10名设计工程师，3名计算机辅助工程（computer aided engineering，CAE）工程师，1名燃烧开发工程师，1名后处理工程师，1名噪声、振动与声振粗糙度（noise、vibration、harshness，NVH）工程师，1名规范与标准化主任，1名标准化工程师，1名性能开发工程师，2名机械开发工程师，1名车载自诊断系统（on-board diagnostics，OBD）标定工程师，1名装配工艺工程师，1名整车标定工程师，1名试验中心人员，1名测试技术人员，1名竞品分析工程师。其中项目经理除了负责工程活动组织协调及管理外还

负责产品设计、产品开发等工作；2 名项目助理主要协助项目经理进行工程活动管理、计划调度等工作；10 名设计工程师需要完成工程活动预研、产品设计、产品开发、产品验证等任务。其他的职务也都有不同的任务及分工。具体见表 5-7。

表 5-7　多功能组配置

参与部门	所设职务	成员人数	任务及分工
技术中心	项目经理	1	工程活动组织协调及管理、产品设计、产品开发
	设计工程师	10	工程活动预研、产品设计、产品开发、产品验证
	项目助理	2	工程活动管理、计划调度等
	CAE 工程师	3	强度分析、开启件运动分析、试验支持
	燃烧开发工程师	1	热力学仿真分析
	后处理工程师	1	后处理开发
	NVH 工程师	1	NVH 仿真
	规范与标准化主任	1	整机和系统潜在失效模式及后果分析（failure mode and effects analysis，FMEA）
	标准化工程师	1	图纸文件标准化审查
	性能开发工程师	1	性能开发
	机械开发工程师	2	机械开发
	OBD 标定工程师	1	OBD 标定
	装配工艺工程师	1	装配工艺形成
	整车标定工程师	1	整车标定、环境试验
	试验中心人员	1	试验支持
	测试技术人员	1	测试支持
	竞品分析工程师	1	竞品分析、设计支持
价值工程部	价值工程师	2	成本分析、价值工程分析
市场部	市场组成员	2	市场调研、市场导向
应用工程部	应用工程师	1	空滤、消音、风扇布置、整车匹配需求及接口设计
制造工程部	工艺工程师	3	图样工艺审查、样式工艺设计、工厂设计
质量部	质量工程师	5	开发流程监控、开发质量管控、样件质量检验、型式试验监督
采购部	采购工程师	1	供应商开发、供应商资源协调
产品规划部	规划工程师	1	产品预研、合同洽谈
	技术准备	2	计划管理、评审组织、供应商资源协调
	商务助理	1	技术翻译

5.3.2.3 工作组配置

八个工作组都分别配备 1 名组长及 2～19 名成员，每个工作组都有自己的任务及分工。例如，客户组的组长和 4 名成员需要确定及管理内部客户，通过与外部客户沟通、市场验证等为 H1 平台开发提供设计参考；设计组的组长及 19 名成员除了负责概念设计、布置设计等设计工作外，还需负责标杆分析、计算分析和成本控制等工作；质量组的组长及 7 名成员主要负责质量管控及监测方面的工作。具体见表 5-8。

表 5-8 工作组配置

名称	组长	成员人数	任务及分工
客户组	A	4	内部客户确定及管理、工程活动导向、外部客户沟通、市场验证支持、为产品结构和性能开发提供设计参考
市场组	B	2	市场调研、市场导入
设计组	C	19	标杆分析、概念设计、布置设计、详细设计、计算分析、成本控制
开发组	D	12	燃烧开发、性能开发、机械开发、NVH 开发、OBD 标定、整车标定、验证试验
质量组	E	7	开发流程监控、开发质量管控、样件质量检验、型式试验监督
工艺组	F	5	图样工艺审查、样式工艺设计、工厂设计
商务组	G	4	商务合同洽谈、法律咨询服务、知识产权管理、国际合作管理
技术准备组	H	4	技术计划的管理、公司级评审的组织、样试件的调度、跨部门工作协调；供应商的开发、供方资源的协调、采购件的组织、进口件的组织；样试件接收保管、非样试件的领用、装机及座台协调、试验工装的准备

5.3.3 人员配置

由于 H1 平台开发是一项关键且不可调的工程管理活动，根据 5.2 节内容可知，潍柴为该项工程活动匹配的领导及团队应该具备最强的业务能力和领导力，并且给予最高的组织授权。

5.3.3.1 领导力和业务能力指标

潍柴有比较完善的绩效考核体系，关于领导力主要从决策力、组织力和感召力三个方面进行评估。其中，决策力用来反映领导者战略决策及创新水平，组织力用来反映领导者在制度构建及流程管理方面的水平，感召力用来反映领导者团队管理及沟通协调的水平。每个指标都有四个等级——优秀、较好、一般、急需提升，具体见表5-9。

表 5-9　领导力指标

指标	优秀	较好	一般	急需提升	说明
决策力					战略、创新
组织力					制度构建、流程管理
感召力					团队管理：团队合作、下属培养、有效激励、文化塑造 沟通协调：有效表达、仔细倾听、给予积极反馈、解决冲突

潍柴考核指标体系中的业务能力主要考虑领导者的知识和工具掌握程度、分析和解决问题能力、持续改善和创新能力及学习和承受压力能力。每个指标也都有四个等级——优秀、较好、一般、急需提升，具体见表5-10。

表 5-10　业务能力指标

指标	优秀	较好	一般	急需提升	说明
知识和工具掌握程度					能熟练将本岗位所需知识和相关理论运用到工作中；熟悉掌握本岗位使用的先进工具和方法
分析和解决问题能力					能运用自己的判断和经验分析问题产生的原因；能运用自己的知识和方法顺利解决工作问题
持续改善和创新能力					提出质疑并且不断地改进现有系统；对其他组织的工作或工作流程提出一些改进建议
学习和承受压力能力					善于观察、思考和总结；不怕失败，勇于实践，面对挫折和压力时能自我保持平衡

5.3.3.2　人员设置的合理性

首先，根据上述领导力和业务能力评价指标体系，结合历年来潍柴年终考核结果及有关领导干部选聘、考核等资料，经过公司高层充分讨论研究后确定的指导委员会、领导小组成员及多功能小组组长和主要骨干成员都具备发动机研发领域过硬的业务能力，且在工作中表现出的领导力得到了公司员工的普遍肯定。例如，领导小组组长 C 是中国内燃机领域的专家，潍柴的技术名片。副组长 F 是潍柴内燃机可靠性国家重点实验室学术带头人。他们不仅业务能力强，而且在业内普遍具有很高声望。按照潍柴关于领导力和业务能力评价指标，他们都具备最高的领导力和业务能力。

其次，H1 平台组织结构中最高决策机构——指导委员会的主任 A 是潍柴动力股份有限公司（以下简称潍柴动力）董事、执行总裁，副主任 B 是潍柴动力执行总裁；领导小组的组长 C，副组长 D、E、F 当时均为潍柴动力副总裁。由于该工程活动由公司最高领导构成的指导委员会和领导小组负责推进，H1 平台领导团队具有高度的自主决策空间，即最高级别的组织授权。

综上所述，潍柴为 H1 平台开发工程匹配的领导及团队具备最高级别的业务能力、领导力和最高级别的组织授权，与该项活动的类别完全吻合。

5.4　本 章 小 结

本章首先阐述了工程管理活动的两种分类方法。一是结合第 4 章识别的工程管理活动中要素的属性，可以将工程管理活动分成关键且不可调整、关键且可调整、非关键且不可调整及非关键且可调整四种类型。二是将工程活动进行结构分解，再对分解后的每个活动单元重要性程度进行评估，进而汇总得到工程管理活动重要性级别分类。两种方法在一定程度上是一致的，且可以叠加，用以判定工程管理活动的类别，以便设计的组织结构更加合理有效。

其次，分析了工程管理中常见的职能型、项目型及矩阵型三种组织结构，不同的组织结构适用于不同的活动类型。其中，职能型组织结构适用于重要性程度不是很高，工程管理的关键性要素和不可调整性要素不多的活动类型；项目型组织结构适合工程活动重要性程度中等的活动类型，或者关键性要素较多、不可调整性要素较少，或者反之，关键性要素较少、不可调整性要素较多的活动类型；矩阵型组织结构适合重要性程度很高，或者关键性与不可调整性要素都很多的工程活动类型。

再次，探讨了与组织结构相适应的人员匹配问题，即根据不同的活动类型和组织结构，配备具有不同领导力、业务能力和组织授权的领导者及团队。例如，对于关键且不可调整型活动，配备的领导者需要具有很强的业务能力、领导力和组织授权；对于关键且可调整型活动，配备的领导者需要具有很强的业务能力，较高的组织授权，领导能力一般即可；对于非关键且不可调整型活动，配备的领导者需要具有很强的领导力，较高的组织授权，业务能力一般即可；对于非关键且可调整型活动，配备的领导者具有一般的领导力、业务能力和组织授权即可。

最后，以潍柴 H1 平台开发工程为案例，详细阐述该项工程管理活动中人员的匹配问题，具体包括活动类型、组织结构和人员配置。根据要素属性分类结果，H1 平台开发工程中法律法规在关键性和不可调整性两方面得分均为 5 分，需求、性能、可靠性和主要结构四个要素，在关键性和不可调整性得分均不低于 3 分，只有价值和采购两个要素在关键性和不可调整性得分低于 3 分，因此该项活动属于关键且不可调整的管理活动类型。将活动任务分解为关键零部件的开发活动后，经专家打分评估该项活动的重要性等级为最高等级。为与活动类型相匹配，潍柴不仅为其配备了专门的项目经理，而且设置了以公司高层人员构成的指导委员会和领导小组的强矩阵型组织结构，毫无疑问，该项活动的组织授权达到了最高级别，对照潍柴关于领导力和业务能力的评价指标体系，该项活动典型人员的匹配在领导力和业务能力方面也达到了最高级别，这为 H1 平台开发活动的顺利完成提供了重要的组织和人力资源保障。

6 Inspect

inspect 的意思是"检查"。事情布置完后，必须要进行检查、审查。由管理部门、技术服务部门或相关部门依据一定的工作准则与要求，通过严密的程序，定期或不定期地对工程准备、实施及管理的全过程进行全面的或专项的检查、审查。

本章首先介绍按照工程管理活动内容和类型分类的检查方法，并阐述两种分类维度下检查方法间的内在联系；其次，从指标的偏差和要素的变化两个方面分析检查的结果；最后，以潍柴 H1 平台开发工程为案例，详细阐述该项工程管理活动中检查的实施过程。

6.1 检 查 方 法

检查对象是影响工程管理目标达成的要素及构成要素的指标。检查的对象是动态变化的，其一可能是前期要素属性识别不准确，其二可能是由于客观环境发生了预料不到的变化，初次识别的非关键要素可能转变为关键要素，可调整要素可能转变为不可调整要素，甚至出现新的对工程管理目标有影响的未识别的要素。如果不及时调整这些检查对象，一旦外界环境发生变化，即使工程管理内部活动组织得非常完善，工程管理也有可能实现不了预定的目标。对于不同的要素及其构成指标，其检查方法不同。下面将根据工程管理活动的要素，分别按活动内容和活动类型介绍检查方法。

6.1.1　按活动内容分检查方法

根据工程管理活动的要素，工程管理活动内容包括需求管理、质量管理、采购管理、成本管理、进度管理、风险管理、环境管理、信息管理、安全管理等。对于不同的活动内容，其检查方法不一样。下面以质量管理、成本管理、进度管理为例，介绍其检查方法。

6.1.1.1　质量检查方法

质量检查，即质量检验。ISO 9000：2005 标准对检验的定义是："通过观察和判断，适当地结合测量、试验所进行的符合性评价。"最新的 ISO 9000：2015 标准给出检验的定义是："对符合规定要求的确定。"

对于产品来说，质量检验就是对产品的一个或多个质量特性进行观察、测量、试验，并将检验结果和规定的质量要求进行比较，以确定每项质量特性合格情况的技术性检查活动。质量检验活动可以了解到投产的原材料是否符合要求，判断已生产出来的产品是否合格，有助于及时发现生产过程中产品质量不稳定的苗头，从而做到"成品不合格不出厂，原材料不合要求不投产，在制品不合格不流入下道工序"，起到提高和保证产品质量的作用。质量检验方法按照不同的特征进行如下分类[48]。

1）按照检验数量划分

（1）全数检验，也叫 100%检验或全面检验，简称全检。它是指对所有产品逐一进行测试，以判断每个产品是否合格。全数检验能提供较多的质量信息，在心理层面给予人们安全感。但检验的质量鉴别能力容易受到各种因素的影响，且全数检验的工作量大、检验费用高，无法完全避免检验差错产生。全数检验常用于下列场合：①非破坏性检验；②检验费用低、检验项目少的检验；③较高精度要求的产品和零部件的检验；④对后续工序影响较大的质量项目的检验；⑤质量不太稳定的工序的检验。

（2）抽样检验。它是从一批产品或一个过程中抽取一部分单位产品组成样本，根据对样本的检验结果进而判断产品是否合格的活动。抽样检验主要适用于下列场合：①破坏性检验；②全数检验工作量很大、数量很多的产品的检验；③连续性的检验；④检验费用比较高时的检验；⑤希望促使生产方加强质量管理等场合。在实际的质量检验工作中，抽样检验是最常用的方法。

（3）免检。2001 年 11 月 21 日国家质量监督检验检疫总局（以下简称国家质检总局）审议通过了《产品免于质量监督检查管理办法》，对符合下列条件的产品，实行免于检验：①企业具备独立的法人资格，产品质量长期稳定，并且有完善的质量保证体系；②产品市场占有率、企业经济效益在本行业内排名前列；③产品标准达到或者严于国家标准、行业标准要求；④产品经省级以上质量技术监督部门连续 3 次以上（含 3次）监督检查均为合格；⑤产品符合国家有关法律法规的要求和国家产业政策。

但是，2008 年 9 月 18 日，国家质检总局公布第 109 号总局令，决定自公布之日起，对《产品免于质量监督检查管理办法》（国家质量监督检验检疫总局令第 9 号）予以废止。

2）按质量特征值划分

（1）计数检验：依据给定的技术标准，以合格品或不合格品简单区分单位产品的检验。计数检验包括计件和计点检查，只记录不合格数（件或点），不记录检测后的具体测量数值，如合格品率、不合格项总数等。

（2）计量检验：依据给定的技术标准，用连续尺度测量出单位产品的质量特性具体量值并与规定标准进行比较的检验，如高度、直径、粗糙度等。

3）按检验手段划分

（1）理化检验：用机械、电子或化学方法，对产品的物理和化学性能进行检验。理化检验通常能测得检验项目的具体数值，人为误差小，精度高。

（2）官能检验：依靠人的感觉器官来检验。通常是依靠人的视觉、听觉、触觉和嗅觉等感觉器官对产品的形状、颜色、气味、伤痕、老化程度等进行检查，并判断质量的好坏或是否合格。

4）按检验后检验对象的完整性划分

（1）破坏性检验。它是指将受检样品损坏后才能进行的检验，或受检样品在检验过程中必然被损坏或消耗的检验，如寿命试验、强度试验等。破坏性检验只能采取抽样检验方式进行。

（2）非破坏性检验。它是指对样品可重复进行检验的检验活动。当今非破坏性检验的使用范围随着检验技术的发展而不断扩大，破坏性检验已经日益减少。

5）按检验的场所划分

（1）固定场所检验。固定场所检验是指在企业的生产作业场所、场地、工地设立的固定检验站（点）进行的检验活动。一般而言，固定检验站的工作环境相对较好，有利于检验仪器设备或工具的使用和管理。

（2）流动检验。流动检验是指检验人员到产品加工制作的操作人员和机群处进行的检验活动。流动检验适用于检验工具简单、精度要求不高及产品重量大不适宜搬运等场合。它的优点是及时发现问题，可以减少零件的搬运工作量及操作者排队等待检验的时间。

6）按产品形成的阶段划分

（1）进货检验。进货检验是一种外购物的质量验证活动，指对企业购进的原材料、辅料、外构件、外协件和配套件等入库前的接收检验。其目的是防止不合格品投入使用，流入生产工序，从而影响产品质量。

（2）过程检验。过程检验也叫工序检验，是指对生产过程中某个或多个工序（过程）所完成的在制品、半成品、成品，通过观察、试验、测量等方法，确定其是否符合规定的质量要求，并提供相应证据的活动。过程检验的目的有两个，一是判断产品是否符合规定要求，防止不合格的在制品流入下一工序；二是判断工序是否稳定。过程检验通常可分为首件检验、巡回检验和末件检验。

（3）最终检验。最终检验是指对制成品的一次全面检验，包括性能、精度、安全性、外观等。最终检验是产品质量控制的关键环节，也是产品放行出厂的重要依据。

6.1.1.2　成本检查方法

成本检查,是检查工程管理活动所产生的所有费用和支出是否在标准范围内的一种管理方法。具体而言,工程项目成本检查是将工程管理活动所产生的实际成本和预算成本在整个工程项目实施过程中进行比对分析的过程。通过对成本数据进行动态比对分析,预判工程项目未来建设情况,及时采取科学、有效的措施修正成本偏差,最终将工程项目的运行成本控制在合理的范围之内。成本动态检查原理如图 6-1 所示[49]。

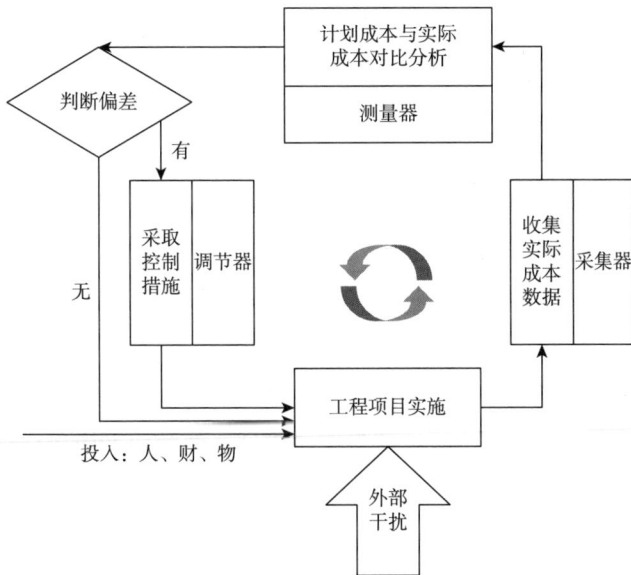

图 6-1　成本动态检查原理

成本检查方法多种多样,针对不同的工程项目类型,在工程项目的不同阶段,或者基于不同的管理需求,其检查方法不尽相同。成本检查方法需要根据工程项目的具体情况而定,成本检查方法可以归纳为以下六类:定额成本法、标准成本法、目标成本法、作业成本法、价值工程法和减少浪费法。

目标成本法是工程项目中常用的成本检查方法。目标成本检查法中的"目标成本"可以理解为"成本标准"。目标成本检查法以成本标准为依据进行成本检查。例如,对研发工程而言,企业在研发某种新产品时,以市场价格为导向，根据预期售价减去企业的预期利润后剩余的部分制定成本标准。目标成本检查的思路是通过市场调研和销售价格预测，结合企业的预期利润，倒推出产品的总成本标准，并以此为基础，按照相关的标准横向分解制定不同职能部门的成本标准；也可以基于总成本标准，纵向分解制定每一项研发流程，以及每一个零部件的成本标准，为企业的每一个生产环节提供成本约束标准。

在研发工程的实施过程中要动态地分析成本标准与实际成本的差异，并对出现差异的原因进行分析，以便企业能够及时采取纠偏措施，使企业的成本控制平稳运行。目标成本检查的过程主要包括成本标准的制定、成本标准的分解、成本标准的实施三个方面[50]。

6.1.1.3　进度检查方法

工程进度管理主要包括工程进度计划管理和工程进度控制管理两部分。

工程进度计划是根据工程的工期要求，在考虑资源、环境等约束条件下，合理分解工程活动，估算各工序的开始时间和完成时间并明确工序间的逻辑关系，从而编制工程进度计划实施方案。

工程进度控制是以工程进度计划为基础，通过实时监控工程实施过程中遇到的各种问题，跟踪检查项目实施进度，统筹协调资源保障，及时调整后续工序时间，确保项目按期完工。工程项目进度控制主要包括实时跟踪检查工程进度进展、分析进度出现偏差的原因，以及进度偏差调整三个方面内容。因此，进度检查是进度控制的重要环节，如图 6-2 所示[51]。

进度是工程进度管理控制检查的重要环节对象。在 CLICK 工程管理理论的 inspect 阶段，进度检查是指收集工程进度相关数据，并整理检查数据，将实际进度与计划进度进行对比，呈现整个工程的进度表，并做好各项信息的收集工作，掌握项目的进展动态，以便发现进度偏差，采取控制措施。下面将介绍常用的工程进度检查方法。

1）里程碑评审方法

里程碑评审过程主要是根据工程进度计划，在里程碑点进行评审，包括评审前的准备工作、为评审准备相关资料及召开会议等过程。里程碑评审过程如图 6-3 所示。

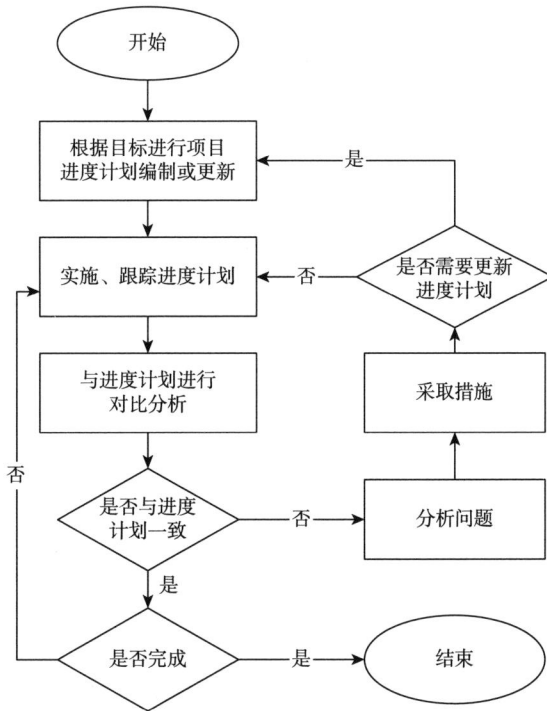

图 6-2 进度检查过程

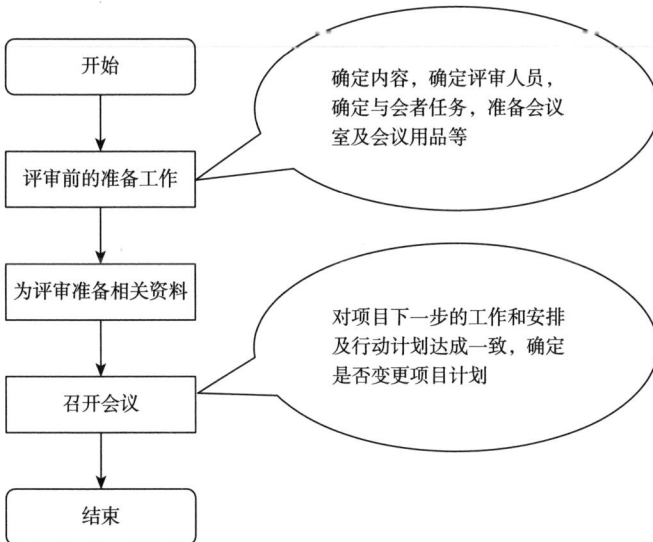

图 6-3 里程碑评审过程

第一，评审前的准备工作。项目负责人在会议开始前做以下准备工作。①确定内容：什么信息需要在会议上介绍（附里程碑评审需要的检查单）。②确定评审人员：什么人参加会议。③确定与会者的任务：为评审会议分配任务到每个人。④准备会议室、投影仪、白板等。

第二，为评审准备相关资料。项目负责人和相关人员为评审准备相关的资料：阶段工作产品清单、阶段总结报告、项目跟踪和监控报告、风险评估报告、行动项（评审、问题点跟踪、审计、走查）状态、项目计划及其他相关资料。

第三，召开会议。①项目负责人、质量保证人员、配置管理员分别介绍项目进展状态和存在的问题（过程、产品、风险、估计等）；②项目相关人员提出问题和意见、建议；③高层经理/中层经理针对项目状态提出意见和建议，项目负责人对项目存在的问题确定具体行动计划，确认项目是否转入下一阶段；④对项目下一步的工作和安排及行动计划达成一致，确定是否变更项目计划。

里程碑评审的内容主要包括项目进展情况、工作量投入情况、成本情况、质量情况、需求变更、规范符合性、配置项的变化情况、风险评估、后续阶段的计划。具体见表 6-1。

表 6-1 里程碑评审内容

类别	内容
项目进展情况	关键路径是否按计划完成了？如果没有按计划完成，提前或拖期的原因是什么？在后续阶段如何采取改进措施？对后续阶段的工期有什么影响 计划完成的任务有哪些？提前完成的任务有哪些？提前完成的任务工作量有多少？未完成的任务有哪些？未完成的任务工作量有多少
工作量投入情况	本阶段计划投入的工作量是多少？本阶段实际投入的工作量是多少？本阶段实际完成的计划工作量是多少？计划与实际工作量的偏差是多少？后续任务的计划工作量是否需要调整
成本情况	本阶段计划投入的成本是多少？本阶段实际投入的成本是多少？本阶段实际完成的计划成本是多少？计划与实际成本的偏差是多少？后续任务的计划成本是否需要调整
质量情况	本阶段通过测试与同行评审发现的：缺陷个数、缺陷密度、缺陷的分类个数、缺陷的关闭、缺陷的趋势分析、本阶段采取的质量措施的效果、后续阶段拟采取的质量措施
需求变更	需求变更了几次？需求变更带来的工期与工作量变化是多少？需求变更的工作量/项目的估计总工作量
规范符合性	对哪些过程执行了审计？对哪些工作产品执行了审计？审计出了多少问题？这些问题是否都关闭了？问题的统计分析及原因分析？拟采取的改进措施有哪些

续表

类别	内容
配置项的变化情况	该入库的工作产品是否都入库了？建立了哪些基线？基线中包含了哪些配置项？基线变更过几次？基线审计出的问题是否关闭了
风险评估	识别了并已发生的风险有哪些？识别了但未发生的风险有哪些？未识别出来但是发生的风险有哪些？新识别出来的风险有哪些
后续阶段的计划	后续的开发过程是否需要调整？后续的工作产品是否调整？后续的开发计划是否合理

2）横道图

横道图也称甘特图，它通过活动列表和时间刻度以条状图的方式形象地表示出项目的活动顺序与持续时间的状况，如表 6-2 所示[52]。这一方法可以有效地展示出各项工作的时间标准，还可以展示出实际进度和计划进度之间存在的差异，一般用于中小型工程项目的进度计划编制与进度检查，能够形象直观地反映工程进度，方便理解和使用。

表 6-2　横道图

工作名称	持续时间	进度计划/周															
		1	2	3	4	5	6	7	8	9	10	11	12	13	14	15	16
挖方土	6																
做垫层	3																
支模板	4																
绑钢筋	5																
混凝土	4																
回填土	5																

但是横道图对于工作关系复杂的大型工程项目具有一定的局限性。各项工作间存在相互联系又相互制约的生产协作关系，横道图对此不能准确表达，不能反映出工程中的重点工作和路线，因而无法把握工作的重点。

3）关键路径法

关键路径法是一种用于规划、调度、协调和控制项目活动的算法。这里假设活动持续时间是固定且确定的。关键路径法用于计算每个活动的最早和最晚可能的开始时间。该过程区分关键和非关键活动，以减少时间并避免流程中的队列生成。识别关键活动的原因是，如果任何活动被延迟，将导致整个过程受到损害。这就是为什么它被命名为关键路径法。在该方法中，先要准备一个列表，其中包括完成项目所需的所有活动，然后计算完成每个活动所需的时间。之后确定活动之间的依赖性。所有依赖关系组成的路径构成了网络图，在网络图中，自由时差为零的串联活动所组成的线路即为关键路径[53]。

4）计划评审技术

计划评审技术和关键路径法非常相似，也是网络计划技术的一种。不同于关键路径，它是对项目周期内活动的时间采用怀疑的观点进行更为科学和明确的估算。估计每个活动将花费的最短时间、最长时间、最可能的时间，根据这三个时间估计值计算活动持续时间的数学期望。

5）实际进度前锋线法

实际进度前锋线是我国最早用于时标网络计划的控制工具，也称作前锋线，是在网络计划执行中的某一时刻正在进行的各项工作的实际进度前锋的连线，在时标图上标画前锋线的关键是标定工作的实际季度前锋线位置。其标定方法有两种。

第一，按照已完成的工程实物比例来做好标明工作。时标图上箭线的长度与相应工作的持续时间是遥相呼应的，与工作实务量多少也呈正相关的关系。

第二，按照尚需的时间来进行标定。在工作之时，有些时间难以通过实物量来进行计算，因此可以根据经验用其他方法来做好估算。

6）S 曲线比较法

S 曲线比较法是对项目一定时间完成工作量情况进行比较的方法。在项目进度完成过程中运用 S 曲线比较法时，需要绘制一条实际进度曲线与一条计划进度曲线两条 S 曲线，通过在同一坐标系中进行两条曲线绘制，进行项目进度偏差与进度偏差大小判断[54]。同时，通过 S 曲线分析，可以为后期的工程项目进度预测提供依据。

在 S 曲线比较法应用中，坐标体系是由工程项目累计完成工程量或者投资成本及所用时间数据绘制而成的，其中时间由横坐标表示，累计完成百分比由纵坐标表示，在坐标体系上进行形如 "S" 的曲线绘制过程。如图 6-4 所示，进度管理人员首先绘制出进度计划，每隔一定时间，在图上绘制出项目工程实际进度，对两条线分别进行连接与比较，可以对工程实际进度情况进行清晰了解。通过图 6-4 可以清楚地看到，与计划进度比，a 点的实际进度提前了，而 b 点的实际进度滞后了。通过运用 S 曲线比较法，不仅可以对工程进度的提前与滞后天数进行直观表现，同时可以对计划工作量与实际工作量的差进行清晰对比；如图 6-4 所示，计划工作量在 a 点实际完成工作量下方，可以得出实际完成工作量大于计划工作量，为超额完成的工作量。除此之外，还可以利用 S 曲线比较图为工程后期进度提供判断依据；如图 6-4 所示，基于现阶段工程进展的工程后期预想情况如虚线部分所示，如果不及时采取措施纠正工程进度，则无法保证在计划期限内完成工程进度。

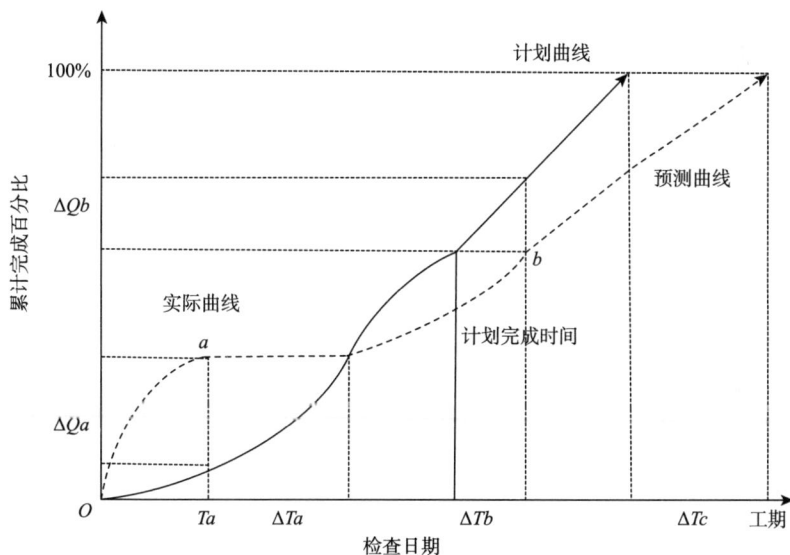

图 6-4　S 曲线比较图

7）挣值法

挣值法的基本原理是在工作分解的基础上，工程量计算被货币量计算代替，对工程作业计划预测成本、已完工作业的预算成本和已完工作业的实际成本三者间的关系进行预测，明确工程进度计划与预算成本之间的偏差，并进行及时监控与调整，是一种集成了成本控制的工程进度管理办法。它能准确说明一个项目的进度、计算与计量费用和质量的专业方法。挣值法的三个基本参数见表 6-3，四个评价指标见表 6-4[54]。

表 6-3　挣值法的三个基本参数

参数	内涵
ACWP（actual cost for work performed，已完成工作量的实际费用）	已完成工作量的实际费用，是在实际完成工作量过程中耗费的工时与费用，是对项目执行过程中实际消耗指标的反映
BCWP（budgeted cost for work performed，已完成工作量的预算费用）	已完成工作量的预算费用，即挣值，是对已完成的某阶段项目，以预算定额计算出来的工时与费用
BCWS（budgeted cost for work scheduled，计划工作预算费用）	计划工作预算费用，对进度计划应当完成的工作量进行反映，计算公式为 BCWS = 计划工作量×预算定额

表 6-4　挣值法的四个评价指标

指标	内涵
CV（cost variance，费用偏差）	CV 为正值时，表明预算值高于实际消耗的费用与人工，效率高存在结余，CV 为负值时，表示预算值低于实际费用与人工，执行效果需要改善 计算公式：CV=BCWP−ACWP
SPI（schedule performed index，进度执行指标）	项目挣得值与计划值之比，SPI=1 为实际与计划进度同步，SPI<1 为进度延误，SPI>1 为进度提前
CPI（cost performance index，成本绩效指数）	预算费用与实际费用之比：CPI=1 为计划与实际进度同步，CPI<1 为超预算，CPI>1 为低于预算
SV（schedule variance，进度偏差）	SV 为负值时，出现了进度延误；SV 为正值时，进度提前 计算公式：SV=BCWP−BCWS

在坐标体系中建立了以时间和费用为横纵坐标的函数关系显示，BCWS 和 ACWP 两者都呈现出"S"形曲线。项目施工过程中，BCWS 必然处于不断增加状态，峰值为项目完成时，ACWP 也在不断增加后达到峰值状态。因此如图 6-5 所示，通过分析得出费用偏差 CV<0，进度偏差 SV<0，表明实际费用已经超出了计划费用，如果长期延续下去，不仅费用超出计划，也无法按期进行交工，需要进行合理调控才能保证项目目标实现。

要运用挣值法对项目进度进行管理，首先需要计划工程项目成本，并进行里程碑与月计划明确，基于每个里程碑进行挣值分析图制作，在实际施工过程中，基于分析图对工程进度及成本与计划之间的偏差进行判断，当发现存在偏差时，及时寻找原因并进行有效解决，避免在下个节点继续出现类似偏差，在工程结束前不断进行分析与调整，保证工程进度在可控范围之内。

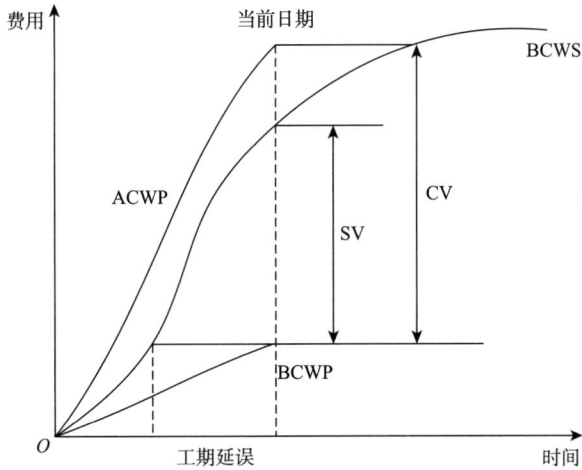

图 6-5　挣值法的评价曲线

6.1.2　按活动类型分检查方法

根据工程管理活动所包含的要素及其属性特征，可将工程管理活动分为四种类型，即关键且不可调整、关键且可调整、非关键且不可调整、非关键且可调整。

对于不同类型的工程管理活动，需要确定合适的检查方法。根据检查的范围和重点，检查方法可分为常规检查和专项检查。常规检查是指按检查制度规定的、定期进行的、贯穿于工程管理全过程的检查。专项检查是指相关部门集中对某一类或几类要素进行全面、重点的监督检查活动，通常用于特定时期或针对某类较突出的要素。根据检查的频率，检查方法可分为高频检查和低频检查。高频检查，如实时监控，每日、每周检查等；低频检查，如按月、季度、年检查等。

对于每一种类型的工程管理活动，往往需要采用常规检查与专项检查，以及高频与低频相结合的方法进行检查。

（1）在关键且不可调整类型的工程管理活动中，质量管理往往属于关键且不可调整的要素之一。工程活动过程中的质量检查一般包括管理体系检查、对工程使用材料检查、实体检查和行为检查四项内容，对工程使用材料进行检查时，可以采用抽样检验的方法定期（如每天）检查进场材料的各项质量特性是否符合设计及相关标准要求，这种检查方法便属于高频常规检查。但是，针对某批工程使用材料的具体质量问题，质量管理部门成立专项小组来查明引起质量问题的原因，并给出解决措施，此类检查方法便属于低频专项检查。

（2）在关键且可调整类型的工程管理活动中，成本管理和进度管理往往属于关键且可调整的要素。目标成本控制是工程项目成本检查常用的方法，目标成本控制包括目标成本的制定、目标成本的分解、目标成本的控制实施和目标成本的评估与考核。制定了总的工程目标成本后，将总目标成本分解至各个子系统，再进一步分解至各种原材料（或者零部件），那么对于原材料或零部件的成本检查，则需要根据供应商的变更、供应商供货的调整及价格的变动每天实时跟进检查目标成本的变动，这种检查方法属于高频常规检查。而当工程项目进展到某一阶段后，按照目标成本的评估与考核办法，对当前阶段的目标成本进行评估，这种成本检查方法便属于低频常规检查。若针对工程项目实施过程中某项较大的成本变动，通过评审会议，审查成本变动的原因，并给出审查意见，这种成本检查方法便属于低频专项检查。

工程进度检查包括跟踪检查工程实际进度和整理检查数据，并将实际进度与计划进度对比。检查工程实际进度是工程项目进度控制的关键，其主要目的是采集与工程进度相关的数据。通常可以每月、半月或每周进行一次进度数据收集，以工程性质、实施阶段等具体情况为准。若在工程实施过程中受到天气、原材料供应不足、技术故障等不利因素的严重影响，可以根据实际情况提高检查频率，甚至可以每日进行检查，或派相关人员驻守现场。通常情况下，工程进度检查属于常规检查，但是根据具体工程进度检查的频率，往往既包含高频检查，也包含低频检查。

6.1.1 节和 6.1.2 节根据两种不同的分类维度，介绍了工程管理活动的检查方法。根据工程管理活动要素分类时，详细介绍了质量、成本、进度三种工程管理活动主要要素的检查方法；根据工程管理活动类型分类时，主要介绍了常规检查和专项检查、高频检查和低频检查四种检查方法。两种不同分类维度的检查方法之间是存在内在联系的，主要表现为任何一种工程管理活动要素的检查方法均属于常规检查或专项检查，以及高频检查或低频检查中的一种。例如，某项工程管理活动中，原材料的质量检查可能属于低频常规检查，而日常工程进度检查可能属于高频常规检查。

6.2 检 查 结 果

根据检查的对象，检查结果包括两个方面，即指标的偏差和要素的变化。指标的偏差是指检查对象当中各要素的构成指标偏离其预期标准的程度，它是下一阶段修剪的输入。要素的变化是指最初识别的影响工程管理活动要素属性的变化，以及新要素的出现。

6.2.1 指标的偏差

6.2.1.1 指标

影响工程管理活动预期效果的变量称为指标。指标可以用 $x_1, x_2, x_3, \cdots, x_k$ 表示。要素可以表示为 $A_i = f\left(x_{i1}, x_{i2}, x_{i3}, \cdots, x_{ik}\right)$。

指标可以按照定性指标和定量指标分类，也可以分为正向型指标和负向型指标，如成本为负向型指标，收益为正向型指标。

6.2.1.2 标准

1）标准的定义和类型

指标的预期变动范围称为指标的标准，记为 $\varPhi$。根据指标的类型，标准也可分为定量控制标准和定性控制标准两大类。定量标准是标准的主要表现形式，这种标准能够以一定形式的计量单位直接计量，便于度量和比较。

定量标准主要分为：①实物标准，是指以实物量为计量单位的标准。

主要在投入和产出方面可用实物计量的场合中使用,反映定量的工作成果,也可用于精确度、强度、可靠度等产品质量的衡量场合。②财务标准,是指以货币量为计量单位的标准,也称为价值标准。主要反映各项活动中组织在资金效益方面的成果,如产品投资回收率、流动资产与短期负债的比率、债务与净资产的比率,直接费用、间接费用,销售利润等。③时间标准,是指以时间为计量单位的标准。反映各项活动中组织在时间利用方面的成果,如工期、生产周期、生产投入期和出产期、工时定额等。

定性标准难以用计量单位直接计量。这类标准主要用于有关服务质量、团队形象、团队成员的工作表现等一般能够对标准做出定性描述的方面,但定量化均存在一定难度。尽管如此,为达到掌握和控制定性标准的目的,有时应尽可能地使用一些可度量的方法实现对产品质量的间接衡量,如产品等级、合格率、顾客满意度等指标。

2)标准的制定方法

(1)统计方法,即依据历史数据或对比同类工程管理活动的水平,运用统计学的方法确定有关标准——统计标准。局限性:一是高度要求历史统计数据的完整性和准确性,以保证制定的标准具有意义;二是错误选择统计数据分析方法会造成标准缺乏科学性;三是统计资料只反映历史的情况而不反映现实条件的变化对标准的影响;四是历史性统计资料中的标准可能为特定工程管理活动所确定,低于同行业的先进水平,乃至平均水平。

(2)工程方法,即以准确的技术参数和实测的数据为基础来确立有关标准——工程标准。工程标准法是指以准确的技术参数和实测的数据为基础,对工作情况进行客观的分析,通过科学计算确定标准的方法。

(3)经验估计法,即由有经验的管理人员凭经验来制定标准,其优点是简单易行,工作量小;缺点是受主观因素影响大,准确性差。一般用作上述两种方法的补充。

6.2.1.3 偏差的定义与分类

1)偏差的定义

指标的偏差描述的是指标的实际值与该指标预期标准 φ 之间的差距。

偏差越大，越偏离标准。

对于定量指标，有些指标的标准仅存在上限，有的指标的标准仅存在下限，而有些指标的标准存在浮动区间。

若指标 x_i 的标准仅有上限，其标准范围可记为 $[-\infty, \phi_u]$，则指标的偏差可表示为 $\Delta_i = x_i - \phi_u$。

若指标 x_i 的标准仅有下限，其标准范围可记为 $[\phi_l, +\infty]$，则指标的偏差可表示为 $\Delta_i = \phi_l - x_i$。

若指标 x_i 的标准既有上限又有下限，其标准范围可记为 $[\phi_l, \phi_u]$，则指标的偏差可表示为 $\Delta_i = x_i - \phi_u$ 或者 $\Delta_i = \phi_l - x_i$。

而定性指标的偏差难以直接度量。

2）偏差的分类

在工程项目中，根据偏差对工程管理活动的影响程度，偏差可以分为微小偏差、重大偏差和严重偏差。

（1）微小偏差是指在发现偏差后，能够立即采取措施予以纠正或现场整改，不经过深入调查即可确认对工程质量无实际和潜在影响的偏差。

（2）重大偏差是指已经或可能对工程或产品质量造成实际或潜在影响的偏差，出现此类偏差时，应当进行深入的调查，查明原因，并且要及时采取纠正措施进行整改，如设备故障、差错、损坏，关键参数偏离等。

（3）严重偏差指已经或可能对产品质量造成不可挽回的实际或潜在影响的偏差。需对其立即销毁处理，如原材料混批等。

对于定量指标，可以直接根据偏差值判断偏差的严重程度，再进行相应的检查并采取修剪措施；对于定性指标，如机械件外观、磨损等，由于这类指标的偏差难以直接度量，可以根据专家的经验或者与标准件对比来判断偏差严重程度。

6.2.2　要素的变化

检查的结果不仅是指标的偏差，还包括对偏差结果做初步的分析，判断要素是否发生变化。若检查的指标偏差中出现了极端异常情况或有较多指标的偏差较大等，则很有可能是已识别的要素属性发生了转变，包括关键与非关键之间发生转变，可调整和不可调整之间发生转变。此外，还需要结合内外部环境做进一步分析，判断是否出现新的未识别的要素。

6.3　H1 平台开发工程：Inspect

6.3.1　关键零部件成本检查

在研发工程项目中，按照成本形成的过程，成本检查可以分为产品生产前检查和制造过程中检查。产品生产前的检查主要包括产品设计费用成本、物料加工成本等。在柴油机研发生产过程中，80%的成本在设计过程中产生，属于产品生产前的检查，因此事后检查无法有效降低柴油机成本。

6.3.1.1　问题描述

面对激烈的市场竞争，成本竞争力已成为市场竞争的关键手段。H1 平台柴油机是潍柴的下一代主力机型，该项目是潍柴首次利用全过程成本管控的理念，从设计之初进行成本管控。在没有经验可循前提下，结合潍柴的管理、研发流程等资源条件，建立从决策评审、概念设计到整机控制的一整套体系、标准和流程。首先，通过市场调研与分析，结合潍柴的预期利润，制定整机成本标准，并根据柴油机的结构，分析整机成本标准，制定各系统成本标准；随着柴油机设计工作的开展，逐步将各系统成本标准分解到各个零部件，根据零部件成本标准对零部件成本进行检查，对超出成本标准的零件及时分析预警，提前规划措施，为后续成本控制打好基础。WP9 国 V 柴油机的部分整机物料清单如表 6-5 所示。

表 6-5 WP9 国Ⅴ柴油机部分整机物料清单——供应商 A

序号	样件名称	样件件号	供应商 A	成熟度
1	主轴承盖（半成品）	611600010005W1	山东联诚集团有限公司	N35
2	止推轴承盖（半成品）	611600010006W2	山东联诚集团有限公司	N35
3	主轴承螺栓	611600010007	山东高强紧固件有限公司	N35
4	气缸套	611600010011	扬州五亭桥缸套有限公司	N35
5	"O" 形橡胶密封圈	611600010012	青岛海力威密封有限公司	N35
6	"O" 形橡胶密封圈	611600010013	青岛海力威密封有限公司	N35
7	凸轮轴衬套	611600010047	大丰工业（烟台）有限公司	N35
…	…	…	…	…
12	活塞喷嘴总成	611600010022	浙江黎明发动机零部件有限公司	N35
…	…	…	…	…

6.3.1.2 检查方法与结果分析

在概念设计阶段，将成本标准分解，制定零部件成本标准。对关键零部件成本采用高频常规检查方法实时跟踪供应商报价，收集并整理关键零部件的实际成本相关数据，并与成本标准、设计成本进行对比，发现部分零部件共超出成本标准约 2000 元，如曲柄连杆机构和配气机构等系统零件超出成本标准 4%左右。部分零部件成本检查数据如表 6-6 所示。

表 6-6 WP9 国Ⅴ柴油机目标成本完成情况表

零件名称	零件件号	材料	数量/件	目标成本/元	设计成本/元	实际成本/元
活塞连杆结合组	GRP0903002		1	1562	1840	1796.6
连杆总成	611600030017		6	500	637.7	612.1
活塞	611600030018	铝	6	545	620	644
…	…	…	…	…	…	…
进气门桥	611600050043	40 铬合金钢	6	48.7	49.5	50

经分析，一方面是开发过程中部分零部件优先选用进口供应商、先进技术等，导致成本上升。另一方面，为了提高市场竞争力，新产品增加或标配一些功能，这些功能的增加也带来了成本的上升。针对以上原因，2012 年 8 月 20 日组织多功能小组成员充分讨论，认为该目标成本

偏差是可接受的，后续可以通过寻找优质供应商、内部成本控制，提高产品产量和销量来降低零部件成本，使整机成本受控。到 2015 年 4 月 3 日最终设计评审时，H1 国 V 柴油机的整机设计成本完成目标成本控制的要求。

6.3.2　里程碑节点检查

潍柴 H1 平台开发工程对进度的检查主要采用里程碑评审方法，这里的里程碑是指项目开发过程中重要阶段结束的标志。里程碑评审全面地对工程实施进度进行检查和控制，同时确定工程是否可以进入到下一个阶段，因此里程碑评审属于低频专项检查。

6.3.2.1　问题描述

H1 平台开发工程采用里程碑评审方法进行工程进度控制。项目启动后，产品规划部制订了项目进度计划，并设置了 16 个里程碑对项目进度进行检查，见表 6-7。

表 6-7　欧Ⅵ项目进度计划

计划完成时间：2016.2			计划验收时间：2016.5	
阶段	起始日期	结束日期	主要工作内容/计划（具体描述）	交付物
项目启动阶段	2012.1	2012.2	前期预研、项目启动	《项目启动会议纪要》
初始设计目标评审	2012.2.11	2012.6.28	市场调研、技术调研、质量功能展开（quality function deployment, QFD）分析、初始目标成本分析	《市场调研报告》《技术调研报告》《QFD 需求表》《初始目标成本分析报告》
决策评审	2012.6.29	2012.6.30	决策评审、编制技术创新项目立项书	《可行性分析报告》《投资分析报告》《设计任务书》《技术创新项目立项书》
概念设计及评审	2012.5.1	2012.8.31	概念设计	《概念设计评审报告》
布置设计及评审	2012.9.3	2013.2.28	布置设计	《布置设计评审报告》
详细设计及评审	2013.1.12	2013.5.30	详细设计	《详细设计评审报告》

续表

计划完成时间：2016.2			计划验收时间：2016.5	
阶段	起始日期	结束日期	主要工作内容/计划（具体描述）	交付物
样式工艺方案及评审	2012.11.25	2013.1.30	样式工艺方案设计	样式工艺方案
样件试制及样机制造	2013.1.31	2013.11.29	样件试制、样机制造	样件、样机
样机外观及装配工艺性评审	2013.11.27	2013.11.29		《装配工艺报告》《评审意见书》
中期设计评审	2013.11.25	2014.3.22	初始耐久试验	《试验报告》《评审意见书》
性能开发及评审	2013.11.30	2014.4.29	性能排放试验	《试验报告》《评审意见书》
零部件机械开发及评审	2013.10.20	2014.6.23	零部件功能试验、疲劳试验、耐久试验	《试验报告》《评审意见书》
整车标定及性能评审	2014.1.28	2015.12.4	道路标定、验证试验	《试验报告》《评审意见书》
最终设计评审（作为项目完成节点）	2015.12.5	2016.5.30	技术资料整理	《评审意见书》
小批量试制	2015.5.15	2016.5.30	试制服务	
市场验证（一年时间，作为项目验收节点）	2015.5.15	2016.5.30	市场验证服务	《用户使用/验证报告》

6.3.2.2　检查方法与结果分析

在项目研发过程中，项目组根据里程碑计划进行进度控制时，发现第12个里程碑节点——零部件机械开发及评审无法按照计划时间完成。产品规划部组织里程碑评审会议，分析原因如下所述。

外协零部件喷油器换油嘴样件到货时间比原计划晚到了约2个月。外协零部件的开发进度由采购小组根据里程碑计划中细化的节点进行进度控制。通常情况下，采购小组会每周检查供应商零部件的开发进度，对于急需或关键零部件会采取每天跟踪的高频常规检查方法掌握其开发进度。根据产品规划部的管控计划，H1平台柴油机开发（欧Ⅵ部分）喷油器零部件选定的供应商是博世汽车柴油系统有限公司，该零部件的开发周期为2014年1月28日到2014年3月27日，但是采购小组在每天的常规进度检查过程中发现，喷油器换油嘴样件到货时间比原计划晚到约2个月，导致功能试验样机无法按原计划装机，活塞测温等试验推迟，从而影响了第12个里程碑节点——零部件机械开发的计划完成时间。

结合关键路径法分析发现，第12个里程碑节点并不在整个项目进度计划的关键路径上，调整该里程碑节点时间并不会影响整个项目的进度，因此，该进度偏差是可接受的。最后，经项目负责人、承担单位主管领导、内部客户、分管总师、产品规划部和产品经理逐级审批，将零部件机械开发及评审计划完成时间由 2014 年 6 月 23 日调整至 2014 年 10 月 30 日。

6.3.3 性能指标的检查

柴油机可靠性试验，是通过规定的工况进行耐久试验，来验证和评价产品的设计质量和制造质量，为优化设计及质量提高提供依据，最终使柴油机达到可靠性目标的开发过程。可靠性试验以暴露新产品的可能问题并加以解决为主要目的，在新产品投产之前通过充分验证来实现产品可靠性水平的提高。柴油机的性能指标，如功率、转速、油耗、寿命等，需要通过可靠性试验按照规程实时检测相关参数进行检查，如冷却液温度、机油压力、机油温度、进气温度等参数，因此柴油机可靠性试验属于高频常规检查。

6.3.3.1 问题描述

潍柴的新产品开发标准作业流程共有 18 个控制过程，第 10 个控制过程是 C 样机验证过程，其中包括 C 样机开发准备过程、整机和零部件机械开发过程、机械开发评审过程等。通过可靠性试验检查相关性能指标是 C 样机验证过程中的重要内容，柴油机主要的可靠性试验方法包括全速全负荷耐久试验、三高耐久试验、冷热冲击循环耐久试验、燃油系统穴蚀耐久试验、振动耐久试验、排放耐久试验、制动耐久试验等[55]。

1）全速全负荷耐久试验

全速全负荷耐久试验由来已久，是行业内较为普遍的可靠性试验方法。此类试验以考核柴油机的活塞、活塞环及气缸套等重要零部件在热负荷条件下的耐磨损可靠性能为目的，从而得到柴油机磨损和功能等方面的重要信息，为其他可靠性试验提供了基础。表 6-8 显示的是试验规范详情，试验中应注意控制冷却液温度、进气温度、机油压力、机油温度等参数。

表6-8   全速全负荷耐久试验规范

转速	负荷	时间
额定转速	100%	500～1000 小时

2）三高耐久试验

所谓三高耐久试验，即对柴油机的高油温、高水温、高爆发压力进行试验。考核的主要内容是在最大爆发压力和环境温度比较恶劣情况下整机及零部件的可靠性。三高耐久试验是参考日产发动机试验方法，其试验规范见表6-9。

表6-9   三高耐久试验规范

转速	负荷	试验参数控制
额定转速	100%	冷却液温度105±3 摄氏度
		机油温度130±3 摄氏度
		最大爆发压力

3）冷热冲击循环耐久试验

冷热冲击循环耐久试验又名温度冲击试验，目前在行业内的应用较为普遍。该试验使发动机经历剧烈的温度变化，以此来验证气缸盖、气缸垫、气缸体、排气歧管、增压器、活塞等重要零部件在热负荷变化时的可靠性，此标准只针对水冷发动机试验有效。

4）燃油系统穴蚀耐久试验

柴油机对燃油系统要求颇高，系统内受热气化或压力变化影响产生气泡，伴随着燃油流动和压力变化发生气泡破裂现象，气泡爆破位置反复受到高压和高温破坏，加快了金属电化学腐蚀，使得金属表面脱落形成麻点，即所谓的燃油系统穴蚀。燃油系统穴蚀耐久试验主要是用于考核喷油器等重要零件对高油温及变工况的适应能力，评价发动机供油系统特别是高压供油系统的可靠性。

5）振动耐久试验

振动耐久试验主要以考核整机外附件的振动可靠性为目的，以下面两种方法最为常见。一种是通过对曲轴平衡量调整及燃油单缸喷射单独控制改装一台完整的柴油机用于振动耐久试验；另一种是通过寻找整机共振点进行耐久试验，在国内该试验一般为选做试验，且非必要不做。

6）排放耐久试验

排放耐久试验行业内俗称"目击试验"，其目的是对排放控制系统尤其是后处理系统进行验证考核。现今国内排放法规从严要求，排放耐久试验逐渐成为不可替代的重要可靠性项目。此类试验须遵守一定试验规范，申请者必须向型式核准机构提交试验申请，型式核准机构批准之后监督其试验过程，主要以劣化系数评价试验结果。

7）制动耐久试验

制动耐久试验考核的是整机在排气制动条件下的可靠性，以配气机构及喷油器为重点考核对象。参考美国皆可博车辆控制系统有限公司发动机制动耐久试验方法：A、B 两台发动机首尾相连，交替拖动对方进行试验，每个试验循环 1 分钟共计运行 1000 小时。

可靠性试验方法可以归纳为三个部分：一是零部件试验，在装机前验证零部件功能是否能够满足整机的要求；二是整机功能试验，零部件试验通过后，进行装机，然后进行整机功能试验，检查整机的性能；三是耐久试验，验证整机的寿命和可靠性等性能指标。这三种可靠性试验是按照三大技术条件进行检查的，一是技术条件，包含可靠性验证需要检查的基本参数的标准；二是整装技术条件，规定了装配和工艺试验的相关指标标准；三是出厂试验技术条件。H1 平台开发工程在该过程中进行耐久试验时，发现机油温度过高。机油温度是可靠性验证过程中检查的一个重要指标，根据技术条件标准判断，机油温度超标了，这属于重大偏差，是不可以接受的。

6.3.3.2　检查结果分析

经研发小组检查后，分析原因如下：冷却液中添加了水，柴油机长时间运转后，水垢附着在换热器表面，导致热阻增大，水流的换热效率下降；且机油冷却器效率不足，最终导致机油温度过高。基于此，项目组最终给出了两种修剪方案：①增加机油冷却器片数，由 11 片改进为 12 片。②试验用冷却液由 45 摄氏度防冻液：水=1∶1，更改为-15 摄氏度纯防冻液。

6.4 本 章 小 结

本章首先介绍了工程管理活动检查方法的两种分类。一是依据工程管理活动内容，检查方法包括质量检查方法、成本检查方法、进度检查方法等。二是结合第 3 章所界定的工程管理活动类型，检查方法可以分为常规检查和专项检查、高频检查和低频检查四种类型。两种不同分类维度的检查方法之间是存在内在联系的，主要表现为任何一种工程管理活动要素的检查方法均属于常规检查或专项检查，以及高频检查或低频检查中的一种。

其次，探讨了工程管理活动检查的两种结果，一是指标的偏差，二是要素的变化。其中，指标的偏差是指检查对象当中各要素的构成指标偏离其预期标准的程度，偏差越大，越偏离标准。同时，根据偏差对工程管理活动的影响程度，将偏差分为微小偏差、重大偏差和严重偏差。而要素的变化则是依据对偏差结果的分析，进一步判断已识别的要素属性是否发生了转变，以及是否出现新的未识别的要素。

最后，以潍柴 H1 平台开发工程为案例，详细阐述了在实际工程管理项目中针对具体的检查对象，检查方法的运用和检查结果的分析。对于关键零部件成本的检查，从按工程管理活动内容分检查方法的维度看，属于成本检查方法，H1 平台开发工程的成本检查采用目标成本检查方法进行；但从按工程管理活动类型分检查方法的维度看，H1 平台开发工程对关键零部件成本的检查方法属于高频常规检查；在概念设计阶段，成本检查发现部分关键零部件成本超标，导致整机成本超出成本标准 2000 元，但是综合多方面因素考虑，最终项目组判断该成本偏差是可接受的。对于里程碑节点的检查，从按工程管理活动内容分检查方法的维度看，属于进度检查方法，H1 平台开发工程的进度检查采用里程碑评审的检查方法进行；但从按工程管理活动类型分检查方法的维度看，里程碑评审属于低频专项检查；在 H1 平台开发工程的进度检查中，发现第 12 个里程碑节点的实际完成时间推迟了两个月，经分析判断，该进度偏差是可接受的。对于性能指标的可靠性检查，从按工程管理活动内容分检查方法的维度看，属于质量检查方法；但从按工程管理活动类型分检查方法的维度看，可靠性试验属于高频常规检查；在 H1 平台开发工程的 C 样机可靠性验证过程中，进行耐久试验时发现机油温度过高，根据技术条件判断该指标偏差是不可接受的，因此需要采取修剪措施。

7 Clip

clip 的意思是"修剪"。检查发现问题后,必须立刻进行修剪、修正。这种修剪可能是源于外部环境发生了变化,也可能是执行走样导致的。因此,实际工程管理活动中必须要根据不同情况进行修剪、修正,可能是修正做事情的方式,可能是调整目标,也可能是调整做事情的人,还有可能是终止。

本章首先对工程管理中常用的两种修剪方法和四项修剪原则进行简要介绍;其次,结合第6章的检查结果及分析,进行修剪方案的制订与评估;最后,以潍柴 H1 平台开发工程为案例,详细阐述该项工程管理活动中修剪方案的制订与评估。

7.1 修 剪 方 法

修剪方法一般包括两种:常规修剪和非常规修剪。

7.1.1 常规修剪

常规修剪,也称规范性修剪,是指在日常工程管理工作中一般性的或者例行性的修剪。常规修剪的修剪对象是那些以相同或基本相同的形式重复出现的、经常需要解决的偏差,其产生的背景、特点及内部与外部的有关因素已全部或基本被掌握，仅仅依靠长期处理此类偏差的规章制度或经验，即可较好地完成此类修剪。也就是说，这类修剪通常有章可循，有法可依，依法照章办事即可。

例如，以下两种情况就是工程管理活动中可以采用常规修剪的情况。

（1）各工程生产过程中，如果工艺条件发生偏移或变化、设备出现故障异常、产品质量发生偏移、标签领用数与实用数发生差额或物料平衡有出入，一般都有既定的流程去分析偏移产生的原因，一般也有既定的程序和做法去修偏，因此此时进行常规修剪即可。

（2）各工程在实施过程中，如果出现实际进度与计划进度不符，看是否有预案，如果有预案则按预案执行，如果没有预案则须认真寻找产生进度偏差的原因，分析该偏差对后续工程活动和对工程总工期的影响，及时调整施工进度计划，必要时可采取一定的赶工措施以确保进度、工期、工程管理目标的最终实现。

工程管理活动中常规修剪最常采用的方法是 JDIT（just do in time），是指及时采取措施改善目前制度、流程中存在的问题，强调采取改善措施的及时性，在最短时间内采取对应措施，解决问题，并将改善措施固化到工作流程中。

JDIT 的适用条件：①发现原因较容易；②解决方案明确，有章可循；③可以在短时间内迅速采取措施着手解决。

JDIT 的关键要点：①采用 JDIT 方法解决的问题，问题可大可小，但必须符合上面三个条件。②解决问题后，改善措施应及时固化，防止问题再次发生。

7.1.2　非常规修剪

非常规修剪，也称非程序性修剪，是指在日常工程管理活动中非重复出现的、非例行性的修剪。非常规修剪的修剪对象是那些首次出现的、非重复出现的、属于非例行的、未程序化的偏差，这些偏差的产生具有大量不确定性因素，处理方法也就缺乏可靠的信息资料、无常规可循，必须经过专门的分析研究才能确定。

　　例如，工程管理活动中可以采用非常规修剪的情况：当工程管理活动实施过程中遇到一些不可抗力，如政治风险（和工程管理活动有关的法律、法规、规范和标准开始实施或发生变更）、经济风险（金融风暴）、自然风险（洪水、地震、疫情）等时，在工程管理活动过程中，管理者需要随时掌握当前工程活动所面临的状况，指出工程活动进行不正常的信号，必要时预先采取修剪措施。

　　工程管理活动中非常规修剪可以采用的具体方法有以下三种。

7.1.2.1　界定、测量、分析、改进、监控改善方法

　　界定、测量、分析、改进、监控（define、measure、analysis、improve、control，DMAIC）改善方法是 6σ 管理中最重要、最经典的管理模型，主要侧重在制造过程、服务过程及工作过程等工程管理过程中的质量改善方面等。DMAIC 改善方法强调针对特定问题进行针对性的分析，不借鉴或无可借鉴现成的解决方案，因此适用于非常规修剪，具体操作流程如图 7-1 所示[56, 57]。

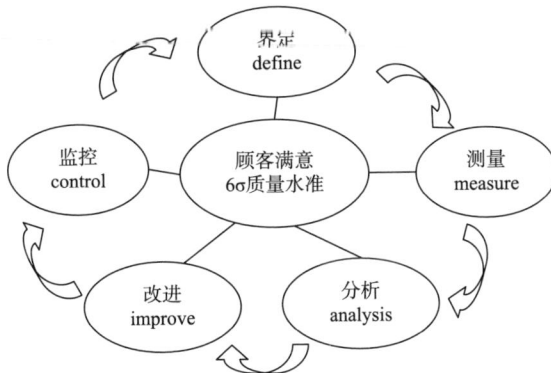

图 7-1　DMAIC 改善方法模型

1）界定（define）

界定是识别要修剪的问题，确定影响问题修剪的主要因素。

　　在这一阶段，必须抓住一些关键问题：为什么要修剪这个问题？目前这个问题严重到什么程度了？过去是怎样做这项工作的？要修剪的问题涉

及哪些部门、单位、流程、人员、资源等？现在实施修剪将获得什么益处？由哪些人来实施？具体的实施日程是什么？

2）测量（measure）

测量是修剪的基础工作，是指收集和整理真实、准确、可靠的数据。

任何系统都有输入和输出，输入影响输出。输入可以是一个因素，也可以是多个因素，如工程管理活动当中的各种资源（原材料、成本、工艺条件……）投入。同样输出可以是一个结果，也可以是多种结果，如产品、服务、维护等。测量就是对系统中关键的输出与输入进行数据收集和计量。

3）分析（analysis）

分析是通过运用合适的统计技术方法找出问题发生的根本原因。常用统计分析工具有：各类图形、估计、假设检验、相关与回归等。

4）改进（improve）

改进是确定待修剪对象的主要影响因素，即确定现存问题的主要原因，也即探讨系统输入与系统输出的关系。

问题与原因呈现出一个类似函数的模型，即

$$y = f(x_1, x_2, \cdots, x_n) + \varepsilon \qquad (7\text{-}1)$$

其中，y 表示因变量，是待修剪的对象，即存在的问题，也即系统输出；$x_i(i=1,2,\cdots,n)$ 表示自变量，是问题产生的原因，即系统输入，是可控制的确定性变量；ε 表示系统的随机干扰项，也正是由于考虑了这个随机干扰项，此模型才在一定程度上可以切实地刻画出 y 与 $x_i(i=1,2,\cdots,n)$ 间的密切关联关系，因为 y 不可能完全由 $x_i(i=1,2,\cdots,n)$ 来确定。

常用在改进步骤中的工具方法包括相关分析、回归分析、试验设计、方差分析等。

5）监控（control）

监控是为了确保已经界定的主要输入变量的偏差在许可范围内。在对现存问题进行了一定的改进之后，接下来要做的事情是对改善成效进行监控，避免失效，同时争取问题能够得到最大化的改善，然后进一步固化为未来活动的标准。

综上，6σ DMAIC 改善方法适用于那些不能有效运行的流程或不能满足顾客要求的产品。详细来讲，选择 DMAIC 改善方法应从以下两个方面进行考虑。

（1）有意义、有价值：如支持顾客满意度改善、支持战略目标实现；具有挑战性；从流程的角度改善问题；能带来巨大的经济效益。

（2）可管理：如工程管理活动中出现的问题必须清晰可测量；问题涉及范围必须清晰可控；必须在 4～6 个月能够实现改进。

另外，也有些问题不能作为 6σ DMAIC 改善方法的选择对象，具体体现在：①要解决的问题与工程管理活动发展重点或关键顾客需求没有联系；②要解决的问题原因已经很明确，改善措施也已经很明确；③改进难度太大，已经超出了团队的能力或授权；④改进空间太小，没有利益空间。

7.1.2.2 8D 问题解决法

8D 问题解决法（eight disciplines problem solving，8D），也称为团队导向问题解决方法或 8D report，是一个处理、解决问题的经典方法，常用于品质工程师或其他专业人员[58, 59]。

8D 问题解决法的目的是在识别出非重复出现的问题后，通过系统分析，彻底矫正并消除此问题，有助于产品及制程的提升。若条件许可时，8D 问题解决法会产生出问题的永久对策，并且用确认根本原因的方式聚焦在问题的根源。8D 问题解决法强调针对特定问题、非重复出现的问题进行系统性的针对性分析，无现成可借鉴的解决方案，因此适用于非常规修剪。实施流程如图 7-2 所示，具体的操作步骤如下。

（1）D0：准备 8D 过程。根据问题现象评估是否需要采用 8D 问题解决法来进行修剪。

（2）D1：组成团队。根据问题评估，建立一个专业相关、知识与技能匹配的小组来分析问题、解决问题和执行修剪措施。

（3）D2：描述问题。分析待修剪问题，确认导致该问题发生的相关

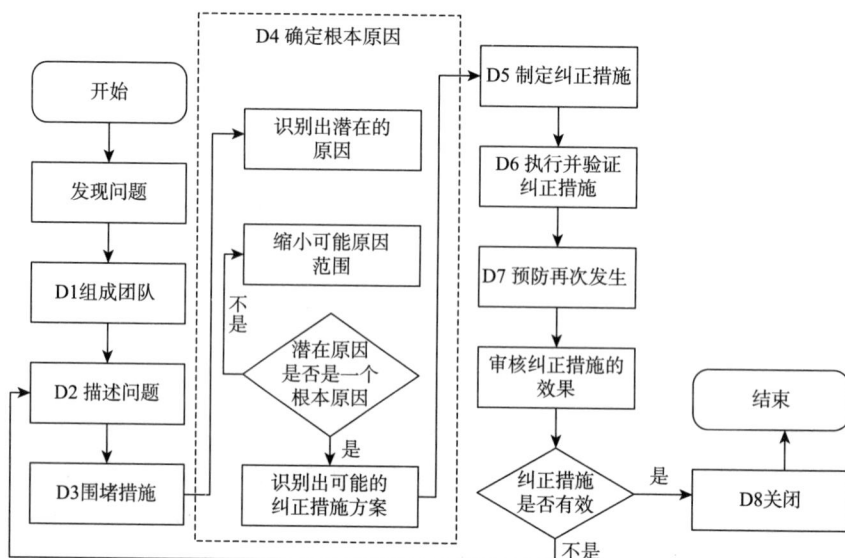

图 7-2　8D 的实施流程

的人、事、时、地、如何、为何及多少（即所谓的 5W 2H①）。其中，人是指识别哪一个客户在抱怨；事是指适当、精确地识别问题；时是指从什么时候问题开始发生；地是指什么地方发生问题；如何是指在什么模式或状态下发生的问题；为何是指识别已知的解释；多少是指量化问题的程度。可采用的工具方法主要有质量风险评定、FMEA 等。

（4）D3：围堵措施。对于解决待修剪问题而立即采取的短期行动，是为避免问题的进一步扩大或持续恶化。目的是保证在永久修剪方案实施前，将问题的影响尽量最小化。可采用的工具方法主要有 FMEA、试验设计（design of experiment，DOE）等。

（5）D4：确定根本原因。穷举出可能造成问题发生的所有潜在原因，将问题描述中提到的造成现存问题的一系列可能的事件、环境等进行相互隔离测试，以确定问题产生的根本原因。可采用的工具方法主要有 FMEA、DOE、统计过程控制（statistical process control，SPC）等。

（6）D5：制定纠正措施。拟订可能的修剪方案，选定并验证永久修

---

① 5W2H：一种思考分析方法，即对选定的项目、工序或操作，都要从原因（何因 why）、对象（何事 what）、地点（何地 where）、时间（何时 when）、人员（何人 who）、方法（何法 how）、程度（多少 how much）七个方面提出问题进行思考。

剪方案,消除引起问题的根本原因,同时要保证不会对其他过程产生不良影响。可采用的工具方法主要有 FMEA、甘特图等。

（7）D6：执行并验证纠正措施。执行验证后的永久修正方案,制定实施措施,确定后续监控方法,监测其长期效果,以确保问题产生的根本原因的彻底消除。

（8）D7：预防再次发生。为确保问题不会再次发生,制订后续行动方案,如修改工作惯例、设计规程、管理系统等,如果有可能,可以将改进/修剪方案形成标准文件,指导未来类似活动。

（9）D8：关闭。若上述步骤完成后问题已改善,肯定改善小组的努力,真诚地表彰小组和个人的贡献,并规划未来改善方向。

综上,8D 问题解决法的优点体现在它是针对首次出现的问题或未出现过的问题,处理方式上无经验可借鉴,必须先找到根本原因,然后采取行动消除根本原因,并实施永久对策,此做法是有效的,而且也可以找出系统会允许此错误出现的原因。其中关于漏失点的研究是为了提升系统侦测错误的能力,即使错误再度发生,也有能力可以检测出来。最后的预防措施也可以找出在管理系统中出现上述错误的原因,避免再度发生。缺点可能体现在,若要使用 8D 问题解决法,除了需要熟悉此方式外,也需要熟悉其他资料整理或分析的工具,如帕累托图、鱼骨图或是流程图[58]。

7.1.2.3　质量控制小组

质量控制（quality control,QC）小组[60, 61]是全面质量管理（total quality management,TQM）的重要组成部分,是指在各种工作岗位上的职工,围绕其面临的现场问题,以改进质量、降低消耗、提高人员的素质和经济效益为目的组织起来运用质量管理的理论和方法开展活动的小组。QC 小组开展活动的具体程序包括以下十个方面。

（1）选择课题。QC 小组活动课题应该为现场检查发现的问题,且是需要进行非常规修剪的问题,即无现成修剪方案的问题,需要进行系统分析的问题。

（2）现状调查。现状调查是掌握问题的严重程度,即通过收集有关数据,全面而准确地明确该问题现在的状态。

（3）设定改进目标。设定改进目标就是要确定问题要解决到什么程度。按照修剪目标类型，可以分为自选型修剪目标和指令型修剪目标。其中，自选型修剪目标是指小组经过现状调查，找出问题的症结，明确了可改进程度而制定的修剪目标；指令型修剪目标是指上级以指令形式下达给小组的修剪目标，但对于指令型修剪目标，要对其进行可行性分析。

（4）分析原因。原因分析要从人、机、料、法、环、测各个方面去考虑引发问题的原因。需要注意的是：首先，针对所存在的问题，不脱离现场去分析原因；其次，要展示问题的全貌；再次，分析要彻底，要用提问"三个为什么"的思考方法去追根寻源，但不要进行"轮回"分析；最后，要正确、恰当地使用统计方法。

（5）确定主要原因。确定主要原因就是通过大量的事实和数据，找出那些对问题影响大、小组又有能力解决的末端原因。确定主要原因时应注意的问题：首先，要把分析的"末端原因"逐条确认；其次，排除 QC 小组不可抗拒的原因；最后，要遵循"三现"（现场、现物、现实）原则。

（6）制定对策。主要原因确定后，制定相应的修正措施，明确针对各项问题的具体措施、要达到的效果，以及由谁来做、由谁检查、何时完成。

（7）按对策实施。实施措施时要做到边实施、边检查实施效果。当实施过程无法继续进行或实施效果达不到修剪目标值时，必须先考虑对"措施"进行调整，然后考虑调整"修剪目标值"。同时，实施过程要做好记录。

（8）检查效果。把对策实施后的效果数据和修剪目标进行比较，确定修正程度，同时核算经济收益。但要注意应有足够的时间证明效果平稳、无异常波动；经济效益需经所属单位财务部门审核确认。

（9）制定巩固措施。为了保证成果得到巩固，小组在达到修剪目标之后，还应将一些行之有效的措施或方法固化为相关标准或文件。

（10）总结和下一步打算。总结问题是否解决，解决的程度和方法，需要改进的方向，所取得的无形效果。下一步打算：原来的主要问题已解决，次要问题上升为主要矛盾；然后，再次发动小组成员广泛提出问题，确定新课题。

QC 小组的具体操作过程及相关方法工具的匹配分别如图 7-3 和表 7-1 所示。

```
1. 选择课题
   ↓
2. 现状调查
   ↓
3. 设定改进目标
   ↓
4. 分析原因  ← 改进目标未达到 ←┐                改进目标达到
   ↓                            │                     ↑
5. 确定主要原因                  8. 检查效果 ←─────────┘
   ↓                            ↑
6. 制定对策 ──────────→ 7. 按对策实施

10. 总结和下一步打算
    ↑
9. 制定巩固措施
    ↑
（改进目标达到）
```

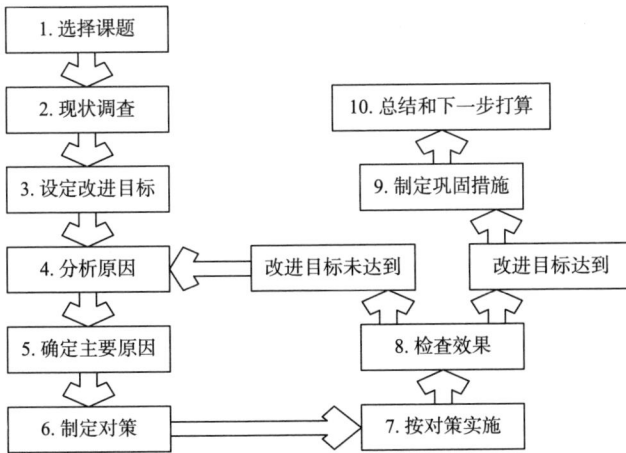

图 7-3　QC 小组的实施步骤

表 7-1　QC 工具在问题解决型课题开展过程中各阶段的有效性

序号	程序方法	老 QC 七大工具							新 QC 七大工具							其他工具					
		分层法	调查表	排列图	因果图	直方图	控制图	散布图	系统图	关联图	亲和图	矩阵图	矢线图	过程决策程序图（process decision program chart, PDPC）法	矩阵数据分析法	简易图表	正交试验法	优选法	水平对比法	头脑风暴法	流程图
1	选择课题	●	●	●			○	○			○	○				●			○	●	
2	现状调查	●	●			○	○									●			○		○
3	设定改进目标		○													●			●		
4	分析原因				●				●	●											●
5	确定主要原因		○			○	○	○								●					
6	制定对策																				
7	按对策实施	○				○			○			○	○	●		○	○	○		●	●
8	检查效果		○	○												●			○		
9	制定巩固措施		○				○									●				○	
10	总结和下一步打算															●					

注：黑圆点表示特别有效，白圆圈表示有效

7.2 修 剪 方 案

修剪方案的制订与选择，需根据检查发现的具体问题，结合相关修剪原则，依据偏差的可接受性和修剪的难易程度，制订多套备选方案，然后采用合适的评估方法进行选择确定。

7.2.1 修剪原则

工程管理活动中修剪方案的制订和选择一般需要遵守以下四项原则。

（1）客观性和准确性。修剪的客观性是指实事求是，准确性是指信息无误。具体而言，修剪过程中必须要贯彻"实事求是"的思想，必须要客观地了解和评价被修剪对象的活动状况及其变化，必须深入地调查研究。因为修剪过程中最需要关注的不是活动现状本身，而是现状产生的背景和原因，以及它所预示的趋势。

（2）及时性。修剪的及时性是指要求在问题发生后，相关人员在短时间内做出快速反应和处理。及时性是由问题所带来的信息的时效性决定的。任何信息的价值都有其时间性，且在某种程度上信息越及时，其价值越高。不及时的信息将使其有用性大打折扣，甚至对决策毫无用处。具体而言，当指标发生了偏差或要素发生了变化，相关人员应在非常有限的时间内迅速做出果断的决策，拒绝回避，拒绝枯等，要积极主动地直面问题，避免因问题处理不及时而影响后续关联活动，进而影响工程活动目标的实现。

（3）灵活性。修剪的灵活性，也称修剪的弹性，是指修剪方案要能灵敏适应工程管理活动主客观的变化，持续地发挥作用。未来的不可预测性始终是一个客观的存在，修剪应保证在发生某些未能预测到的事件的情况下，如环境突变、计划疏忽、计划失败等情况下，修剪仍然有效。修剪的灵活性要求在修剪过程中要做到：①制订多种应付变化的修剪方案；②留有一定的后备力量；③采用多种灵活的修剪方式和方法。

（4）经济性。修剪的经济性，也称修剪的适度性，是指修剪要注意成本。修剪是一项需要投入大量的人力、物力和财力的活动，其耗费之大正是今天许多应予修剪的问题没有加以修剪的主要原因之一。修剪的经济性要求在修剪过程中要做到：①实行有选择的修剪，修剪太多可能会浪费资源，修剪太少可能无法保证修剪的效果；②改进修剪方法和手段，努力降低修剪的各种耗费而提高修剪效果。

7.2.2　方案评估

7.2.2.1　方案评估的依据

1）偏差的可接受程度

修剪的方案首先取决于检查环节发现的偏差的大小，即偏差是否在可接受范围内。偏差的可接受性取决于要素的可调整性。如果偏差大于要素的可调整程度，此时偏差是不可接受的；如果偏差小于要素的可调整程度，此时偏差就是可接受的。而要素的可调整程度在工程管理活动一开始的 correct 环节（第 4 章）就已经被界定，也即偏差的被允许程度从活动立项之初就有了标准。换言之，在实际工程管理活动当中，如果检查环节发现的偏差小于允许偏差，此时偏差属可接受；如果检查环节发现的偏差大于允许偏差，此时偏差属不可接受。偏差的具体分析在 inspect 环节已给出详细介绍。

基于以上分析，偏差可接受时有以下两种修剪方案。

方案一：直接进入下一阶段的目标，即更新目标。

方案二：无法进入下一阶段的新目标，此时维持原目标。

2）修剪的难易程度

偏差不可接受时，修剪的方案要视修剪的难易程度而定。

修剪的难易程度，是指为缩小偏差或纠正不可接受的偏差所采取的修剪措施的实施难易程度。难易程度取决于修剪对象的性质、外部环境的复杂性、内部资源的可获取性等。

a. 修剪对象的性质

修剪对象的性质是指要素/指标的关键性和不可调整性。如果要素的关键程度较低，不可调整程度较低，那么要素一旦发生变化，修剪相对比较容易，因为其对活动目标的影响程度相对较低。如果要素的关键程度很高，不可调整程度较高，那么要素一旦发生变化，修剪起来会比较困难，因为一旦修剪则牵一发而动全身，需要从活动目标的达成度、可用资源的保障程度通盘考虑。

b. 外部环境的复杂性

外部环境的复杂性是指工程管理活动所处的政治环境、经济环境、社会文化环境、科技环境、自然环境等一般环境，以及现有竞争者、潜在竞争者、替代者、供应商、客户等特殊环境的复杂性和动态性。其中复杂性是指外部环境主要影响因素的类别和数量；动态性是指外部环境的变化速度，以及这种变化速度的可观察和可预见程度。

如果工程管理活动所处的外部环境影响因素不多且相对稳定，在较长时间内不会有很大的变化，那么此时即使外部环境发生变化，可控程度相对较高，其影响的工程管理活动的修剪措施可能也就不需要复杂的技术和知识，也即修剪难度较低。相反，如果工程管理活动所处的外部环境影响因素错综复杂，且在动态变化，无法预测明晰的变化趋势，那么此时外部环境一旦发生变化，则很难准确判断其对工程管理活动可能产生何种影响，相应的工程管理活动的修剪措施决策难度和实施难度就会很高。

c. 内部资源的可获取性

内部资源的可获取性是指影响工程管理活动进行的组织内部各种因素、条件的充足程度和可利用程度。工程管理活动过程中，不仅要考虑尽量充分地从外部环境获得资源和支持，还必须充分考虑组织内部的各种资源对工程管理活动的影响，因为这些内部资源在很大程度上决定着工程管理活动的效率和规模。不同的工程管理活动，因为其内容和特点不同，所需要利用的资源也就不同。但一般来说，任何工程管理活动的内部资源都要具备人力资源、物力资源和财力资源。

其中，人力资源的可获取性是指工程管理活动所需要的不同类型的人员的数量、素质和使用情况；物力资源的可获取性是指工程管理活动过程中所需要运用的物质条件的拥有数量和利用程度，如设备的数量、技术水平的先进程度等；财力资源是反映工程管理活动条件的综合指标，是一种可以获取和改善其他资源的资源，财力资源的可获取性是指工程管理活动的资金拥有情况、构成情况、筹措渠道和利用情况等。

如果内部资源的可获取性高，这意味着对工程管理活动的支撑力度高，需要对活动进行修剪的时候修剪难度也会相对较低。相反，如果内部资源的可获取性低，那么其对工程管理活动的支撑度就不够，一旦需要修剪，修剪难度可能会相对较高。

基于以上分析，偏差不可接受时有以下四种可能的修剪方案。

方案三：修剪难度低，按照常规修剪后，返回检查。

方案四：修剪难度高，但目标可调整，此时可以更新目标。

方案五：修剪难度高，权衡成本收益后，终止工程管理活动。

方案六：修剪难度高，同时目标不能调整也不能放弃，此时集中资源进行非常规修剪，实现目标。

根据第 6 章和本章分析结果，inspect-clip 流程可用图 7-4 表示。

7.2.2.2　方案评估的方法

工程管理活动实际修剪操作过程中，通常是对检查发现的问题，拟定若干备选的修剪方案，然后从成本收益的角度，考虑修剪对象的性质、外部环境的复杂性、内部资源的可获取性等因素，对备选方案进行综合评估，从中选择出满意的修剪方案。

方案评估的方法很多，如专家法、多标准分析法（multi criteria analysis，MCA）等。其中专家法的内涵和实施类似于本书 4.2.4 节中用于要素属性识别的专家评价法。本章节将重点介绍多标准分析法。

多标准分析法，也称多指标评价方法和计算模型，是一种对多种不同标准或量纲的因素、指标及数量进行综合评价的有效方法[62]。具体操作步骤包括以下五步。

（1）构建 l 个方案 k 个因素的特征值矩阵 $C = \left(C_{ij} \right)_{l \times k}$（$i = 1, 2, \cdots, l$；$j = 1, 2, \cdots, k$）。

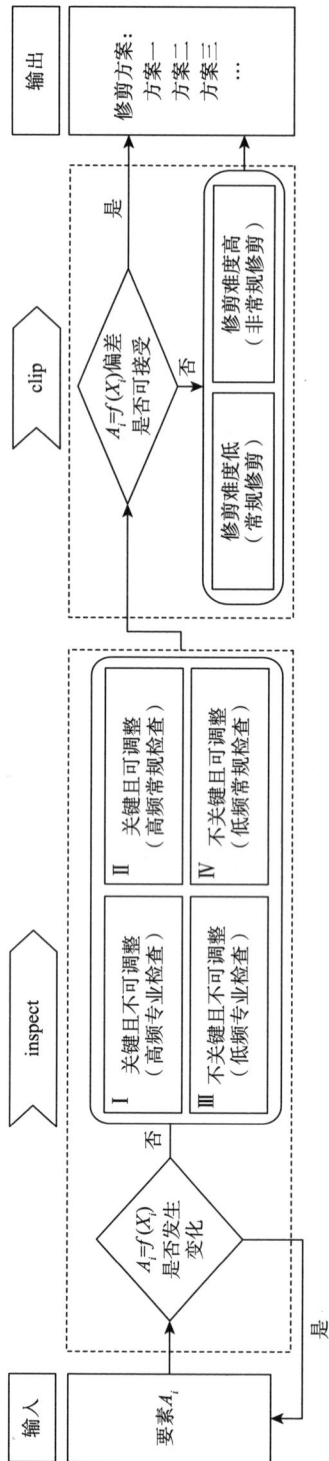

图7-4 inspect-clip：检查与修剪

$X_i = (x_{i1}, x_{i2}, x_{i3} \cdots, x_{ik})$ 表示指标向量；A 表示要素

（2）依据多因素特征值矩阵构建判断矩阵 D。矩阵中各元素 d_{ij} 根据式（7-2）确定。

$$d_{ij} = \frac{C_{ij} - \min_j C_{ij}}{\max_j C_{ij} - \min_j C_{ij}} \qquad （7\text{-}2）$$

其中，d_{ij} 表示多因素判断矩阵中第 i 行第 j 列的元素；C_{ij} 表示多因素特征值矩阵中第 i 行第 j 列的指标值。

（3）确定各因素权重。可以采用数学赋权法、经验赋权法或综合赋权法进行计算。

（4）计算各方案的综合分值。

$$M_{si} = \sum_{j=1}^{k} d_{ij} w_j \qquad （7\text{-}3）$$

其中，M_{si} 表示第 i 个方案的综合分值；w_j 表示第 j 个因素的权重。

（5）根据综合分值越大、方案越优的原则进行评估排序。

7.3　H1 平台开发工程：Clip

本节将以潍柴 H1 平台开发工程管理活动中检查出的四个具体问题为例，探讨不同问题的适宜修剪方案。

7.3.1　排气门桥异常磨损问题的修剪

7.3.1.1　问题描述

H1 平台开发工程项目在机械开发过程中出现了排气门桥异常磨损的问题。

7.3.1.2　修剪方法的确定

任何机械零件在运转过程中都会出现磨损的现象。排气门桥和排气门之间是互相接触、互相压着的，而且一直在动，类似于齿轮与齿轮间的运转，所以肯定有磨损。关于磨损，潍柴有专门的磨损影像数据库。判断磨损现象是否处于异常状态，一般是在耐久测试中通过拆解机械件后观察外观进行检测，然后比对磨损样本库。因此，排气门桥的异常磨损问题可以采用 JDIT 方法进行常规修剪。

7.3.1.3　修剪方案的制订与实施

通过拆机检验，对照机械磨损影像数据库，现场评审专家判断排气门桥的异常磨损可接受，不需要对此特别关注，可继续相关作业。也即针对该问题实施的修剪方案为 7.2.2 节"方案评估"中的方案一：直接进入下一阶段的目标。

7.3.2　机油冷却滤清模块转子滤塑料回油管漏油问题的修剪

7.3.2.1　问题描述

H1 平台开发工程项目的 WP9 发动机产品在小批量市场验证过程中，出现了机油冷却滤清模块转子滤塑料回油管漏油问题，如图 7-5 所示。

图 7-5　漏油问题修剪前

7.3.2.2　修剪方法的确定

漏油问题属于柴油发动机"三漏"（漏油、漏水、漏气）之一，"三漏"

会使柴油机的技术状态变差，零部件加速磨损，故障频发，启动困难，油耗增加，功率下降。因此，柴油机的"三漏"现象必须重视，及时查找原因排除故障。此外，漏油属于发动机研发过程中重点防范的"三漏"之一，必然会有相应的解决措施和经验，故而漏油问题可以采用 JDIT 方法进行常规修剪。

7.3.2.3　修剪方案的制订与实施

根据本书 4.3 节中的 correct 环节分析，漏油问题属于发动机可靠性要素下的指标异常偏差，而可靠性要素的属性特征为关键且不可调整。由此判断，漏油问题这一偏差不可接受，需要依据修剪的难易程度制订修剪方案。

根据上文分析，因为漏油属于发动机研发过程中重点防范的"三漏"之一，修剪方法大都有预案，也即有章可循，修剪难度相对较低。因此，该问题的修剪方案确定为 7.2.2 节"方案评估"中的方案三：修剪难度低，按照常规修剪后，返回检查。

考虑修剪的及时性原则，同时考虑现有技术的匹配度，漏油这一问题出现后的第一修剪方案为改善工程塑料焊接回油管工艺，修剪目标是提高焊接强度 40%，爆破压力从 5 巴增加到 7 巴，增加抽检频次。具体操作包括以下四个步骤，示意见图 7-6。

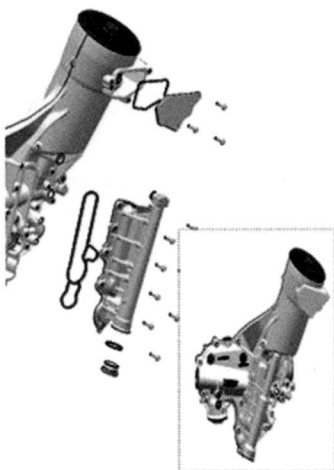

图 7-6　第一修剪方案示意图

（1）提高焊接温度，从 110 摄氏度提高到 125 摄氏度。

（2）提高焊接宽度。

（3）增加烘干过程。

（4）焊接支撑点从 2 个增加到 4 个，减少焊接变形。

第一修剪方案实施后，通过了零部件试验要求。

由于该问题出现在小批量市场验证过程中，从成本收益角度考虑，结合灵活性原则和经济性原则，针对这一问题，后续推出了高可靠性低成本方案，以适应大批量生产和销售要求。具体操作包括以下两个步骤，示意见图 7-7。

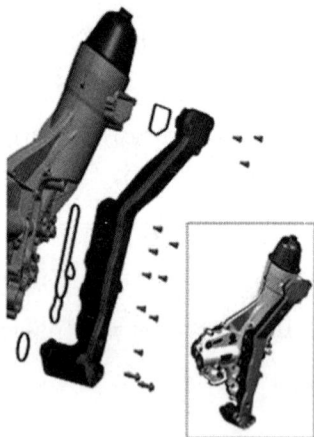

图 7-7　长期修剪方案示意图

（1）回油管采用高压铸铝件。

（2）取消一道"O"形圈，拆装扭矩由 70～80 牛米降为 40～50 牛米，维保简便。

7.3.3　缸盖单台刀具成本过高的修剪

7.3.3.1　问题描述

H1 平台开发工程项目中 WP9 缸盖线单台可控成本为 380 元，高于其他车间同类生产线，且单台可控成本不稳定，存在一定波动。其中，单台可控成本是产品成本的主要组成部分，降低单台可控成本能够降低产品单台生产成本，提高产品成本竞争力。

7.3.3.2 修剪方法的确定

缸盖单台刀具成本过高，这与公司经营策略（为迎合市场与客户的需求，公司研发并推出 H1 平台系列柴油机，提高潍柴的市场占有率）、十五场硬仗之硬仗二（降低生产成本），以及客户需求与期望（市场上柴油机种类繁多，厂家竞争激烈，用户选择范围广，用户需要性价比高的产品）明显不符，需要进行修剪。缸盖单台可控成本不属于常规问题，虽不会影响产品质量，但会增加发动机成本，无法更好地满足客户需求。换言之，该问题的修剪是为了提高产品竞争力、满足客户需求而进行的优化修剪，故无预案，也无章可循。因此，针对该问题，成本管理部门联合工艺工程部门及加工车间，采用 DMAIC 方法进行了非常规修剪。

7.3.3.3 修剪方案的制订与实施

根据本书 4.3 节中的 correct 环节分析，刀具成本、客户需求分别属于发动机价值要素和需求要素下的指标异常偏差。其中需求要素的属性特征为关键且不可调整，虽然价值要素的属性被界定为关键性低且不可调整性低，但是价值要素会影响需求要素。由此判断，刀具成本过高这一偏差不可接受，需要依据修剪的难易程度制订修剪方案。

根据上文分析，要降低缸盖单台刀具成本，目前无预案，也无章可循，且涉及部门较多，修剪难度相对较高。因此，该问题的修剪方案确定为 7.2.2 节"方案评估"中的方案六：修剪难度高，同时目标不能调整也不能放弃，此时集中资源进行非常规修剪，实现目标。

结合 H1 平台开发工程项目总体进度安排，以及修剪的及时性、经济性和灵活性原则，本次 DMAIC 修剪活动进度安排如图 7-8 所示。

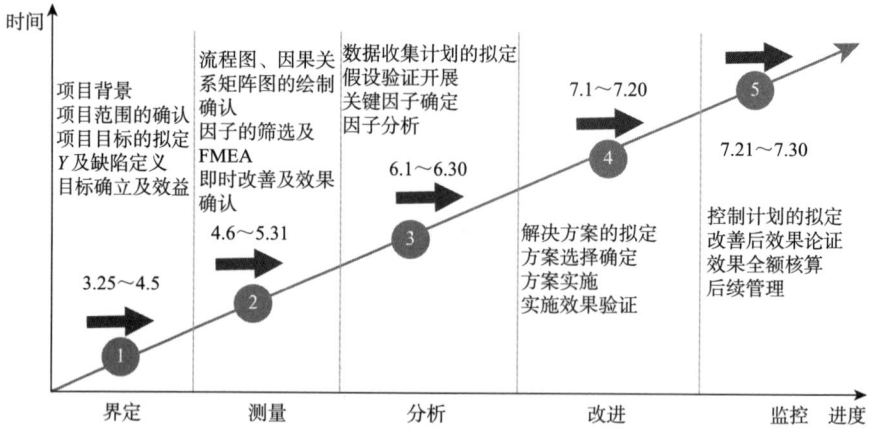

图 7-8　DMAIC 修剪活动进度安排

具体修剪过程包括以下五个步骤。

（1）通过对目前使用刀具的价格、刀具的消耗情况、刀具的使用寿命、每月的生产台数等相关信息的测量分析，同时根据 WP9 缸盖线工艺布局和工艺文件，可统计得到目前所使用刀具明细共 91 种。按单台成本进行排序，单台成本大于 10 元的刀具集中在前 9 类：钻头、枪钻、扩刀、槽铣刀、刀片、粗铣刀、铰刀、精铣刀和枪铰导管刀片［图 7-9（a）］。同时，从帕累托图［图 7-9（b）］中也可以看出，前 9 类刀具的成本占总成本的 89%，所以需要着重对其进行修剪、改善。

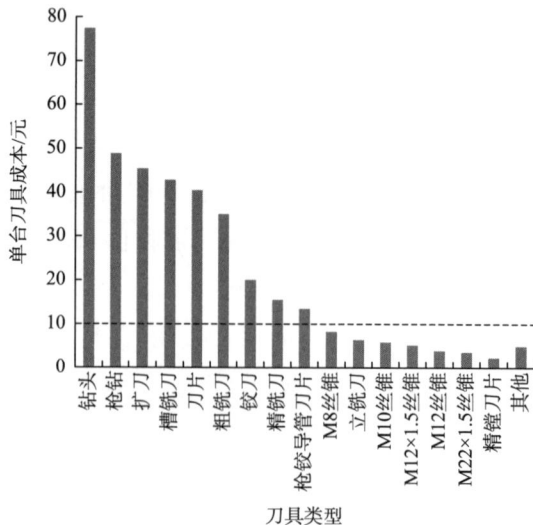

（a）单台刀具成本情况

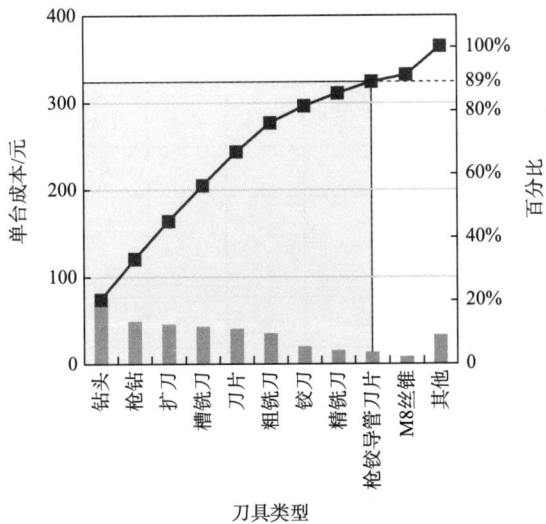

（b）刀具类型与单台成本的帕累托图

图 7-9 各类刀具成本统计

（2）通过因果关系矩阵分析和 FMEA，筛选影响刀具成本的 12 个关键因子，包括槽铣刀结构，扩刀结构，刀片的使用方法，粗铣刀的涂层材质，枪钻的不同厂家修磨方法，铰刀的直径、转速、进给量，精铣刀的结构，钻头的厂家，枪铰导管刀片的厂家，刀具的存放方式等，并据此制订修剪计划（表 7-2）。然后依据修剪计划，结合内部资源的可获取性确定修剪难度，针对修剪难度较低的关键因子制订即时修剪计划，如表 7-3 所示。

表 7-2 修剪计划

编号	流程步骤	关键输入变量	测量		分析		改进	
			计划	实际	计划	实际	计划	实际
X_1	槽铣刀	刀具结构			★			
X_2	扩刀	扩刀结构	★	☆				
X_3	刀片	使用方法	★	☆				
X_4	粗铣刀	涂层材质			★			
X_5	枪钻	不同厂家修磨方法			★			

续表

编号	流程步骤	关键输入变量	测量		分析		改进	
			计划	实际	计划	实际	计划	实际
X_6		直径			★			
X_7	铰刀	转速			★			
X_8		进给量			★			
X_9	精铣刀	铣刀结构	★	☆				
X_{10}	钻头	厂家			★			
X_{11}	枪铰导管刀片	厂家			★			
X_{12}	刀具	存放方式	★	☆				

注：★表示计划在此阶段进行即时改善，☆表示已按计划进行即时改善

7-3　即时修剪计划

序号	针对的 X	改善的 Y	关键输入变量	改善措施	计划完成时间	备注
1	X_1	Y_1	结构	1.更改刀体结构，安装刀片改为成型刀 2.增加切削刃数 3.刀具增加过心刃	2017.4.14	已实施
2	X_3	Y_1	使用方法	切削刀片与倒角刀片互换使用	2017.4.10	已实施
3	X_9	Y_1	铣刀结构	1.更改铣刀结构，修光刀片由立装改为平装 2.刀片由负前角改为正前角	2017.4.10	已实施
4	X_{12}	Y_3	存放方式	制作专用刀具架，防止切削刃磕碰	2017.4.15	已实施

下面将以表 7-2 中 X_2 扩刀的结构为例,介绍即时修剪的实际操作流程。

首先是原因分析，分析发现存在两个问题：①扩刀结构不合理；②扩气门推杆孔刀具 TH037 在加工过程中极易崩刀片，寿命 15 件，成本 11.26 元/台。根据原因分析，制定修剪措施：由安装刀片改为成型刀，切削刃数由 2 个增加到 6 个。

即时修剪实施后，进行效果量化，量化结果显示寿命由 15 件提升到 60 件，刀具可重复修磨使用 6 次以上，单台成本 6.39 元；统计一周数据，单台成本降低至 4.87 元。如图 7-10 所示。进一步制定固化措施：①将新的刀具进行工艺验证；②验证无问题后，固化至工艺文件中。

更改前

更改后

日期	刀具寿命/台	日期	刀具寿命/台
2017.4.15	59	2017.4.19	60
2017.4.16	61	2017.4.20	63
2017.4.17	60	2017.4.21	61
2017.4.18	62		

效果验证

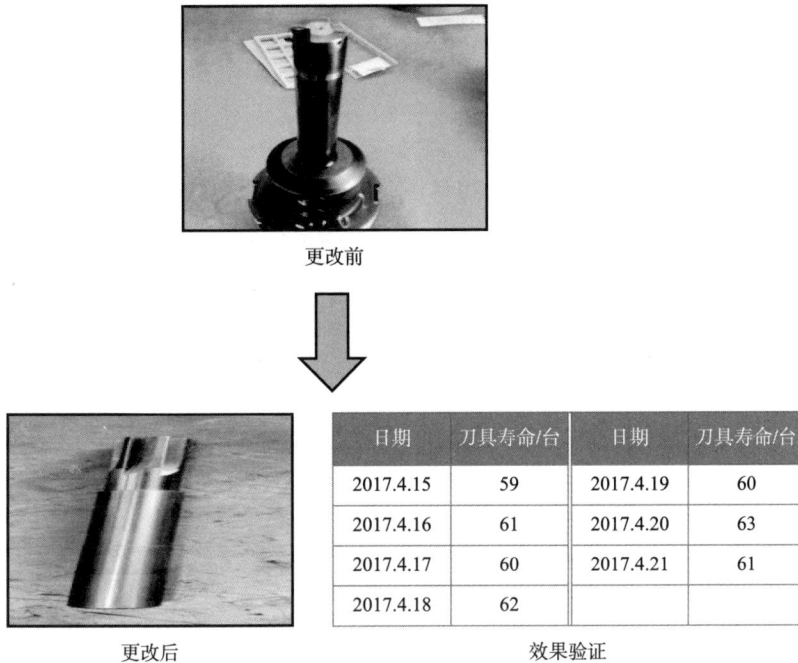

图 7-10　X_2 的即时改善

（3）即时修剪完成后，需要对剩余的修剪难度较高的 8 个因子：X_1 槽铣刀结构、X_4 粗铣刀涂层材质、X_5 不同厂家枪钻修磨方法、X_6 铰刀直径、X_7 铰刀转速、X_8 铰刀进给量、X_{10} 钻头厂家、X_{11} 枪铰导管刀片厂家进行修剪，具体修剪过程类似于即时修剪，即先根据数据类型确定分析方法，然后进行各关键因子的影响分析。

例如，X_4 为粗铣刀涂层材质，数据类型为计数型，分析工具确定为单因子方差分析，并给出以下假设。

H0：粗铣刀涂层材质对单台刀具成本无影响。

Ha：粗铣刀涂层材质对单台刀具成本有影响。

然后对收集到的 X_4 数据和 Y 数据进行正态分布检验和 F 检验，判断数据是否适合进行单因子方差分析。结果显示，数据无异常点，$P > 0.05$，服从正态分布；且 Y_1 等方差检验 $P > 0.05$，具有等方差性，可以进行单因子方差分析。单因子方差分析结果如图 7-11 所示，即 $P=0.000 < 0.05$，说明涂层材质对铣刀单台刀具成本影响显著。

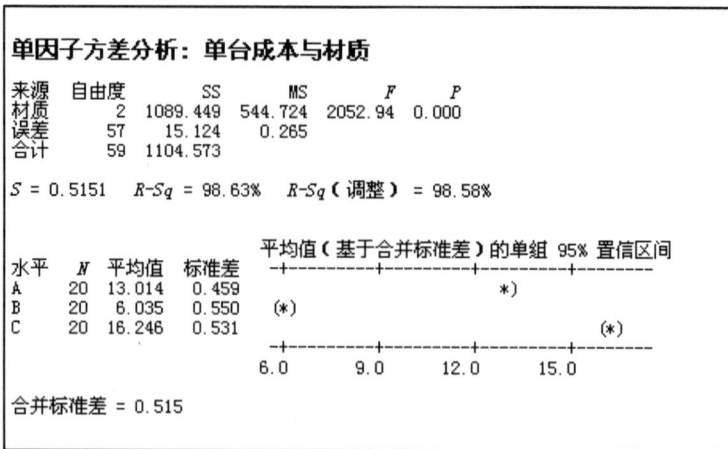

（a）

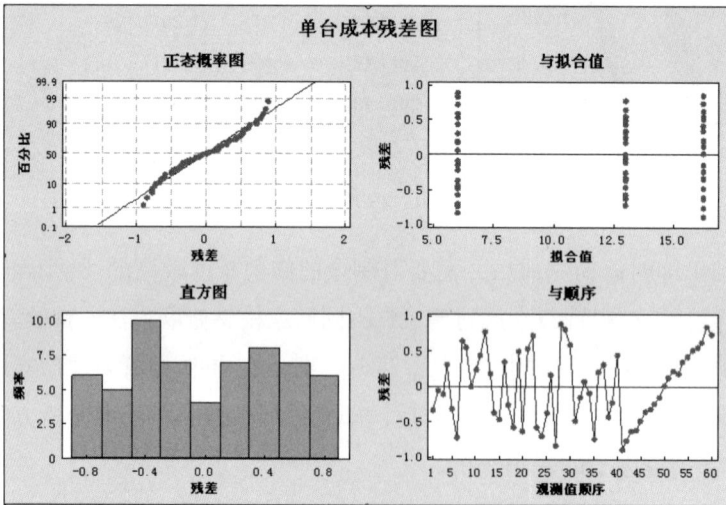

（b）

图 7-11 X_4 对 Y 的影响分析结果

SS（sum of squares）：偏差平方和。MS（mean square sum）：
均方差和=偏差平方和/自由度

总结发现，X_4 粗铣刀涂层材质改善前为三氧化二铝，刀片厚度 0.3 毫米，侧固式夹紧，排屑不畅，耐磨性差；单台成本 16.2 元。改善后涂层材质改为氮化钛，刀片加厚到 0.5 毫米，螺钉锁紧，增加容屑空间；单台成本 13.01 元。最后利用箱线图对实施效果进行验证，修剪效果为 8 把刀具在 3 个工序共降低成本 25.5 元/台。修剪效果如图 7-12 所示。

（a）改善前

（b）改善后

图 7-12　X_4 的改善效果

（4）所有的问题因子改善完成后，为了确保后期有效执行和保证长期效果，还需进行后续检查监控。比如，针对 X_1 槽铣刀结构/X_3 刀片使用方法、X_5 不同厂家枪钻修磨方法/X_6 铰刀直径，要每天监控，具体操作方法是随时观察刀片加工状况，严格按照强制换刀寿命换刀，并将检查结果记录在刀具更换记录表中。具体如表 7-4 所示。同时根据检查结果和改善结果，制定标准化文件，包括更新刀具使用管理方法、固化至机械加工作业指导书、换刀要领书、换刀记录表等。具体如表 7-5 所示。

表 7-4　修剪后的监控计划

序号	控制对象	控制方法	控制文件	完成时间	负责人	监控周期
1	X_1 槽铣刀结构/X_3 刀片使用方法、X_5 不同厂家枪钻修磨方法/X_6 铰刀直径	更新刀片寿命，随时观察刀片加工情况，严格按照强制换刀寿命换刀	刀具更换记录表，设备监控系统中的强制换刀寿命参数	2017.6.20	操作者	每天

序号	控制对象	控制方法	控制文件	完成时间	负责人	监控周期
2	X_2 扩刀结构、X_4 粗铣刀涂层材质/X_9 精铣刀结构	更新刀具图纸和工艺文件	工艺文件刀具明细	2017.6.25	工艺员	每次
3	X_{12} 刀具存放方式	每天点检，及时清理检查刀具，纳入操作者巡检	日常点检表	2017.5.20	操作者	每天
4	X11 枪铰导管刀片厂家	更改 EAM（enterprise asset management，企业资产管理）系统供应厂家	试验报告书纳入 PDM（product date management，产品数据管理）系统及工艺文件	2017.7.20	工艺员	每天

表 7-5　标准化文件

序号	文件类别	文件名称	文件编号	修改内容
1	管理办法	《刀具使用管理方法》	JG 27-2017	根据实际情况，制定刀具互换规则、刀具修旧利废规则
2	作业指导书	《机械加工作业指导书》	PG-2340-0002	修改工序加工内容与加工参数
3	作业指导书	《机械加工作业指导书》	P9-2340-0004	修改刀具型号与厂家
4	标准作业	《刀具更换记录表》	CYQR4.9-03	规范换刀记录，增加流水号填写
5	标准作业	《换刀要领书》	YL-HY-0034	规范换刀要领

（5）修剪完成后，相关数据统计结果显示，单台刀具成本从修剪活动开始前的 381.2 元降低到当前水平 317.03 元，低于修剪目标 320 元，且项次合格率仍然保持在 99.64%。具体如图 7-13 所示。

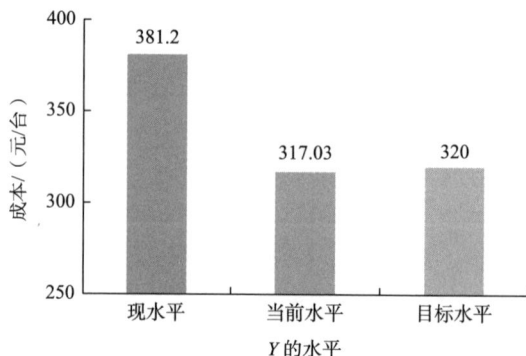

（a）H1 缸盖单台刀具成本

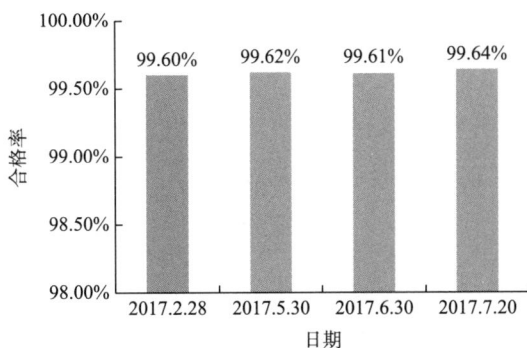

（b）H1 缸盖项次合格率

图 7-13　Y 的现水平

同时，修剪活动收益方面，按照每天 100 台、每年 300 天计算，该修剪方案执行后可产生直接效益为 100×（381.2−317.03）×300=192.51 万元，其中投入成本 14.6 万元，最终实际收益：192.51−14.6=177.91 万元。此外，无形收益方面：H1 平台系列柴油机作为公司高端机型，及时降低生产成本，为夺得市场先机、提高公司盈利做出了应有的贡献。

7.3.4　缸盖喷油器孔一次加工合格率较低的修剪

7.3.4.1　问题描述

H1 平台开发工程活动中，一次班组检查发现，缸盖喷油器孔一次加工合格率较低，占到了班组总问题的 63.07%，而这一工序是班组的关键工序，质量得不到保证，将严重影响班组自制件的质量及产量。

7.3.4.2　修剪方法的确定

由于缸盖喷油器孔一次加工合格率是班组的一道关键工序，直接影响班组自制件的质量，进而影响发动机的质量，该问题必须要给予高度重视，即要提高缸盖喷油器孔一次加工合格率。但由于没有经验和规章制度可以参照和借鉴，针对该问题采用非常规修剪，具体方法为 QC 小组。

7.3.4.3　修剪方案的制订与实施

根据本书 4.3 节中的 correct 环节分析，缸盖喷油器孔一次加工合格率属于发动机工艺要素下的指标异常偏差。工艺要素的属性特征为关键性低且不可调整性低，但是该工艺会直接影响自制件的质量，进而影响发动机的质量。由此判断，缸盖喷油器孔一次加工合格率较低这一偏差不可接受，需要依据修剪的难易程度制订修剪方案。

根据上文分析，要提高缸盖喷油器孔一次加工合格率，目前无预案，也无章可循，修剪难度相对较高。因此，该问题的修剪方案确定为 7.2.2 节"方案评估"中的方案六：修剪难度高，同时目标不能调整也不能放弃，此时集中资源进行非常规修剪，实现目标。

（1）组建 QC 小组。经分析，提高缸盖喷油器孔一次加工合格率为现场型课题，因此需要一个擅长解决现场问题的 QC 小组团队。而攻坚克难 QC 小组成立于 2012 年 12 月，其格言是"立足产品质量，解决实际问题"。2012～2019 年，小组共开展完成 QC 小组课题 16 项，解决现场问题 13 项，创新成果 3 项，6 次获得全国机械行业优秀质量管理小组荣誉称号。小组共由 9 人组成，既有技术精湛的老师傅，又有思维活跃的年轻员工，每月保持开展两次活动分析会，保证活动有效进行。累计创造经济效益 110 余万元。因此，该问题的修剪交由攻坚克难 QC 小组来完成。

（2）现状调查。通过对 2019 年 4 月、5 月、6 月三个月的产出情况进行统计，计算出喷油器孔的一次加工合格率仅为 98.3%。如果解决了该工序喷油器孔加工不合格问题，班组的自制件生产一次合格率将得到保证。同时统计得出该工序喷油器孔不合格品共分为三种情况：D28 孔壁分层，粗糙度超差，喇叭孔；喷油器孔密封槽粗糙度超差；喷油器孔小端孔，深度超差。

（3）修剪目标设定。根据现状调查的结果，制定本次修剪活动的改进目标。根据自制件生产的合格指标值 100%，设定了本次修剪活动的改进目标，即将该工序缸盖喷油器孔一次加工合格率由 98.3% 提高到 100%。

（4）原因分析。班组人员就现状调查结果展开"头脑风暴"，从人、机、料、法、环等方面，采用系统图（图7-14），共分析出七条末端因素。然后逐条确认各末端因素是否为影响缸盖喷油器孔一次加工合格率的要因。

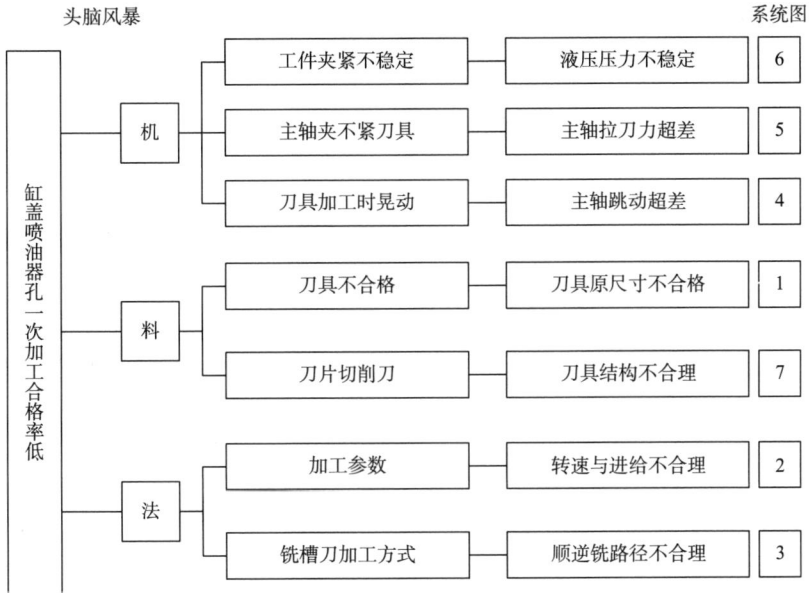

图7-14 头脑风暴系统图

通过逐一确认，最终确定造成喷油器孔一次加工合格率低的主要原因包括以下三点：①刀具原尺寸不合格；②转速与进给不合理；③顺逆铣路径不合理。例如，刀具原尺寸不合格的确认标准是刀具原尺寸是否符合工艺要求。通过对D28孔铰刀进行检测，发现该批刀具与以往使用的不同，不带涂层，而标准是需要带涂层的，更换该批刀具后出现分层喇叭孔；而小端孔刀具为3级阶梯刀具，现使用D1刀长，加工孔为通孔，刀具原尺寸不合格情况下，测量基准加工出现偏差，标准深度要求是15.3±0.05毫米，现状就是出现了深度超差的现象，因此此项是要因。具体如图7-15所示。

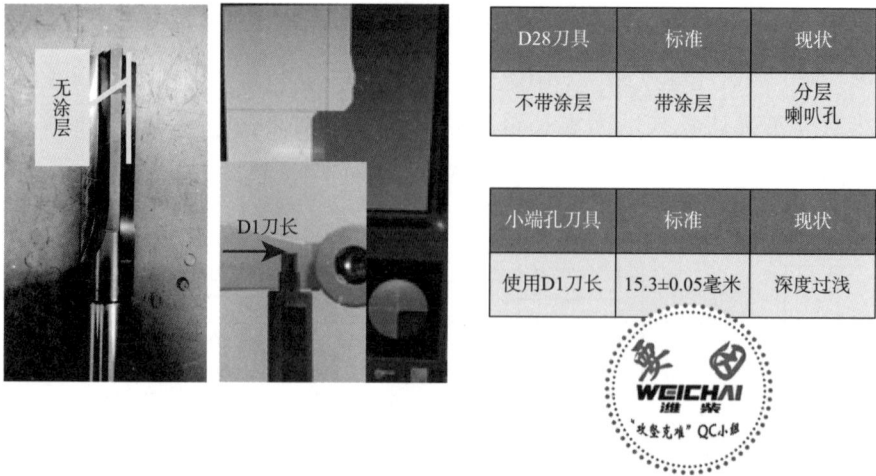

D28刀具	标准	现状
不带涂层	带涂层	分层 喇叭孔

小端孔刀具	标准	现状
使用D1刀长	15.3±0.05毫米	深度过浅

图 7-15　刀具尺寸不合格的要因确认

（5）制定修剪对策。根据六何法（five Ws and one H，5W1H[①]）原则，小组成员共同讨论，制定修剪对策实施计划表，如表7-6所示。

表 7-6　修剪对策实施计划表

序号	原因	对策	目标	措施	时间	负责人	地点
1	刀具原尺寸不合适	装刀前，进行刀具工艺尺寸检测	工艺尺寸合格	装刀前，由调刀工用调刀仪对新刀具进行检测，符合工艺要求再安装	2019.9.10	负责人 A 负责人 B	现场
2	转速与进给不合理	优化刀具参数	无喇叭孔、分层	由小组工艺人员对该刀具进行参数修改	2019.9.10	负责人 C 负责人 D	现场
3	顺逆铣路径不合理	将密封槽加工路径改为逆铣	无震纹	由小组工艺人员对该刀具进行参数修改	2019.9.10	负责人 C 负责人 E	现场

下面以表7-6中修剪对策1（装刀前进行刀具工艺尺寸检测）为例，介绍修剪对策的具体实施。如图7-16所示，改善后使用有涂层刀具，通过30次换有涂层刀具首件检测，D28孔未出现喇叭孔分层现象。小端孔刀具阶梯刀长设定使用D2为准，与尺寸测量基准重合，通过30次换有涂层刀具首件检测，改善后的喷油器孔小端孔深度合格，未出现超差现象，措施有效。

---

① 5W1H：一种思考分析方法，对选定的项目、工序或操作，都要从原因（何因 why）、对象（何事 what）、地点（何地 where）、时间（何时 when）、人员（何人 who）、方法（何法 how）六个方面提出问题进行思考。

通过30次换有涂层刀具首件检测，改善后D28孔未出现喇叭孔、分层现象

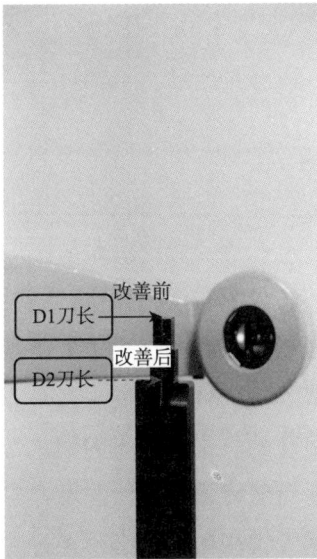

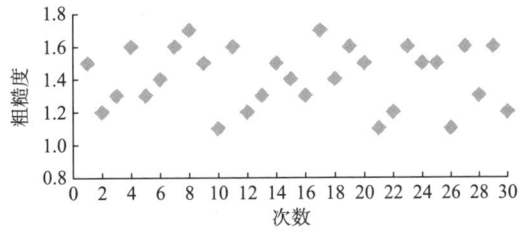

通过30次换有涂层刀具首件检测，改善后喷油器孔小端孔深度合格，未出现超差现象

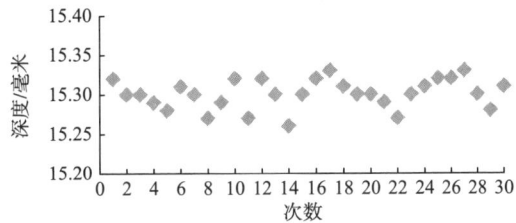

图 7-16　对策 1 实施效果

（6）修剪效果确认。通过 50 天的效果验证，共产出 5691 台气缸盖。未出现一台上述类似的问题返修缸盖，喷油器孔一次加工合格率提升到了100%，同时，喷油器孔一次加工合格率低不再是制约班组质量的问题，修剪目标实现。

修剪目标实现的同时，QC 小组取得了一定的经济效益。其中，有形效益方面，减少返工品 23 台，节约 4140 元，改善后三种刀具寿命分别提升到了 450 台、550 台、3000 台，按照刀具费用可节约成本 10 万余元。共计创造效益 104 140 元。无形效益方面，通过本次活动，减少了额外工时，保证了班组交付率，降低了操作者的劳动强度。

此外，完成喷油器孔一次加工合格率提升之后，小组成员又聚在一起编制防止再发生及固化措施，巩固小组的改善成果。主要包括以下三个方面：①规范工艺，将加工变更内容正式纳入工艺作业指导书，保证有效执行；②刀具检测，制定刀具目视化图卡，由调刀工一次检测刀具工艺尺寸，由操作者二次复查刀具原尺寸；③规范程序，由工艺人员做好加工程序的修改记录。

2019 年 12 月，QC 小组又进行了为期 10 天的效果确认，数据统计结果显示，总产出 2569 台中未出现不合格品，一次加工合格率为 100%。

7.4　本　章　小　结

本章首先阐述了工程管理活动中常用的两种修剪方法。一是常规修剪，是指在日常工程管理工作中，针对那些以相同或基本相同的形式重复出现的、经常需要解决的偏差，所进行的一般性的或者例行性的修剪。二是非常规修剪，是指针对那些首次出现的、非重复出现的、未程序化的偏差，所进行的非例行性的修剪。前者一般有章可循，有法可依，依法照章办事即可。而后者则因为存在大量不确定因素，也就无常规可循，必须经过专门的分析研究才能确定。

其次，介绍了工程管理活动修剪方案制订过程中要遵循的一般原则。主要包括客观性和准确性原则、及时性原则、灵活性原则和经济性原则。其中客观性是指修剪过程实事求是，准确性是指修剪所涉及信息准确无误。及时性是指针对所发生问题，修剪活动的快速匹配与执行。灵活性是指修剪方案对工程管理活动动态变化的灵敏适应性。经济性则是要求修剪需注意成本的适度。

再次，探讨了工程管理活动中修剪方案的评估与选择。修剪方案评估的依据包括偏差的可接受程度和实际修剪的难易程度。其中，偏差是第 6 章检查的结果，偏差的可接受性取决于要素的可调整性。如果偏差小于要素的可调整程度，此时偏差可接受，修剪方案有两种选择：一是直接进入下一阶段的目标，即更新目标；二是无法进入下一阶段的新目标，此时维持原目标。如果偏差大于要素的可调整程度，此时偏差不可接受，修剪的方案则要视修剪的难易程度而定。而难易程度又取决于修剪对象的性质、外部环境的复杂性、内部资源的可获取性等，综合考虑这三方面因素，偏差不可接受时，修剪方案有四种可能的选择：若修剪难度低，按照常规修剪后，返回检查；若修剪难度高，但目标可调整，此时可以更新目标；若修剪难度高，权衡成本收益后，终止工程管理活动；若修剪难度高，同时目标不能调整也不能放弃，此时集中资源进行非常规修剪，实现目标。

最后，以潍柴 H1 平台开发工程为案例，详细阐述了该项工程管理活动中修剪方法的选择和修剪方案的评估。在修剪方法的选择方面：①问题 1（排气门桥异常磨损）和问题 2（机油冷却滤清模块转子滤塑料回油管漏油）为 H1 平台开发工程中重复出现、经常需要解决的问题，对于此类问题已有章可循，因此只要照章办事即可，对此采取的修剪方法是 JDIT 常规修剪。②问题 3（缸盖单台刀具成本过高）和问题 4（缸盖喷油器孔一次加工合格率较低）属于非例行、未程序化的问题，产生的原因含有不确定性因素，处理方法也就无常规可循，因此必须经过系统的专门分析才可以确定，对此分别采取的修剪方法是 DMAIC 和 QC 小组非常规修剪。在修剪方案的评估与选择方面具体说明了以下三种选择。①问题 1（排气门桥异常磨损）显示的偏差属于可接受范围，因此选用修剪方案一：直接进入下一阶段的目标，即更新目标。②问题 2（机油冷却滤清模块转子滤塑料回油管漏油）显示的偏差不可接受，考虑修剪及时性原则及现有技术匹配度，选用修剪方案三：修剪难度低，按照常规修剪后，返回检查。随后考虑长期的成本效益和问题解决的彻底性，更改具体修剪措施和细节。③问题 3（缸盖单台刀具成本过高）和问题 4（缸盖喷油器孔一次加工合格率较低）显示的偏差同样不可接受，但修剪难度较高，为了更好地实现该项工程活动目标，选用修剪方案六：修剪难度高，同时目标不能调整也不能放弃，此时集中资源进行非常规修剪，实现目标。

8　King

　　king 的意思是"君主，国王"。在 CLICK 模型中，king 是指目标，在工程管理层面，目标是动态变化的，通过不断实现当前的目标和超越更高层级的新目标，螺旋上升成为工程管理的标杆。在 CLICK 中 king 具有指明方向的作用，是工程管理活动的"北斗星"。目标为管理者提供了协调团队行动的方向，从而有助于引导团队成员形成统一的行动。工程管理活动只有具备了明确的目标，团队成员的思考和行动才有客观的准绳，而不至于在复杂的情况下做出错误的判断或决定。king 还具有激励的作用，是激励团队成员的力量源泉。只有在团队成员明确了行动目标后，才能激发其潜在动力，使其尽力而为，不断追求卓越。此外，目标不仅是 CLICK 中做正确的事的出发点，而且为检查（inspect）和修剪（clip）提供依据。

　　本章首先对工程管理目标评估的相关概念，如目标评估的定义、目标评估的原则和方法进行简要的介绍；其次，对工程管理目标评估中目标达成度和目标提升度两个主要维度进行分析；最后，以潍柴 H1 平台开发工程为例，详细阐释如何从目标达成度和目标提升度两个维度进行工程管理目标评估。

8.1　目标评估定义

　　工程管理目标评估是指对照目标设置的主要指标，对工程管理活动目标的实现程度和合理性、可提升度等内容进行评价。工程项目完成后，需要针对工程项目是否达到原来的预定目标、目标的实现程度，以及对原定目标的正确性、合理性和目标可提升性等进行评估，并分析评估目标实现效果与预期要求之间的偏差及其产生的原因，为以后的工程项目决策提供参考。在工程项目目标评估的具体操作中，可以从工程项目目标达成度和目标提升度两个维度进行，具体如图 8-1 所示。

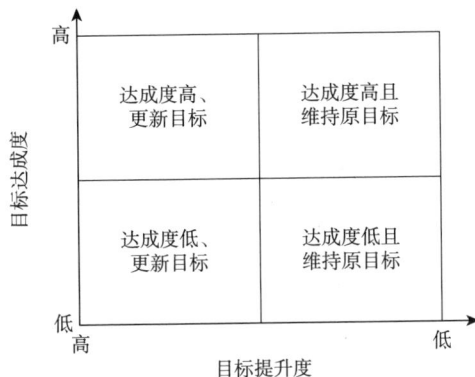

图 8-1   工程项目目标评估

8.1.1   目标达成度

目标达成度是指目标实际完成情况与要求目标的符合程度。目标达成度具体衡量要根据目标中具体指标的性质而定。若目标为单一定量指标，则目标的达成度可以用百分比表示，即达成率。若目标为定性指标，则其达成度可以通过量表来评价。在工程管理实践中，目标多由不同层级，如质量、性能、经济、进度等若干指标体系构成，在具体评价中，则需要分类分层对各子目标进行单独评价，再加权综合分析总体目标的达成度。若实际完成情况与目标要求达成情况差距小，则达成度高；若差距大，则达成度低。

8.1.2   目标提升度

目标提升度是在现有目标完成情况下，结合内部资源和外部环境变化可以达到的潜在目标。若潜在目标高于现有目标，提升度就高；若二者差距不大，则提升度就低。

在工程管理目标评估实践中，若目标达成度评估结果为"可以接受"，则需要进一步分析目标提升度情况，如果目标提升度低则维持原目标；如果目标提升度高，则可以设置更高层级的目标。若目标达成度的评价结果为"不可接受"，则需要进一步分析达成度低的具体原因，如果是执行中造成的偏差，则可以维持原目标；如果是外部环境发生了变化，市场有了更高的要求或者技术有了进一步的发展，则可设置更高层次的目标；如果是目标设置不合理，则需更新目标。

8.2　目标评估原则与方法

工程管理目标评估通常包括对宏观目标和建设目标两个层次的评估。宏观目标层次主要为对国家、地区、行业可能产生的影响，或对技术、经济、社会、环境带来的重大影响；直接的建设目标为工程项目本身产生的直接作用和效果。在具体工程项目评估实践中，需要遵循一定的评估原则，并借用一些成熟的评估方法。

8.2.1　目标评估的原则

8.2.1.1　整体与局部结合的原则

整体与局部的联系，表现在三个方面：一是两者相互依赖，不可分割，没有局部目标，整体目标也就无从谈起。整体目标的达成要依赖各局部目标的实现。局部目标都是整体目标的有机组成部分。二是两者相互影响。整体目标发生变化需要对局部目标进行调整，某些局部目标的调整也会影响整体目标的实现。在一定条件下，关键的局部目标，会对整体目标的实现起决定作用。三是两者在一定条件下可以相互转化。存在两种情况，一种情况是前一循环的整体目标可能成为下一循环的局部目标，另一种情况是高层级的局部目标可能是低层级的整体目标。

8.2.1.2　技术与经济结合的原则

技术性与经济性是工程项目目标评估的两个重要维度，是控制工程活动最有效的手段。在工程管理活动目标评估中，若只注重技术因素，忽略了经济因素，则会缺乏多方案比较和技术经济分析，造成工程投资的极大浪费。若只注重经济因素，忽略了对技术因素的考虑，工程质量则会难以保证。因此，我们在工程管理目标评估中，应该将技术因素与经济因素有机结合起来，力求做到在技术先进条件下经济合理，在经济合理基础上技术先进。

8.2.1.3　领导、专家与群众结合的原则

正确的评价是各项工程得以顺利开展并取得实效的重要前提。实现正确的工程项目评价，需要建立健全领导、专家、群众相结合的评价机制，完善工程目标评价的规则和程序。领导具有组织引导、掌握全局的作用；专家具有专业判断和保证工程项目评价结果科学、客观、权威的作用；群众具有提供一手信息、反映工程真实状况的作用。坚持领导、专家、群众相结合的评价机制，充分发挥三者的作用，有利于做到系统评价、科学评价、民主评价。只有坚持领导、专家、群众相结合的决策机制，才能有效应对工程评价过程中难题相对较多、环境相对复杂的挑战，防止和减少工程评估的失误。

8.2.1.4　规范与经验结合的原则

规范是指在进行目标评价的每个环节、步骤、流程都有可以依据的和参照的制度规程和标准。经验是指在实践基础上获得的对客观事实的感性认识。

对工程目标的评价，要遵循规范性，特别是目标中的一些量化指标，要做到有章可循，有据可查；但对一些定性指标，一定程度上要依赖于专家的经验进行判断。

8.2.2　目标评估的方法

目标评估一般要根据设置的原目标情况，对目标的实现程度及对原定目标的正确性、合理性、提升性等内容进行评估分析。目标评估通常采用定量和定性相结合的分析方法，综合分析和评价目标的实现程度。在目标评估实践中，常用的有以下三种方法：一是单指标评价，完成情况可用（实际值-基期值）/（目标值-基期值）进行评价。二是分类分析法，是将指标按大类进行评估，如发动机研发工程可以分动力性、经济性、可靠性、振动噪声、排放性等几大方面分别进行评估。三是加权分析法，评估者将每个指标的重要程度赋予不同的权重，并与每个指标完成情况相乘，相加得出综合评价结果。美国运筹学家匹兹堡大学教授萨蒂于 20 世纪 70 年代初提出的层次分析法是该种方法的典型代表，在工程项目的评价中被广泛使用。

本书在进行 H1 平台开发工程项目的达成度和提升度评价时，将结合第二种和第三种方法，先分类分层对各子目标进行单独评价，再加权综合分析。具体采用物元可拓方法，下面对物元可拓方法进行详细介绍。

8.2.2.1　物元分析的基本概念

给定事物的名称 N，它关于特征 C 的量值为 V，以有序三元 $R=(N,C,V)$ 组作为描述事物的基本元，简称物元。事物名称 N，特征 C 和量值 V 称为物元的三要素。如果事物 N 有多个特征，它以 n 个特征 $c_1,c_1,\cdots,c_n$ 和相应的量值 $v_1,v_1,\cdots,v_n$ 描述，则表示为

$$R = \begin{bmatrix} N & c_1 & v_1 \\ & c_2 & v_2 \\ & \vdots & \vdots \\ & c_n & v_n \end{bmatrix} = \begin{bmatrix} R_1 \\ R_2 \\ \vdots \\ R_n \end{bmatrix} \qquad (8\text{-}1)$$

这时，称 R 为 n 维物元，简记为 $R=(N,C,V)$。

8.2.2.2　经典域与节域物元矩阵

当 N_0 为标准事物，关于特征 C_i 量值范围 $V_{0i}=\langle a_{0i},b_{0i}\rangle$ 时，经典域的物

元矩阵可表示为

$$R_0\left(N_0,C,V_0\right)=\begin{bmatrix} N & c_1 & \langle a_{01},b_{01}\rangle \\ & c_2 & \langle a_{02},b_{02}\rangle \\ & \vdots & \vdots \\ & c_n & \langle a_{0n},b_{0n}\rangle \end{bmatrix} \tag{8-2}$$

由标准事物 N_0 加上可转化为标准的事物所组成的物元 R_p 称为节域物元。而 $V_{pi}=\langle a_{pi},b_{pi}\rangle$ 为节域物元关于特征 C_i 的比相应标准扩大了的量值范围。节域物元矩阵表示为

$$R_p\left(N_p,C,V_p\right)=\begin{bmatrix} N & c_1 & \langle a_{p1},b_{p1}\rangle \\ & c_2 & \langle a_{p2},b_{p2}\rangle \\ & \vdots & \vdots \\ & c_n & \langle a_{pn},b_{pn}\rangle \end{bmatrix} \tag{8-3}$$

显然，这里有 $\langle a_{0i},b_{0i}\rangle\subset\langle a_{pi},b_{pi}\rangle(i=1,2,\cdots,n)$。

8.2.2.3 关联函数及关联度的计算

关联函数表示物元的量值取值为实轴上一点时，物元符合要求的范围程度。可拓集合的关联函数可用代数式来表达，就使得解决不相容问题能够定量化。令有界区间 $X_0=[a,b]$ 的模定义为

$$|X_0|=|b-a| \tag{8-4}$$

某一点 X 到区间 $X_0=[a,b]$ 的距离为

$$\rho\left(X,X_0\right)=\left|X-\frac{(a+b)}{2}\right|-\frac{(b-a)}{2} \tag{8-5}$$

则关联函数 $K(X)$ 的定义为

$$K(X)=\begin{cases} \dfrac{-\rho\left(X,X_0\right)}{|X_0|}, & X\in X_0 \\ \dfrac{\rho\left(X,X_0\right)}{\rho\left(X,X_p\right)-\rho\left(X,X_0\right)}, & X\notin X_0 \end{cases} \tag{8-6}$$

其中，$\rho\left(X,X_0\right)$ 表示点 X 与有限区间 $X_0=[a,b]$ 的距离；$\rho\left(X,X_p\right)$ 表示点 X 与有限区间 $X_p=\left[a_p,b_p\right]$ 的距离；X，X_0，X_p 分别表示待评物元的量值、经典域物元的量值范围和节域物元的量值范围。

8.2.2.4　评价标准

关联函数 $K(X)$ 的数值表示评价单元符合某标准范围的隶属程度。当 $K(X)>1$ 时，表示被评价对象超过标准对象上限，数值越大，开发潜力越大；当 $0<K(X)\leqslant 1$ 时，表示被评价对象符合标准对象要求的程度，数值越大，越接近标准上限；当 $-1\leqslant K(X)\leqslant 0$ 时，表示被评价对象不符合标准对象要求，但具备转化为标准对象的条件，且值越大，越易转化；当 $K(X)<-1$ 时，表示被评价对象不符合标准对象要求，且不具备转化为标准对象的条件。

8.2.2.5　事物的综合关联度和等级评定

待评事物 N_x 关于等级 j 的综合关联度 $K_j(N_x)$ 为

$$K_j(N_x) = \sum_{i=1}^{N} a_i K_j(X_i) \qquad (8\text{-}7)$$

其中，$K_j(N_x)$ 表示待评事物关于各等级 j 的综合关联度；$K_j(X_i)$ 表示待评事物关于各等级的关系度（$j=1,2,\cdots,n$）；a_i 表示各评价指标的权系数。若

$$K_0 = \max\left(K_j(N_x)\right) \qquad (8\text{-}8)$$

则评定事物 N_x 属于等级 j_0。

8.2.2.6　基本步骤

综上分析，运用物元可拓评价模型进行工程目标评价的基本步骤通常可以分为四大步骤。第一步，确定评价物元；第二步，经典域和节域的确定；第三步，单指标关联度计算；第四步，综合关联度计算和等级评定。

8.3　H1 平台开发工程：King

H1 平台开发工程于 2012 年 1 月启动，至 2016 年 2 月结项，设计开发周期为 49 个月。H1 平台开发工程开发的柴油机产品在 2015 年下半年投入

小批量生产。H1 平台开发工程在开发初期针对柴油机市场销量和产品毛利润率设置了预期的目标值；在技术性能方面设置了技术性能满足用户要求、技术性能优于竞争对手、技术性能优于同类产品及技术性能达到国际先进水平等目标；在制造工艺方面设置了工艺能够满足生产能力的要求、工艺交付的效率及工程的时间进度等具体目标。本节将对 H1 平台开发工程的目标达成度和目标提升度从定性和定量两个角度进行分析和评估。

8.3.1 目标达成度评估

8.3.1.1 H1 平台开发工程产品销售评价

截至 2020 年 6 月底，H1 平台开发工程立项时各目标市场均已不同程度地进入，表 8-1 为 H1 平台开发工程系列产品 2016 年至 2020 年上半年的销量；表 8-2 为 H1 平台开发工程立项时的目标市场定位与销量预期。从 2019 年和 2020 年各细分市场的销量来看，各产品市场表现不一，与原预期值相比有超越目标的产品，也有不达预期目标的产品，下面分不同市场产品做具体分析。

表 8-1 H1 平台开发工程系列产品销量（单位：台）

机型	2016 年	2017 年	2018 年	2019 年	2020 年 1~6 月	累计
WP9H	9	613	3 169	7 509	5 648	16 948
WP10H	32	27 782	54 976	59 326	41 326	183 442
WP10.5H			92	14 469	29 279	43 840
WP10HNG				1 347	2 610	3 957
WP10.5HNG					1	1
合计	41	28 395	58 237	82 651	78 864	248 188

表 8-2 2012 年 H1 平台开发工程立项时的目标市场定位与销量预期

目标市场	2020 年预期	
	市场容量预期/辆	潍柴销量预期/台
290~350 马力牵引	80 000	24 000
290~350 马力自卸	80 000	28 000
290~350 马力载货	15 000	4 500
8~10 方搅拌	55 000	22 000

目标市场	2020 年预期	
	市场容量预期/辆	潍柴销量预期/台
25～50 吨起重机	25 000	15 000
35 吨以上挖掘机	25 000	1 250
10～11.5 米客车	18 000	9 000
合计	298 000	103 750

在牵引车市场，H1 平台开发工程立项原定位是 290～350 马力牵引车市场，主要是港牵和中短途牵引车两个细分市场。港牵市场，年均新车销量 2 万辆左右，市场规模小、年度波动大，H1 平台相应产品介入不深。中短途牵引车，以煤炭运输车最为典型，立项初期，市场对发动机功率的需求集中于 300～350 马力段。随着动力需求的不断提升，主流功率段有望提升至 375～400 马力，并逐步向 430 马力发展。基于以上研判，排量 8.8 升的 WP9H 上市之前，就主动将其升级至 9.5 升 375 马力和 400 马力两款机型。从 WP9H/10H/10.5H 三款产品总体看，H1 平台开发工程立项在牵引车市场的定位是准确的，仅 WP10H 一款产品，目前的实际销量完成情况就远超出了当初的销量预期。

在自卸车市场，H1 平台开发工程项目立项之初，渣土车超载工况多，动力需求相对高，需要配套 9.5 升 WP10H 产品。随着治超法规日趋严格，全国范围内对渣土车实行越来越严格的治理，整个自卸车市场逐步转为轻量化标载车型。对于轻量化标载车型，H1 平台开发工程产品适配空间较小。

在搅拌车市场，H1 平台开发工程项目立项之初，原先的搅拌车以 12～16 方超载工况为主，H1 平台开发工程的原定位是替代 WP10.336 老产品。2018 年以来，各地方陆续严格执行法规标准，搅拌车市场快速、批量向标方化发展。对于标方搅拌车型的需求，WP9H 只适配于部分山区道路与微超载市场，但该车型市场容量较小。

在载货车市场，目前，290～350 马力段的主流竞品是 7～8 升机型，H1 平台开发工程产品在重量、成本方面不具有优势。8×4 载货车市场，对动力的需求已经升级至以 430～460 马力为主，原规划的市场定位已不适用。该市场整车品牌基本被一汽解放汽车有限公司、东风商用车有限公司垄断，动力配套自产发动机，H1 平台产品的市场空间较小。

在起重机市场，WP9H/10H 产品自 2017 年开始切入起重机市场，销量和市场份额逐年增加，2019 年销售 5972 台。主要应用于 25～80 吨汽车起重机产品，在 25 吨和 35 吨汽车起重机上表现尤为突出，多款受市场欢迎的车型均采用 WP9H 动力，如三一 STC250H，STC350T，STC400T，中联 ZTC350 等。H1 平台开发工程产品的市场定位及执行情况完全符合目标制定时的预期。

8.3.1.2 H1 平台开发工程产品性能评价

H1 平台开发工程立项之初，对工程项目柴油机要达到的技术性能指标和参数设置了具体的定量目标，具体如表 8-3 所示。此外，还设置了技术性能满足用户要求、技术性能优于竞争对手、技术性能优于同类产品及技术性能达到国际先进水平等定性目标。下面将分产品对 H1 平台开发工程产品的性能目标实现情况进行具体分析。

表 8-3 H1 平台开发工程项目柴油机要达到的技术性能指标和参数

主要参数	单位	H1 工程项目柴油机					
发动机型号		WP9H			WP10H		
排量	升	8.8			9.5		
缸数×缸径×冲程	毫米	6×116×139			6×116×150		
额定功率	千瓦（马力）	228（310）	247（336）	257（350）	257（350）	276（375）	294（400）
额定转速	转/分	1900			1900		
最大扭矩	牛米	1500	1600	1700	1700	1800	1900
最大扭矩转速	转/分	1000～1400		1100～1400	1000～1400		1200～1300
额定点燃油消耗率	克/千瓦时	≤215			≤215		
最大扭矩点燃油消耗率	克/千瓦时	≤195			≤195		
噪声水平	1米处分贝	96			96		
B10 寿命	千米	180 万					

1）H1 平台开发工程国内牵引车整车性能评价

WP9H、WP10H 共完成 40 余次 NVH 试验，涵盖陕汽、中国重型汽车集团有限公司（以下简称重汽）、一汽解放青岛汽车厂（以下简称青汽）、北汽福田汽车股份有限公司（以下简称福田）、东风柳州汽车有限公司（以下简称柳汽）、安徽江淮汽车集团股份有限公司（以下简称江淮）、大运汽车股份有限公司（以下简称大运）、徐州徐工汽车制造有限公司（以下简称徐工）、北奔重型汽车集团有限公司（以下简称北奔）、湖南汽车制造有限责任公司（以下简称三一）等主机厂，具体如表 8-4 所示。NVH 性能表现总体在良好水平及以上。

表 8-4　H1 平台产品在牵引车主机厂 NVH 性能表现

主机厂	整车 NVH 性能表现	主机厂	整车 NVH 性能表现
陕汽	良好	江淮	良好
重汽	优	大运	良好
青汽	优	徐工	良好
福田	良好	北奔	良好
柳汽	良好	三一	良好

此外，通过国内市场走访，获取 WP10H 牵引车整车标载平均油耗为 32～34 升，该水平的油耗得到客户的认可，具体数据如表 8-5 所示。

表 8-5　WP10H 牵引车整车经济性

品牌	车牌号	整车配置	用途	路况	平均车速/（千米/小时）	运行里程/万千米	平均油耗/（升/100 千米）
悍 V	鲁 PP7003	12TA+3.7	拉煤	高速	80～90	27	33.5
悍 V	鲁 PN2106	12TA+3.7	去程配货回程拉煤	高速	80～90	10	32.2
悍 V	鲁 PM6189	12TA+4.11	去程配货回程拉煤	高速	80～90	33	34.1

注：上述数据来源于 WP10H.400 市场走访数据

2）H1 平台国内起重机车整车性能评价

在动力性方面，WP9H 在 25 吨产品上主要竞品为 SC9DF，当前市场常用配套机型参数对比如表 8-6 和表 8-7 所示，WP9H 在大扭矩的转速范围更低，覆盖范围更宽，动力总成配置相同情况下，整车起步加速性能优于竞品。

表 8-6　H1 平台开发工程产品在主机厂 NVH 性能表现

机型	单位	SC9DF	WP9H
排量	升	8.8	8.8
额定转速	转/分	1900	1900
额定功率	千瓦	220	228
最大扭矩	牛米/（转/分）	1500/（1200～1500）	1500/（1000～1400）

表 8-7　H1 平台开发工程起重机整车加速性能对比

项目	WP9H	SC9DF	对比
起步连续换挡加速至 70 千米/小时时间（秒）	71.5	77.2	+
20%标准坡半坡起步	3 档起步	2 档起步	+

在经济性方面，通过对比试验，主要油耗数据如表 8-8 所示。H1 机型与竞品相比经济性优势不明显，尤其是怠速空载工况，需进行针对性优化。

表 8-8　H1 平台开发工程起重机整车经济性能对比

项目	转速	SC9DF	WP9H	对比
4 倍率 8.5 吨单次吊装油耗/（升/次）	650 转/分	0.10	0.08	+
	750 转/分	0.10	0.10	=
	800 转/分	0.11	0.10	+
怠速空载油耗/（升/小时）	650 转/分	1.85	1.83	+
	750 转/分	1.93	1.98	−
	800 转/分	2.32	2.32	=

3）H1 平台产品海外整车性能评价

WP9H 欧 V 发动机自 2016 年进入越南市场，首次配套长海的 12 米旅游车，市场表现优异，赢得了客户良好的口碑，目前已累计配套 1200 余台，未出现批量及重大质量事故，动力性、经济性、NVH 等性能优势明显。与主要竞品技术指标对比如表 8-9 所示。

表 8-9　WP9H 柴油机与典型国外竞品技术指标对比

项目		Hyundai 现代		潍柴
指标	单位	D6CK41E4	D6CK38E4	WP9H
排量	升	12.742	12.742	8.8
额定转速	转/分	1900	1900	1900
额定功率	千瓦	301.5	279	257
最大扭矩	牛米	1796	1452	1700
最低油耗	克/千瓦时	—	—	185
1 米噪声	分贝			96
排放标准	—	欧Ⅳ	欧Ⅳ	欧Ⅴ

WP10H 欧Ⅴ发动机自 2019 年进入独立国家联合体市场，首次配套明斯克的谷物运输车，是 WP10H 产品在独立国家联合体的首次小批量应用配套。市场表现良好，前期配套 101 台，未出现批量及重大质量事故。与主要竞品技术指标对比如表 8-10 所示。

表 8-10　WP10H 柴油机与国外同类产品技术指标比较

项目		Hyundai 现代	潍柴
机型	单位	YAMZ-6531	WP10H
排量	升	11.12	9.5
额定转速	转/分	1900	1900
额定功率	千瓦	270	294
最大扭矩	牛米	1800	1800
最低油耗	克/千瓦时	192	192
1 米噪声	分贝	97	96
排放标准	—	欧Ⅴ	欧Ⅴ

下面为 H1 平台开发工程产品中 WP9H 和 WP10H 与其海外主要竞品在动力性、经济性、振动噪声和排放性方面的对比分析。

a. 动力性

WP9H 较竞品现代 D6CK 功率小，但最大扭矩优势明显。在越南 12 米旅游车市场，WP9H 发动机动力性可以满足客户需求。WP10H 发动机为了更好地满足用户对于动力性的要求，对发动机扭矩进一步提升，国内机型最大扭矩已提升到 1900 牛米，国外因认证问题，扭矩未进行提升，WP10H出口机型使用发动机扭矩为 1800 牛米，发动机动力性可以满足客户需求。

在升功率方面，WP9H 的竞品现代 D6CK 的升功率为 23.66 千瓦/升，WP9H 的升功率为 29.2 千瓦/升。在 WP10H 发动机竞品机型中，国外机型标定功率与升功率小于国内机型；国外机型升功率为 24.28 千瓦/升，WP10H机型升功率达到 30.95 千瓦/升。

在扭矩方面，WP9H 机型升扭矩达到 193 牛米/升左右，竞品现代 D6CK为 141 牛米/升。WP10H 国内机型最大扭矩较高，达到 1900 牛米，WP10H机型升扭矩达到 200 牛米/升左右，竞品机型为 162 牛米/升。

b. 经济性

WP9H 配套越南长海 12 米旅游车（总重 16.6 吨），在常用车速 50～90 千米/小时时，实车 100 千米油耗为 23 升左右。目前没有竞品现代 D6CK的油耗数据。因 WP10H 首次在明斯克应用，该车型当前只配套 WP10H车型，WP10H 和竞品 YAMZ-6531 最低油耗均为 192 克/千瓦时。

c. 振动噪声

WP9H 配套越南长海 12 米旅游车，整车 NHV 性能优异，在客户中形成良好口碑。目前无竞品现代 D6CK 的噪声数据。WP10H 米声压级（1 米）噪声为 96 分贝，YAMZ-6531 米声压级（1 米）噪声为 97 分贝，噪声略优于竞品。

d. 排放性

WP9H 和 WP10H 采用 SCR 路线满足欧 V 排放标准，竞品也采用 SCR路线满足欧 V 排放标准。

通过对 H1 平台开发工程产品牵引车、起重机性能及与海外主要竞品的性能对比分析可知，H1 平台开发工程产品技术参数完全达到了预期的目标，技术性能满足用户要求、技术性能优于竞争对手、技术性能优于同类产品及技术性能达到国际先进水平等定量目标也基本全部得以实现。

8.3.1.3 H1 平台开发工程实施过程评价

H1 平台开发工程于 2012 年 1 月 2 日开始，原计划 2015 年 6 月 30 日结束，按产品开发角度最终设计评审节点完成时间分析，该工程按时完成。

　　H1 平台开发工程是潍柴第一个完整执行 B701 开发流程的全新平台产品开发工程项目。在工程项目开发过程中，流程制度的不完善，在产品开发过程中优化流程导致了工程项目节点变更延期情况，其中机械开发评审调整 2 次，原定于 2014 年 6 月 30 日完成，实际 2015 年 3 月 17 日完成，延期 260 天；市场验证调整 4 次，原计划 2015 年 6 月 30 日完成，实际 2017 年 8 月 30 日完成，延期 792 天（表 8-11）。H1 工程项目开发过程中，开发流程变更，增加了扩大道路耐久试验，导致市场验证节点延期 10 个月，但是后期又因为研发成本取消了扩大道路耐久试验，然而市场验证节点也未相应提前。经审查，工程项目节点调整流程符合公司制定的《研发项目管理办法》要求，工程项目变更材料完整、变更流程规范。

表 8-11　H1 平台开发工程项目开发过程中关键节点变更情况表

序号	计划内容	计划完成时间	实际完成时间	调整次数
1	概念设计过程	2012.8.31	2012.8.20	0
2	布置设计过程	2013.2.26	2013.2.26	0
3	详细设计过程	2013.5.30	2013.5.30	0
4	性能开发	2014.1.31	2014.1.31	0
5	机械开发	2014.6.30	2015.3.17	2
6	最终设计评审	2015.4.24	2015.4.3	0
7	市场验证	2015.6.30	2017.8.30	4

8.3.1.4　H1 平台开发工程成本效益评价分析

　　表 8-12 为 H1 平台开发工程系列产品的销量、营业收入、成本、研发费用、工艺投资及净利润相关数据。从表 8-12 可知，H1 平台开发工程从 2012 年开始投入资金进行研发，2016 年平台工程系列产品开始量产并产生营业收入。扣除当年研发费用和工艺投资，2017 年开始实现盈利，当年净利润额高达约 3.2 亿元。2018 年和 2019 年净利润进一步快速增长，分别实现净利润约 7.1 亿元和 8.5 亿元。综合工程项目成本收益，折现率取 10%，内部收益率（静态）高达 76%，内部收益率（动态）为 60%，工程项目的

收益良好，远远超出毛收益率 25%的预定目标。

表 8-12 H1 平台开发工程系列产品成本效益分析表

项目	2012 年	2013 年	2014 年	2015 年	2016 年	2017 年	2018 年	2019 年
销量/台					41	28 395	58 237	82 651
收入/万元					323.88	213 860.74	432 352.79	572 333.27
成本/万元					305.56	165 699.27	304 644.45	417 517.47
研发费用/万元	2 310.52	3 199.76	2 539.09	1 377.87	1 531.25	4 388.50	4 925.44	5 407.91
工艺投资/万元			195.79	2 312.24	3 875.70	1 096.14	7 645.04	23 569.66
净利润/万元	−2 310.52	−3 199.76	−2 539.09	−1 377.87	−1 533.50	32 871.11	70 558.92	85 252.57
收益率				内部收益率（静态）：76%			内部收益率（动态）：60%	

8.3.1.5 H1 平台开发工程制造工艺评价分析

H1 平台开发工程柴油机批量生产工艺开发方案于 2015 年 6 月 23 日由公司决策批复实施，该工程项目于 2015 年 6 月开始建设，建设周期为 24个月。工程项目建设目标为 H1 柴油机达到机加工年产能 3 万台，装试产能不低于 10 万台的生产能力。

2013 年 1 月，在铸锻公司大件二车间进行机体样试工艺开发，在铸锻公司中件二车间进行缸盖样试工艺开发。2016 年开始对铸锻公司大件三车间进行改造，满足 H1 工程项目机体、缸盖批量生产。目前，H1 机体毛坯在铸锻公司大件二车间、大件三车间、大件四车间批量生产，缸盖毛坯在铸锻公司大件四车间批量生产，均具备年产 20 万台以上的能力。

H1 平台开发工程项目负责气缸体和气缸盖关键工序的半精加工和精加工，其余加工内容全部外协。设备选用以加工中心为主，关键工序采用进口专机，辅机采用国产成熟设备，达到了设计能力，满足设计要求，产能规模达到预期生产水平。工程项目工艺技术方案成熟可靠，技术水平处于国内领先水平，为实现产品量产并满足未来市场需求提供了坚实的基础和有力的支持。

8.3.1.6　H1 平台开发工程目标达成度综合评价

H1 平台开发工程结束后，潍柴成立以发动机规划研究院为牵头单位的工程项目目标评价小组，评价小组成员包括公司层级分管领导、发动机研究院、运营、市场、采购、工艺和财务等部门核心骨干及外围业内专家。工程项目评价小组在上文定量分析的基础上，通过物元可拓评价模型对 H1 平台开发工程的目标达成度进行定量综合评价，具体过程包括以下四步。

第一步：确定评价物元。

通过德尔菲法确定 H1 平台开发工程目标达成度评价指标体系、各指标权重及专家根据确定的指标体系给 H1 平台开发工程的目标达成情况进行打分。通过德尔菲法得出市场表现、技术实用性、成本效益情况和制造工艺为评价 H1 平台开发工程目标达成度的四个一级指标。市场表现一级指标下设市场销量预测准确性和市场价格预测准确性两个二级指标；技术实用性一级指标下设技术性能是否满足用户要求、技术性能是否优于竞争对手、技术性能是否优于同类产品及技术性能是否达到国际先进水平四个二级指标；成本效益情况一级指标下设毛利率预测准确性、内部收益率预测准确性和投资回收期预测准确性三个二级指标；制造工艺一级指标下设是否满足立项时生产能力的要求、工艺交付的效率和是否在规定的时间内投产三个二级指标。各指标的权重和具体得分具体如表 8-13 所示。

表 8-13　目标达成度评价指标、权重和得分一览表

一级指标	权重	二级指标	权重	得分
市场表现	0.25	市场销量预测准确性	0.1500	70
		市场价格预测准确性	0.1000	80
技术实用性	0.20	技术性能是否满足用户要求	0.0800	90
		技术性能是否优于竞争对手	0.0600	90
		技术性能是否优于同类产品	0.0400	90
		技术性能是否达到国际先进水平	0.0200	90

续表

一级指标	权重	二级指标	权重	得分
成本效益情况	0.35	毛利率预测准确性	0.1575	30
		内部收益率预测准确性	0.1225	10
		投资回收期预测准确性	0.0700	0
制造工艺	0.20	是否满足立项时生产能力的要求	0.1200	95
		工艺交付的效率	0.0400	95
		是否在规定的时间内投产	0.0400	95

第二步：经典域和节域的确定。

评价实施过程中指定"非常高""高""一般""低""非常低"共五个目标达成度等级（依次用 AA、A、B、C、D 表示），各达成度方法的等级及标准如表 8-14 所示。经典域依次为(80,100]、(60,80]、(40,60]、(20,40]、(0,20]，确定节域为(0,100]。各个步骤的计算均利用 Excel 完成。

表 8-14　目标达成度方法的等级及标准

内容	等级	评分值	标准
非常高	AA	81～100	完全实现或超过目标；和成本相比较，总体效益非常重大
高	A	61～80	目标大部分实现；和成本相比较，总体效益很大
一般	B	41～60	某些目标已实现；和成本相比较，取得了某些效益
低	C	21～40	实现的目标很有限；和成本相比较，取得的效益并不重要
非常低	D	低于 20	未实现目标；和成本相比较，没有取得任何重大效益，项目放弃

第三步：单指标关联度计算。

按照物元可拓评价模型中关联函数及关联度的计算方法，单指标关联度计算得到的结果如表 8-15 所示。

表 8-15　目标达成度评价指标各等级的关联度及评估等级

评价维度	非常高	高	一般	低	非常低	等级
市场销量预测准确性	-0.250	0.500	-0.250	-0.500	-0.625	A
市场价格预测准确性	0.000	0.000	-0.500	-0.667	-0.750	AA
技术性能是否满足用户要求	0.500	-0.500	-0.750	-0.833	-0.875	AA

评价维度	非常高	高	一般	低	非常低	等级
技术性能是否优于竞争对手	0.500	− 0.500	− 0.750	− 0.833	− 0.875	AA
技术性能是否优于同类产品	0.500	− 0.500	− 0.750	− 0.833	− 0.875	AA
技术性能是否达到国际先进水平	0.500	− 0.500	− 0.750	− 0.833	− 0.875	AA
毛利率预测准确性	− 0.625	− 0.500	− 0.250	0.500	− 0.250	C
内部收益率预测准确性	− 0.875	− 0.833	− 0.750	− 0.500	0.500	D
投资回收期预测准确性	−1.000	−1.000	−1.000	−1.000	0.000	D
是否满足立项时生产能力的要求	0.250	− 0.750	− 0.875	− 0.917	− 0.938	AA
工艺交付的效率	0.250	− 0.750	− 0.875	− 0.917	− 0.938	AA
是否在规定的时间内投产	0.250	− 0.750	− 0.875	− 0.917	− 0.938	AA

第四步：综合关联度计算和等级评定。

指标综合关联度计算得到的结果如表 8-16 所示。

表 8-16　指标综合关联度及其评价等级

评价维度	非常高	高	一般	低	非常低	等级
市场表现	− 0.038	0.075	− 0.088	− 0.142	− 0.169	A
技术实用性	0.100	− 0.100	− 0.150	− 0.167	− 0.175	AA
成本效益情况	− 0.276	− 0.251	− 0.201	− 0.053	0.022	D
制造工艺	0.050	− 0.150	− 0.175	− 0.183	− 0.188	AA
综合评价	− 0.076	− 0.119	− 0.157	− 0.124	− 0.107	AA

综上，通过物元可拓模型评估 H1 平台开发工程目标达成度的综合等级为 AA，结果显示该工程的目标达成度非常高。

8.3.2　H1 平台开发工程目标提升度评估

在 CLICK 理论模型中，king 所指的目标是动态的，在当前目标已经达成的情况下，需要针对现有目标进行提升度评估并设置合适的、更高层级的目标，开启新一轮周期的 CLICK 循环，通过新目标的不断实现，达到追求卓越、成为行业标杆的目标。本节将在对 H1 平台开发工程目标达成度分析的基础上，从 H1 平台开发工程项目的资源保障能力、技术提升性和盈利潜力三个维度对 H1 平台开发工程的目标提升度进行分析和综合评价。

8.3.2.1　研发资源评价分析

H1 平台开发工程建设方案符合先进、合理、适用的原则，并且采用了新工艺、新设备、新技术。工程项目建设完成后，产品质量、劳动生产率、环保措施等方面均能够达到国内一流水平，为潍柴 WP9H/10H/10.5H 机型市场竞争力的提升提供了生产和技术支撑。针对 H1 平台开发产品持续改进，在发动机技术研究院设置了 H1 产品平台室；平台室牵头产品线和项目线，四个资源面科室及产品试验中心辅助平台进行开发。产品试验中心拥有国际先进的发动机试验平台，86 个零部件试验台架，具备全面的关键零部件性能及耐久试验能力，多个资源科室具备仿真计算能力（500 多人的仿真计算团队）、动力总成整车虚拟开发能力、性能标定及整机可靠性开发能力，可以及时地根据市场变化对现有发动机进行更新升级。

8.3.2.2　发动机结构技术先进性分析

H1 平台开发工程开始于 2012 年，根据当时 AVL 设计理念共同开发，采用了先进的高效逆向冷却技术，采用了整体式缸盖与进气管模块化设计，结构紧凑，系族化开发了 8.8 升、9.5 升和 10.5 升三个排量。相对于目前的主要竞争对手及潍柴下一代开发的产品，顶置凸轮轴没有应用，爆压提升能力不足，能满足国Ⅶ排放要求，针对 10.5H 产品，产品扩缸导致产品性能可靠性等较差，等待市场验证。

8.3.2.3　电子电控零部件技术储备分析

提前对各种发动机先进技术，如电控水泵、电控风扇、可变流量机油泵、电控节温器、离合器空压机等先进零部件进行研究，提前储备，可以对这些技术理解更加透彻，将产品推向市场时会更加顺利，缩短研发所用周期，更好地满足客户需求。当市场需求紧急时，产品开发周期紧、任务重，如果关键零部件技术成熟度不够，就需要在工程项目开发过程中进行技术摸索，就会增加产品开发失败风险，导致工程项目延期。即便是采用应急措施进行改进，也会因为开发周期短、问题未充分暴露等，开发出的产品也是故障率高、问题多。

H1 平台开发工程在研发时采用压缩释放式排气制动新技术，因为自身技术储备不足，只能采用皆可博排气制动设计，与供方协同开发。在开发过程中出现排气制动摇臂活塞开裂故障，导致机械开发评审延期 2 个月、市场验证延期 6 个月。通过 H1 平台开发工程，公司建立了压缩释放式制动系统开发等试验规范，提高了公司的设计水平和技术能力。目前公司已加强电控零部件、高压共轨燃油系统轨压控制、先进增压系统及后处理排放等关键技术的前沿性和实用性研究，并初步建立相应的零部件成熟度机制，成熟度满足要求的技术就可直接应用到产品开发中，避免在产品开发过程中才验证技术可行性，从而提高产品开发成功率。

8.3.2.4 H1 平台产品盈利潜力分析

2020 年受新型冠状病毒肺炎（以下简称新冠肺炎）疫情的影响，世界经济增长呈现较为明显的下行趋势。目前国内经济仍处在结构调整的关键阶段，传统产业在去库存、去产能，短期对工业下行产生了压力。另外，前期增长比较快的汽车、手机等行业，市场容量进入了调整期。2020 年 8月，中国制造业采购经理指数为 51.0%，比 7 月略降 0.1 个百分点；从分类指数看，在构成制造业采购经理指数的 5 个分类指数中，生产指数、新订单指数和供应商配送时间指数均高于临界点，但原材料库存指数和从业人员指数均低于临界点，说明制造业景气依然偏弱，制造业仍面临较大下行压力。但考虑到政府宏观政策的逆周期调节，短期来看，2020 年 1～8 月，商用车产销分别完成 325.6 万辆和 326.3 万辆，产销量比上年同期分别增长19.3%和 17.3%。商用车行业是 H1 平台产品的重点需求领域，从上半年销售数据看，新冠肺炎疫情对 H1 平台产品的短期影响有限，甚至产生了一定程度的促进作用。

从经济增长的中长期趋势来看，"十四五"时期（2021～2025 年）是中国经济由中等收入阶段迈向高收入阶段的关键时期。其间，中国经济增长动力机制转换将迎来新的阶段，消费将成为高质量发展的主动力，资本从城市到乡村"逆流"，新型基础设施建设将带来巨大的投资需求，制度性交易成本有望下降，"一带一路"倡议等的增长带动效应将开始释放。同时，随着我国环境污染问题的凸显和可持续发展理念的转变，国家将加大对不合规、超重的车辆的处罚力度。2020 年 7 月 24 日，工业和信息化部、公安部、交通运输部、国家市场监督管理总局四部门联合发布了《关于开展货车非法改装专项整治工作的通知》，以落实三年行动计划，这必然催生很多客户对合规的、轻量化重卡车型的刚性需求。此外，地方政府对国Ⅲ柴油货车加速淘汰的力度加大，有些地区对国Ⅳ柴油车也开始实行限制；重卡离全面实现国Ⅵ标准的时间越来越近，国Ⅵ重卡车型销量逐渐在增加，上述宏观经济环境和行业监管政策变化为 H1 平台产品的畅销提供了政策上的支持。

针对 H1 平台而言，H1 工程项目建设方案符合先进、合理、适用的原则，并且采用了新工艺、新设备、新技术。工程项目建设完成后，产品质量、劳动生产率、环保措施等方面均能够达到国内一流水平，为潍柴WP9H/10H/10.5H 机型市场竞争力的提升提供了生产和技术支撑，H1 平台产品的年销量有望进一步增加，通过产品的规模效应和关键零部件的自供实现盈利水平的进一步提升。

8.3.2.5 H1 平台开发工程目标提升度综合评价

工程项目目标评价小组参照上文 H1 平台开发工程的目标达成度的评估程序，继续通过物元可拓评价模型对 H1 平台开发工程的目标提升度进行评价，具体过程包括以下四步。

第一步：确定评价物元。

通过德尔菲法确定 H1 平台开发工程目标提升度评价指标体系、各指标权重，以及专家根据各指标给 H1 工程项目目标提升度进行 0~100 打分。通过德尔菲法确定资源保障能力、技术提升性和盈利潜力为评价 H1 工程项目目标提升度的三个一级指标。资源保障能力一级指标下设研发资源保障能力、制造资源保障能力和外协资源保障能力三个二级指标。技术提升性一级指标下设发动机先进技术提升潜力、发动机结构先进性提升潜力和发动机关键零部件技术提升潜力三个二级指标。盈利潜力一级指标下设宏观经济、市场容量和降成本能力三个二级指标。各指标的权重和具体得分如表 8-17 所示。

表 8-17 目标提升度评价指标、权重和得分一览表

一级指标	权重	二级指标	权重	得分
资源保障能力	0.350	研发资源保障能力	0.400	90
		制造资源保障能力	0.300	80
		外协资源保障能力	0.300	80
技术提升性	0.400	发动机先进技术提升潜力	0.300	70
		发动机结构先进性提升潜力	0.400	80
		发动机关键零部件技术提升潜力	0.300	60
盈利潜力	0.250	宏观经济	0.300	70
		市场容量	0.300	80
		降成本能力	0.400	75

第二步：经典域和节域的确定。

目标提升度评价实施过程中指定"非常高""高""一般""低""非常低"共五个工程项目提升度等级（依次用 AA、A、B、C、D 表示），各目标提升度方法的等级及标准如表 8-18 所示。经典域依次为(80,100]、(60,80]、(40,60]、(20,40]、(0,20]，确定节域为(0,100]。各个步骤的计算均利用 Excel 完成。

表 8-18 目标提升度方法的等级及标准

内容	等级	评分值	标准
非常高	AA	81~100	完全超越目前目标水平；和当前目标相比，总体提升度非常大
高	A	61~80	大部分子目标可以超越当前水平；和当前目标相比总体提升度较大
一般	B	41~60	部分子目标可以超越当前水平；和当前目标相比，有部分可以提升
低	C	21~40	可以提升的子目标很有限；和当前目标相比，仅有微小可以提升
非常低	D	低于 20	几乎没有可以提升的子目标；和当前目标相比，没有提升的空间

第三步：单指标关联度计算。

单指标关联度计算得到的结果如表 8-19 所示。

表 8-19 目标提升度评价指标各等级的关联度及评估等级

评价维度	非常高	高	一般	低	很低	等级
宏观经济	−0.250	0.500	−0.250	−0.500	−0.625	A
市场容量	0.000	0.000	−0.500	−0.667	−0.750	AA
降成本能力	−0.250	0.250	−0.375	−0.583	−0.688	A
发动机先进技术提升潜力	−0.500	0.500	−0.250	−0.500	−0.625	A
发动机结构先进性提升潜力	0.000	0.000	−0.500	−0.667	−0.750	AA
发动机关键零部件技术提升潜力	−1.000	0.000	0.000	−0.333	−0.500	A
研发资源保障能力	0.500	−0.500	−0.750	−0.833	−0.875	AA
制造资源保障能力	0.000	0.000	−0.500	−0.667	0.500	AA
外协资源保障能力	0.000	0.000	−0.500	−0.667	0.000	AA

第四步：综合关联度计算和等级评定。

目标提升度指标综合关联度计算得到的结果如表 8-20 所示。

表 8-20 目标提升度指标综合关联度及其评价等级

评价维度	非常高	高	一般	低	非常低	等级
盈利潜力	−0.044	0.063	−0.094	−0.146	−0.172	A
技术提升性	−0.180	0.060	−0.110	−0.207	−0.255	A
资源保障能力	0.070	−0.070	−0.210	−0.257	−0.070	AA
综合评价	−0.058	0.015	−0.141	−0.209	−0.169	A

综上，通过物元可拓模型评估 H1 工程项目的目标提升度，结果等级为 A；结合上文中 H1 工程项目目标达成度综合评级为 AA 的结果，显示该工程项目不仅较高程度地实现了期初目标，还具有高的目标提升度。

8.4 本 章 小 结

在 CLICK 管理理论中，king 是指目标，具有指明方向的作用，不仅是 CLICK 模型中做正确事的出发点，而且为检查（inspect）和修剪（clip）

环节提供依据。在工程管理层面，king 指向的目标是动态变化的，通过不断实现当前的目标和超越更高层级的新目标，螺旋上升成为工程管理的标杆。

在运用 CLICK 理论进行工程管理实践中，当某项工程项目完成后，需要针对工程项目是否达到原来的预定目标、目标的实现程度，以及对原定目标的正确性、合理性和目标可提升性等内容进行评估，分析评估目标实现效果与预期要求之间的偏差及其产生的原因，为后期的工程项目目标的设定提供决策参考。在具体工程项目目标评估操作中，需要遵循整体与局部相结合，技术与经济相结合，领导、专家与群众相结合及规范与经验相结合的原则，通常可以从工程项目目标达成度和目标提升度两个维度进行评估。目标达成度是指目标实际完成情况与要求目标的符合程度；目标提升度则是指在现有目标完成情况下，结合内部资源和外部环境变化可以达到的潜在目标。工程项目目标评估的方法一般包括单指标评价、分类分析法、加权分析法及上述各种方法的结合等。本章在进行工程目标评价中主要采用了物元可拓方法，该种方法属于分类分析和加权分析法的综合评价方法。

本章在对工程管理目标评估的相关概念如目标评估的定义、目标评估的原则和方法进行简要介绍的基础上，以潍柴 H1 平台开发工程为例，介绍了 CLICK 模型中 king 环节的具体应用，即利用物元可拓方法，详细阐释了如何从目标达成度和目标提升度两个维度进行工程管理目标评估。在目标达成度方面，从平台系列产品市场表现、性能表现、工程项目实施过程、成本效益及制造工艺等方面对照期初目标进行了对比分析，并利用物元可拓模型对其目标达成度进行了综合评价。研究发现，H1 平台开发项目在制造工艺和技术方面目标达成度很高，只是市场销售预期和成本效益方面与预期目标有一定的偏差，但经过工程项目组及时调整，最终超预期实现了期初的目标。就 H1 平台开发工程项目整体而言，目标达成度综合评级为 AA 等级，较高程度实现了工程项目的期初目标。在目标提升度方面，从资源保障能力、技术提升性和盈利潜力等维度进行了分析，并通过物元可拓模型对 H1 平台开发工程目标的提升度进行了综合评级。研究发现，公司在资源保障能力的评级为 AA 等级，在技术提升性和盈利潜力方面的评级为 A 级，综合而言，H1 平台开发工程具有较高的目标提升潜力。结合 H1 平台开发工程的目标达成度和目标提升度评价结果，可以根据自身战略、宏观经济、市场状态、竞品情况等内外部因素，设置更高一级的 king 目标，开启新一轮周期的 CLICK 循环。

9 CLICK 理论模型应用——潍柴运营工程管理案例

　　面对企业规模扩大、国际化进程加快过程中遇到的难题和国内外知名公司运营管理体系的冲击，潍柴亟须建立一套独具特色的持续改进机制，营造出精益化管理的特色文化，形成不可复制的竞争力。在此背景下，集团开始推进 WOS 运营工程管理。成功实施的潍柴运营工程管理不仅获得了我国质量领域的最高荣誉——"中国质量奖"，而且该工程管理活动充分体现了 CLICK 理论模型的思想。

　　本章以潍柴运营工程管理为例，首先对其实施的背景进行介绍，其次根据 CLICK 工程管理理论模型，从 C、L、I、C′、K 的环境研判、要素属性识别直至目标达成度评价各流程，详细介绍该案例的具体实施过程。

9.1 案 例 背 景

　　WOS——潍柴运营系统，是承接企业愿景、使命、价值观，以 WOS 十项原则为统领，强调公司战略和指标的逐级分解，覆盖研发、制造、销售和管理等领域，兼收并蓄、内化提升，形成的一套涵盖标准管理和持续改进系统的综合管理模式。WOS 包含 3 个层次。其中 W，即潍柴（Weichai），WOS 模式是潍柴独特文化统领下的模式，是以落实潍柴的战略布局为目标的模式,潍柴愿景、使命、价值观指引着 WOS 的方向。从文化和战略的层面理解 WOS,可以发现潍柴"责任、沟通、包容"的主旨文化,以流程、指标、方法等具体形式落实在潍柴运营管理的方方面面,成为这一模式鲜明的特征。O 的意思是 operating,这个维度要检视潍柴的价值创造系统,其中的关键思想是潍柴全链条理念。潍柴的黄金产业链之所以能够产生巨大的产业价值,其根本就在于运营管理层面,各个系统良好的协调、管理、控制、优化过程,进而使企业层面的价值融合进了整个产业的庞大价值系统,实现了基于潍柴黄金产业链的价值创造,实现了质量优势向企业效益的转换。S,是体系(system),是方法,正是这些确保了整个管理模式的良好运行。同时这是一个开放的工具箱,任何实用的、符合战略需求的方法都可以加以利用,无论新旧还是本土外来的方法,潍柴自始至终保持开放包容的态度来学习接纳。潍柴运营工程不仅承接了潍柴成长的历史,总结了潍柴 20 年快速发展管理经验,而且为未来潍柴继续保持高质量成长打下了稳固的管理基石。

如图 9-1 所示,WOS 包括七大模块。从最高层次的企业愿景、使命、价值观,到运营原则、战略管理、关键绩效指标(key performance indicator,KPI)管理、价值链管理、制度流程标准的管理,再到绩效评价改进体系管理,WOS 是将这七大模块整合为一体的综合管理体系。它既强调每个模块方法论的完整性,也强调各个模块之间的逻辑关系、互动性和映射关系,更强调 WOS 闭环管理的整体性。

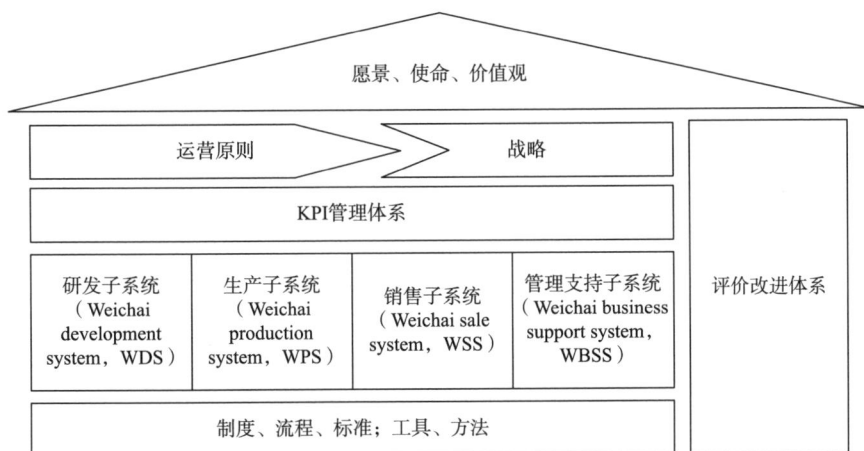

图 9-1 WOS——潍柴运营系统

七大模块的具体内容如下所述。

（1）WOS 的最顶层是企业的愿景、使命、价值观。

（2）第二层次中的运营原则是对企业愿景、使命、价值观的具体阐述，是指导企业运营的根本原则。

（3）战略在愿景、使命、价值观的指导下，在符合运营原则的前提下，构建一个经过缜密分析的、强调产业结构、强调核心能力构建和维护、强调优势互补、充分发挥内部协同效应的细致、可量化、可分解、可落地、可操作的详细的多年发展计划。

（4）KPI 体系是战略目标、战略规划的具体定性描述及量化呈现，KPI 体系基于战略而设计，覆盖战略主题涉及的各个运营领域。

（5）根据企业价值链，对运营的各大领域进行分解，形成 WOS 子系统，包括 WDS、WPS、WSS、WBSS 四大与企业价值增加直接相关的运营子体系。各子系统是企业最为重要、最为核心的业务领域；是落实指标，落实企业战略目标的主体所在；是贯彻落实，真正运用运营原则的实体所在。每个子系统有着不同的规范要求，但相辅相成，相互衔接。

（6）WOS 各子系统的规范性要求、优化流程后的成果、业务更新后的举措、风险应对的具体措施，终将落地、固化于"制度、流程、标准"中。管理过程的经验、创新、总结，将积累于"工具、方法"中。WOS 底层是整个运营模式中最为繁杂、最为细致、体量最为庞大，也是操作性最强、与实务联系最为紧密的部分。

（7）评价改进体系分为评价机制和改进机制两个部分，评价机制主要是对 WOS 的设计和执行有效性、经营目标的完成情况进行评价；改进机制主要是针对评价机制中发现的问题，找出改善点，通过一定的方法工具进行持续改进提升。它贯穿于第二至第五层次始终。

从 2009 年启动潍柴运营工程管理，至 2020 年已经顺利推进了 11 年。通过该工程管理活动，年均全员实施 66 000 余项现场改善工程项目，约 3000 多个技术革新成果。其中由员工实施的并用员工姓名命名的重大现场改善工程项目就有 60 多项，为企业增创效益高达亿元。2018 年潍柴以独创的"WOS 质量管理模式"获得我国质量领域的最高荣誉——"中国质量奖"，成为全国九家获中国质量奖组织奖中的单位之一。

潍柴运营工程管理项目充分体现了 CLICK 工程管理法则的内在逻辑，即用正确的方式做正确的事（correct）、配置合适的领导及团队（leader）、针对要素/指标类型进行检查（inspect）、对检查发现的问题进行修剪（clip）、始终朝着坚定的目标（king）努力奋进。如此螺旋上升，潍柴运营工程管理项目在实现每一阶段目标后，设置新的目标，进入下一轮 CLICK 循环，不断追求运营质量卓越，最终实现最佳管理实践。

9.2　案例分析

本节根据第 3～8 章阐述的 CLICK 工程管理理论，系统完整地分析该理论在潍柴运营工程管理活动中的具体应用。

9.2.1　Correct

根据 CLICK 工程管理理论，潍柴为确保 WOS 运营工程管理方向正确，首先对运营工程管理实施的环境进行研判，确定运营工程要素指标，并对要素属性进行识别。

9.2.1.1　环境研判

环境包括内外部环境，因此环境研判主要从运营工程实施的内部发展需要和工程实施所处的外部环境两方面展开。

1）工程实施的企业内部发展需要

作为当前中国综合实力最强的汽车及装备制造集团之一，潍柴前身可追溯到 1946 年，是位于山东威海的一家"几十根木桩撑起的一间大瓦房"、为解放军修理枪械的军工厂。2002 年，"三三制改革"基本完成，潍柴实现了主辅分离，各改制单位健康快速发展。2007 年之后，潍柴开启产品+资本双轮驱动的国际化发展之路。在全体潍柴人的不懈努力下，潍柴实现了跨越式成长。在此期间，为持续提升潍柴产品的质量、降低成本、缩短交付周期、提高市场占有率，公司引进了 ISO 9001、TS 16949、卓越绩效评价准则、全面预算管理、精益 6σ 管理、8D 等先进的管理理念与方法，有效地支持了企业的管理提升。随着集团业务的不断扩张，潍柴致力于打造成为实力雄厚的跨国性集团公司，潍柴在迈出国际化步伐，输出资金、资源、人才的同时，也迫切需要将自己的管理经验、管理思想一并输出；在以一整套完整的体系为载体，不断改进和提升绩效的同时，潜移默化地输出自己的核心价值观，并实现集团管控。管理层已经认识到，除了优质的产品、可靠的质量等要素之外，潍柴集团的核心竞争力一定需要体现在内部的高效管理上，需要体现在管理经验和管理思想的总结、落地和传播，因为这才是造就优质产品、可靠质量、成本优化的前提条件。面对新的历史机遇与挑战，集团公司又提出了"打造全球领先、全系列、全领域动力提供商，建设超级动力研发制造基地，综合实力达到全球发动机行业领先水平，进入世界 500 强"的宏伟目标。为了实现这个目标，企业必须立足运营全过程大质量概念，建立统一的指标、标准流程和评价改进体系，并通过数据化、可视化、持续优化，保障准时、高效、高可靠的精益制造过程，保障大规模制造条件下的个性化客户需求。

然而，随着企业规模的扩大和国际化进程的加快，分、子公司呈现文化与管控模式的多元化，集团分、子公司运营及管控难度显著加大。企业面临着诸多管理文化和模式方面的难题。对比世界先进企业，效率偏低、成本偏高仍是潍柴成功路上的一道关卡。过去长期拉高产掩盖了一些问题。表面上是管理粗放，深层次的原因是基础管理支撑力不足。例如，公司在质量管控、质量创新、品牌建设等方面虽然采取了大量的措施，取得了显著的经济和社会效益。但是在国际化进程中，面临地域不同、文化不同、股权不同和发展程度不同等现象，以原有的管控体系应对复杂的国际化和多元化形势，是很大的考验。随着企业发展壮大，基础管理薄弱、数据分析低效等问题慢慢显露出来。在跨部门解决质量问题时，往往得不到预期的效果，质量问题解决效率低下，各部门沟通不畅和推诿成为有效进行质量管理的瓶颈。因此夯实管理基础、提升管理水平和企业综合竞争力迫在眉睫。在此背景下，潍柴亟须开展运营工程管理活动，将各个管理体系整合起来，形成一整套可落地、可输出、可评价的运营管理模型。该工程管理活动可以输出集团共同遵守的行为准则和工作方式，同时建立起科学有效的评价改进体系，持续推动集团走向卓越，实现从输血到造血的过程。在集团范围内，帮助下属单位寻找目标差距，通过输出管理体系，提升业绩绩效，提高管理能力，在共赢中实现集团管控。

2）外部环境

在调研、参观世界著名企业过程中，潍柴发现其中很多企业已有自己的管理模式，而潍柴仍处于借鉴学习先进方法的阶段，尚未形成适合自己的一套运营管理模式。如图 9-2 展示的国内外知名公司运营管理体系，潍柴主要竞争对手康明斯有着可以称得上业内最严苛的品质统一管理体系——康明斯运营系统（Cummins operating system，COS），以保证康明斯始终保持产品处于统一的高水平质量标准。世界上最大的提供技术和服务业务的跨国公司——通用电气公司在 20 世纪 90 年代中期开始采用 6σ 管理。6σ 管理是一种在保障顾客满意程度的前提下不断降低经营成本和周期的过程革新方法，它是借助改进组织核心过程的运行质量，进而提升企业盈利能力的管理方式，也是在新经济环境下企业获得竞争力和持续发展能力的经营策略。此后，6σ 经过通用电气公司的不断发展完善，从一种全面质量管理方法演化为行之有效的企业流程设计、改善和优化的技术，并开发出配套的适用于设计、生产和服务的新产品工具，继而与通用电气公司的全球化、服务化等战略匹配，成为全球追求管理卓越的主要手段与方法之一。

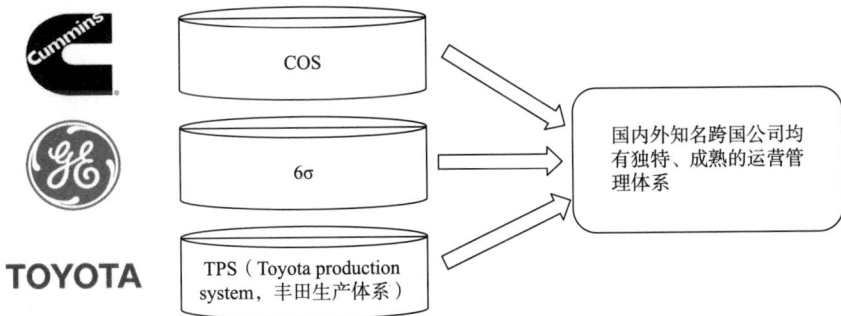

图 9-2 国内外知名公司运营管理体系

丰田的生产和管理系统始终是其核心竞争力和高效率的来源，也是世界其他公司经营管理方面学习模仿的标杆。尽管丰田管理模式得到世界的推崇和认可，每天到丰田参观的企业高管不胜枚举，但是没有企业通过学习该模式成为"第二个丰田"，这些参观者多是照搬照抄，难以取得理想的效果。

因此，仅仅是单纯地学习模仿很难适应潍柴自身的发展需要，为打造百年企业，永葆基业长青，潍柴亟须结合自身的发展现状和先进的管理方法，打造形成一套潍柴独具特色的管理体系，营造出潍柴管理的特色文化，形成不可复制的竞争力，需要有统一的核心价值理念、引领发展的战略愿景、灵活应对变化的能力，以及驱动进步的改革创新，以此实现对外输出企业核心价值观，统一发展战略引领各事业部、子公司，以统一的持续改进理念提升应对变化的能力和改革创新。为此，公司于2009 年 3 月正式启动了潍柴运营工程管理项目，以物流、信息流、资金流高效运行为核心，融入内控体系建设理念，全面理顺各种先进的管理工具，实现把正确的方法用于正确的对象，形成既能防控风险，又能持续改进的管理体系。

9.2.1.2　要素指标

CLICK 理论认为 C 阶段首先要确定影响工程管理活动目标实现的要素。根据本书要素的定义，要素是指影响管理目标实现程度的主要因素，它是反映工程管理活动的一系列指标综合作用的结果。在潍柴运营工程管理项目中，经过前期研判和专家评审，确定要素包括需求、产品质量、进度、信息管理、安全、采购、法律法规、工艺生产和价值管理。

以需求为例，其构成指标包括客户清单管理、客户协议签订率、客户满意度等。满足用户需求是潍柴运营工程管理的宗旨，也和潍柴"用户满意是我们的宗旨"的核心理念相契合。产品再优秀，如果不能满足客户需求，不能适应市场变化，都不能算是一个成功的产品。客户是产品的最终使用者和评价者，持续不断提供更可靠、更高效和更安全的产品和服务，并不断满足客户日益增长的能源需求与环保要求是企业存续发展的核心。提升运营工程管理，要把客户需求作为第一选择，不仅要提供客户需要的东西，还要提供给客户超预期的产品。

对于产品质量要素，其构成指标包括制程能力（制程能力是过程性能的允许最大变化范围与过程的正常偏差的比值）、6σ 收益等。ISO 9000：2000 将质量界定为"一组固有特性满足需求的程度"，因此确保产品质量是实现客户满意的基础。

对于信息管理要素，其构成指标包括企业资源计划使用情况、参与企业资源计划完善情况等。信息管理是潍柴运营工程管理项目得以成功实现的关键支撑。信息管理具有实现信息资源的有效利用，科学化管理和决策，辅助进行管理控制，推动组织结构扁平化改造，为员工及供应商提供及时、准确、可靠的信息，推动企业业务流程再造等多重重要功能。

对于采购要素，其构成指标有外部供应商成本、外部供应商产品质量、外部供应商交付等。一台发动机包含上千个零部件，不可能由一个企业包揽原材料开采加工直至产品生产，产品的最终完成需要众多供应商协同合作。潍柴与其供应商已经成为共同应对竞争、共同赢得顾客的命运共同体。因此，外部供应商成本、外部供应商产品质量、外部供应商交付均影响采购的质量和水平。

9.2.1.3　属性识别

要素的属性直接影响到工程管理活动的人员配置，最终会对管理活动结果产生决定性影响。根据 4.2.4 节的内容，应用德尔菲法识别该工程管理活动的要素属性。邀请市场、生产、研发、质量、应用、运营、战略部门与运营工程管理活动密切相关的 7 位骨干人员，按照德尔菲法的具体步骤，对潍柴运营工程管理的要素进行排序评分。最终，确定潍柴运营工程管理中（图 9-3），产品质量无论是关键性还是不可调整性均为最高等级，需求虽然非常关键，但是相比于质量，其不可调整性等级要弱一些。与需求相比，工艺生产、信息和价值的关键性依次降低。进度和采购属于关键性一般且不可调整性较低的要素；安全和法律法规为关键性较低但不可调整性高的要素。

9.2.2　Leader

在对 WOS 运营工程管理活动的要素属性进行识别后，下面详细阐述

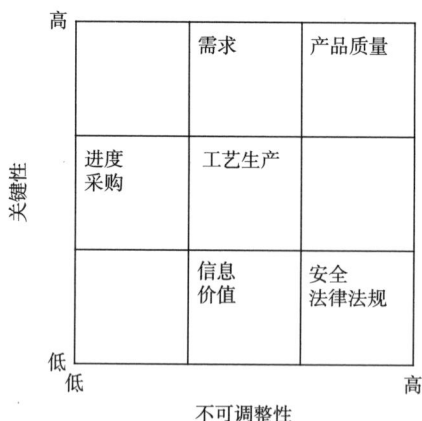

图 9-3　要素属性

WOS 运营工程管理实施过程中活动类型的判断，以及如何根据活动类型进行组织结构和人员的匹配。

9.2.2.1　活动类型

对于该项工程管理活动的类型争议较大。根据工程活动开展初期要素属性识别结果（图 9-3），要素的关键性与不可调整性分布较散，原因在于大家对这项工程活动性质的认识差距较大。虽然所有专家都认为这项工程对企业发展至关重要，但相当一部分专家认为，这项工程类似于企业信息化工程，不信息化在等死，而信息化等于找死，不确定性太大，风险太大，不宜集中企业优势资源全面展开，而应该逐步展开。通过多轮评估，最终达成共识，初期将这项活动界定为关键性一般且不可调整性一般的工程管理活动。

随着时间的推移、部分管理效果的取得和管理层对这项工程活动认识的深入，潍柴运营工程管理的重要性和紧迫性越发清晰。经过专家小组再次讨论，将该项工程从初期的关键性一般且不可调整性一般类型提升为关键性高且不可调整性高的活动类型。

9.2.2.2　组织结构

组织结构的选择取决于工程管理的活动类型。潍柴工程管理初始被定性为关键性一般且不可调整性一般的工程管理活动，故为其匹配的组织框架为项目型组织结构。由于后期该项目类型演变为关键性高且不可调整性高的活动类型，组织结构也由前期项目型组织结构演化为矩阵型组织结构，进而确保运营工程管理活动中相关部门的有效和广泛参与，为活动的顺利进行提供有效保障。

如图 9-4 所示，潍柴运营工程管理项目配备的项目型组织结构由指导委员会负责全面的领导与协调，由推进办公室负责该工程管理项目的协调与管理，并成立不同的功能组负责工程管理项目具体计划的组织实施，下设工厂管理组、现场管理组、质量管理组、制造技术组、采购管理组、物流管理组等 10 个功能组。

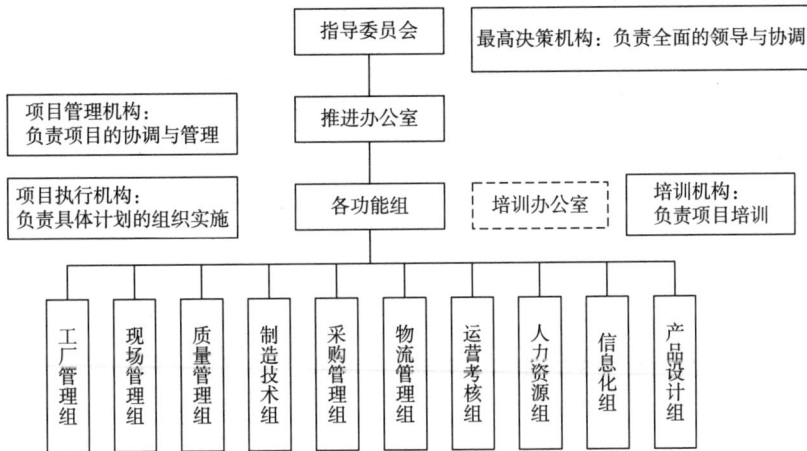

图 9-4 潍柴运营工程管理的项目型组织结构

┈┈┈ 表示虚拟组织

其中，WOS 指导委员会是指由公司高管人员组成的团队，具体由公司首席执行官、执行总裁及相关职能部门的主要领导构成。功能组是指由在运营管理中承担相关职能的人员组成的团队。

后期潍柴运营工程管理对应的矩阵型组织结构如图 9-5 所示，该活动仍由指导委员会统筹推进，但认为前期工程项目管理机构——推进办公室在组织授权、领导力方面都还不够，因此在推进办公室的基础上组建了专门的企业运营管理部，给予更高的组织资源的权力和协调力，来加速推进工程进展。其下组建了四大系统模块，即 WSS、WDS、WPS 和 WBSS，覆盖该工程活动的全运营链，拥有系统性、完整性、标准化、规范化等特点。各子系统要求规范、系统评价，共同构成研发质量、生产质量、销售质量和管理质量逻辑严密、契合统一的整体。

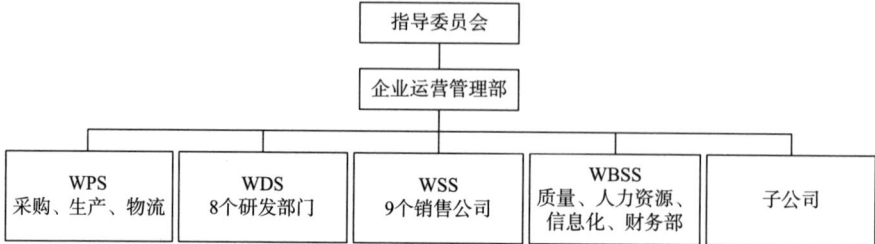

图 9-5　潍柴运营工程管理的矩阵型组织结构

WSS 强调的不仅是销售，更强调准确摸清、预测和锁定满足用户需求的关注点，引导质量和技术发展。WSS 立足引领需求，有效改进服务质量，建立系统的营销管理步骤和指标管控体系，保障内部管理的标准化。

WDS 不单强调产品提升，更强调满足客户需求的技术优势集合，不断研发出具有品质、技术、成本三大优势的产品组合。

WPS 规范生产制造秩序，确保卓越产品质量。通过建立起生产制造过程的安全、质量、交付、成本等维度的指标管控体系，实现了管理语言的统一；建立五层级会议管理与回顾制度，通过关注数据、指标趋势，发现管理异常，运用 6σ、8D、QC 等分析工具，找准管理短板，制定工程改善项目并实施固化，实现了生产制造过程数据驱动管理的持续改善机制；建立追求零浪费的标准作业体系，始终严守生产环节的产品质量。强调的不仅是产品实现，且要实现大规模制造条件下满足全球个性化定制需求[42]。

WBSS 强调的不仅是管控，更强调标准流程与改进方法的融合，以先进的手段、工具，实现对全过程的协调、统一、共享、支持。WBSS 不仅是产品质量管理的基石和保障，而且以先进的管理工具为手段，结合标准流程和持续改进方式，为业务全链条服务。

9.2.2.3　人员匹配

鉴于潍柴运营工程管理的活动类型在短期内演变为关键性高且不可调整性高的活动类型，根据 5.2 节内容，潍柴为该项工程管理活动匹配的领导班子需要具备最高的领导力、业务能力和组织授权。潍柴为此组建的组织结构中最高决策机构——指导委员会的主任为潍柴董事长，副主任为潍柴董事会成员，即配备的人员具备最高的领导力，且这些成员都是各自业务领域的专家，同样具备最高的业务能力。该工程管理项目由公司一把手组建指导委员会负责推进，因此各部门负责人具有高度的自主决策空间，即组织授权。这也契合了该工程管理活动关键性高且不可调性高的属性。

9.2.3　Inspect 和 Clip

在匹配好领导班子后，潍柴运营工程管理项目通过开展检查和修剪来确保各项工作落地。具体的检查方法根据要素/指标的性质确定，如对于可调整的进度、采购等要素的相关指标，可开展常规检查；而对于产品质量、安全、法律法规等不可调整性高的指标则需要通过现场审核进行专项检查。对于关键性高的产品质量、需求等要素的相关指标采用信息化数据平台、层级会议等形式进行高频检查。

针对检查发现的问题，需要根据偏差的可接受性和修剪的难易程度采取适宜修剪方案，如对于标识牌没有正确悬挂等偏差，只需进行常规修剪；而对于严重影响客户满意度的偏差，则需根据修剪难易程度进行进一步抉择。

9.2.3.1　维修状态标识悬挂规范问题的检查与修剪

1）问题描述

潍柴运营工程管理在加工班机床修理过程中出现了维修状态标识未悬挂的问题。

2）检查方法与分析

潍柴车间拥有各类生产制造设备，设备标识的正确、齐全对于设备的安全运行、员工的安全操作举足轻重。简单的标识清晰明确地记录了一台设备的名称、型号、参数、检修状态等。通过它，员工可以准确地确定机器设备何时该检修、何时应进行保养。没有它可能导致设备故障甚至人员伤亡，造成不可挽回的损失。

在该工程管理项目中，车间机器维修状态标识对应的安全要素属于关键性不高且不可调整性高的要素，可以采用三级巡检的方法进行高频专项检查。

　　作为一种现场巡查的管理工具，三级巡检包括班组巡检、车间巡检、工厂巡检（图 9-6）。三级巡检可以提高管理、监督者对作业现场的问题把握能力；管理、监督者可以帮助员工解决实际问题，成为领导与员工有效沟通的桥梁。

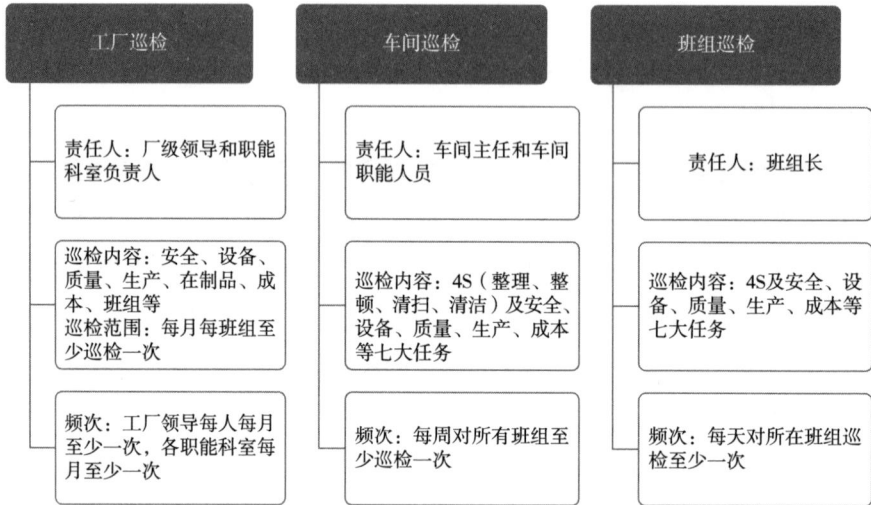

图 9-6　三级巡检的三个层次

　　三级巡检都是有侧重点的专项巡检，重点针对安全、设备、质量、生产、成本等进行巡查管理。在 2014 年 7 月 24 日的一次车间级巡检过程中，车间主任发现加工班机床修理过程中没有悬挂维修状态标识。

　　3）修剪方法的确定与实施

　　根据分析，维修状态标识未悬挂问题属于安全要素下的指标异常偏差，而安全要素的属性特征为关键性低且不可调整性高。由此判断，维修状态标识未悬挂问题这一偏差不可接受，需要依据修剪的难易程度制订修剪方案。

　　因为安全是生产车间的重点关注对象，修剪方法大都有预案，修剪难度相对较低。因此，该问题的修剪方案确定为 7.2.2 节"方案评估"中的方案三：修剪难度低，按照常规修剪后，返回检查。

　　车间主任针对该加工班机床修理过程中没有悬挂维修状态标识的问题给出了 2014 年 8 月 10 日前完成统一制定标识的整改意见。在完成修改后由整改人和检查确认人共同在车间级巡检记录表上签字确认。

9.2.3.2   车间机器异常的检查与修剪

1）问题描述

潍柴运营工程管理在日常生产过程中会经常出现一些工序操作不标准或者不到位的情况，如物料摆放位置不对、机器出现异常抖动等。

2）检查方法与分析

车间机器的正常高效运转是产品准时交付和产品质量的保障。在该工程管理项目中，车间机器运转情况对应的生产工艺要素属于关键性一般且不可调整性一般的要素，故可以采用层级会议方法进行高频常规检查。

层级会议是在 WOS 体系下，根据精简、高效、透明的准则，按从下到上的顺序逐层开展会议、反馈问题、解决问题的会议管理模式。WOS 层级会议机制，实现了从班组到集团的五层级组织标准化管理，固定时间、固定地点、固定人员和固定内容进行会议输入和输出，对各类指标和数据实时监控分析，加速各类问题的响应与解决[42]。

从会议层级上分类，会议分为五层。一层级会议，班组/工程项目/模块级；二层级会议，车间/科室级；三层级会议，分厂/分、子公司/部门级；四层级会议，跨职能/各系统；五层级会议，公司级。

层级会议负责人是指本层级会议的主持人。一层级负责人，班组长/工程项目组长；二层级负责人，车间/科室负责人；三层级负责人，分厂/分、子公司/部门负责人；四层级负责人，公司分管领导；五层级负责人，党委书记/董事长/总经理/首席执行官。

各层级负责人有着明确的管理职责。

一层级负责人负责组织召开一层级会议；负责调度当班次重点事项及工作；负责通报与总结上班次问题处理情况；负责收集工作中产生的问题，并汇总提报本级不能解决的问题；负责组织上级决议的落实工作。

二层级负责人负责调度本车间业绩和指标完成情况，对异常情况进行分析并提出应对措施；负责处理过去24小时的异常情况及跟踪前期问题完成情况；负责解决一层级会议反馈的问题，将不能解决的问题进行汇总提报；负责组织上级决议的落实工作。

三层级负责人负责调度本单位内部各项主要指标（安全、质量、生产、成本、人事等）的完成情况；负责制订和调度近期重点工作计划；负责调度持续改善工作；负责解决二层级会议反馈的问题，将不能解决的问题进行汇总提报；负责组织上级决议的落实工作。

四层级负责人负责调度各单位承担的主要指标运行情况；负责协调各单位本周期内的主要问题、资源需求等；负责调度本单位承担重点改善工程项目的完成情况；负责解决三层级会议反馈的问题。

五层级负责人负责调度各系统承担的主要经济指标运行情况；负责协调各系统本周期内的主要问题、资源需求等；负责解决四层级会议反馈的问题。

如表 9-1 所示，一至三层级会议每天都要召开，反馈过去 24 小时检查发现的问题，四层级会议和五层级会议的频率要低。会议结束后，会议牵头部门需将会上提出的所有问题及决议整理形成会议记录或纪要，经主持人签发后存档，同时确保所有相关人员可方便获取。

表 9-1　层级会议设置

会议类别		会议频次	会议时间	会议地点	会议形式	出席人
一层级		每班	班前会	一层级会议管理板前（生产现场）	站立式会议	班组当日出勤的全体人员
二层级	分厂/分、子公司车间或科室	每天	工作日 9：00～9：30	二层级会议管理板前（生产现场或者车间办公室）	站立式会议	车间/科室负责人+班组长+相关管理技术人员
	职能部室			办公室内层级管理板前		科室当日出勤的全体人员
三层级	分厂/分、子公司	每天	工作日 9：30～10：00	二层级会议管理板前（生产现场或会议室）	站立式会议	厂级领导+车间主任/科室经理+高级技师+相关管理技术人员
	职能部室					职能部室负责人+科室经理+业务骨干
四层级		周例会或月例会/每月度与季度触发式		会议室	座谈会	公司分管领导+相关分厂/分、子公司/职能部室负责人或指定人选
五层级		周例会或月例会或季度例会或年度会议或规定周期		会议室	座谈会	董事长/首席执行官+公司分管领导+相关分厂/分、子公司/职能部室负责人或指定人选

表 9-2 展示了一层级会议的记录情况示例,一层级会议检查反馈主要是班组、车间的具体操作问题。通过每天班前会可以及时发现车间在过去 24 小时存在的问题。例如,通过一层级会议及时发现车间存在下料挡料装置抬起不到位、摆称抖动严重和瓦盖拧紧机不能销的问题。发现问题后,班组立即着手对发现的问题进行了原因分析。车间操作工序都有标准的制度文件规定,且员工对日常存在的问题已有了一定的经验,因此班组通过将实际情况和标准进行对比并结合以往经验,可以很容易识别出下料挡料装置抬起不到位主要是因为风缸进水及操作员的动作异常,摆称抖动严重的原因是固定轮断震失败,瓦盖拧紧机不能销是由于开关位置不对。

表 9-2 一层级会议记录表

	问题发生地: 提出人: 提出时间: 2020 年 7 月 28 日 20 时	问题: 下料挡料装置抬起不到位 原因: 风缸进水 动作异常	会议决议 整改措施: 排空风缸内水,恢复正常	整改完成确认: 月 日 完成情况确认: 7 月 28 日 记录封闭确认: 月 日
2	问题发生地: 提出人: 提出时间: 2020 年 7 月 29 日 8 时	问题; 摆称抖动严重 原因: 固定轮断震失败	会议决议 整改措施: 1.重新制作固定轮 2.调整安装至合适位置	整改完成确认: 月 日 完成情况确认: 7 月 30 日 记录封闭确认: 月 日
3	问题发生地: 提出人: 提出时间: 2020 年 7 月 29 日 20 时	问题: 瓦盖拧紧机不能销 原因: 开关位置不对	会议决议 整改措施: 1.调整开关 2.调整高度及位置	整改完成确认: 月 日 完成情况确认: 7 月 29 日 记录封闭确认: 月 日

3)修剪方法的确定与实施

班组成员讨论认为机器异常问题这一偏差不可接受,需要依据修剪的难易程度制订修剪方案。根据分析可知,一层级会议识别出的车间工序问题大都有章可循,且修剪难度相对较低。因此,该问题的修剪方案确定为 7.2.2 节"方案评估"中的方案三:修剪难度低,按照常规修剪后,返回检查。

如表 9-2 所示，一层级会议决议给出了每个问题的整改措施。其中下料挡料装置抬起不到位问题在排空风缸内水之后即恢复了正常。摆称抖动严重问题在重新制作固定轮并调整安装至合适位置后得到了解决。瓦盖拧紧机不能销在调整开关的高度和位置后可以正常工作。一层级会议记录表中"整改完成确认"由整改责任人整改完后确认、签字。经过检查确认问题确实得到解决后由问题提出人对整改效果确认、签字。"记录封闭确认"由一层级会议主持人对问题整改封闭情况进行确认、签字。这些问题从提出到整改完成不超过 48 小时，高效的层级会议制度有效助力车间工作的顺利推进。三级巡检和层级会议的区别见表 9-3。

表 9-3 三级巡检和层级会议的区别

工具	三级巡检	层级会议
主旨	1.促进各级管理者提升问题意识 2.及时洞悉生产现场存在的各类问题 3.管理监督者帮助员工解决问题	1.促进相关问题的快速解决 2.提高会议效率
方式	自上而下指导	自下而上反映问题
流程	1.班组长、车间主任、厂级领导及管理技术人员定期在生产现场发现问题、解决问题 2.指定责任人限期整改	1.由本层级会议参会人员提出问题 2.本层级会议负责人对相关问题进行协调、处理 3.对可以在本层级解决的问题，直接记录入层级会议记录本即可 4.对于本层级不能协调的问题，书写在本层级版面上和记录本上，作为向上层级提出问题的输入
问题来源及特征	由班组长、车间主任、厂级领导及管理技术人员在现场巡检过程中发现的问题： 1.现场 4S 相关问题 2.生产现场员工行为规范与生产相关异常等问题 3.可责令相关人员限期整改	在召开各层级会议时，由会议的参与人员提出问题： 1.在生产过程中发现的安全、质量、成本、设备人事等方面的相关问题 2.在本职范围内无法解决需要上一层级会议协调的相关问题

9.2.3.3 进气门盘部掉块问题的检查与修剪

1）问题描述

2015 年 3 月 2 号收到潍柴质量反馈，2014 年整年三包拆检发现若干台发动机由于进气门失效（各缸均有发生）造成发动机损坏，导致退机。拆检发现进气门盘部掉块，气门断面均有折叠层。

2）检查方法与结果分析

潍柴始终以质量为管理的出发点和落脚点，长期坚持，不曾懈怠。根据本书 9.2.1 节中的 correct 环节分析，产品质量要素属于关键性高且不可调整性高的要素，故可以采用拆检的方法进行高频专项检查。潍柴拥有国内最大的服务网络，包括 43 个驻外维修服务中心、4368 家特约维修服务中心，服务网点遍布全国各省，能够将售后的质量信息快速有效地进行传替、反馈和快速处置[42]。2015 年 3 月 2 号潍柴售后出现客户因发动机损坏而退机的情况。如果不及时找出问题原因、挽回客户损失，不仅会给潍柴带来经济上的损失，而且会造成客户口碑下降，影响潍柴品牌和形象。因此，在出现客户退机情况后，售后处的员工马上对退机进行了拆检，检查发现导致发动机损坏的原因是进气门盘部掉块。

　　3）修剪方法的确定

　　产品是企业的保障，质量是企业的生命。鉴于质量要素的属性特征为关键性高且不可调整性高，质量出现问题是不能接受的。由此判断，进气门盘部掉块这一偏差不可接受，需要依据修剪的难易程度制订修剪方案。该问题无现成可借鉴的解决方案，且涉及部门较多，修剪难度很高。因此，该问题的修剪方案确定为 7.2.2 节"方案评估"中的方案六：修剪难度高，同时目标不能调整也不能放弃，此时集中资源进行非常规修剪，实现目标。为系统全面地处理该问题，质量部联合制造部、设计部、财务部等部门采用 8D 问题解决法进行了非常规修剪。

　　4）修剪方案的制订与实施

　　（1）组建问题解决小组。如表 9-4 所示，为解决进气门盘部掉块问题，成立的小组成员来自技术工程部、质量部、理化室等 6 个不同部门，且职务、职称均比较高。

表 9-4　小组成员

组内职务	姓名	工作内容	单位	职务、职称
组长	A	总协调	技术工程部	副总经理
组员	B	安排团队实施分析改进并跟踪修剪措施落实情况	质量部	经理
组员	C	气门失效分析及确定改进措施	技术工程部	高工、气门失效分析专家
组员	D	气门失效分析	理化室	工程师
组员	E	气门失效分析及提出改进措施	技术工程部	高工、潍柴工程项目经理

组内职务	姓名	工作内容	单位	职务、职称
组员	F	气门失效分析及提出改进措施	热加工车间	技术、质量主任
组员	G	改进措施实施	一区	区长
组员	H	改进措施实施	生产部	总经理助理

（2）确定可能原因。表 9-5 呈现了客户退机的部分原因，通过拆检发现出现进气门盘部掉块，断面有折叠层，活塞、缸套及缸盖等损坏，缸孔破裂，排气门断，活塞被串缸碎块损坏等情况。针对拆检发现的问题，小组成员采用鱼骨图的方式从材料、设备、人、方法、测量和环境 6 个方面对导致气门坏这一故障的原因进行分析。如图 9-7 所示，以材料为例，可能原因有锻造流线不合格、化学成分不合格、盘部硬度不合格和颈部粗糙度不合格。

表 9-5　退机原因

记录编号	退机原因	拆检情况	故障模式
201401146	五缸进气门破，损坏活塞缸套	1.第五缸进气门盘部掉块，断面有折叠层，活塞、缸套及缸盖等损坏，缸孔破裂，排气门断；2.活塞拉缸严重；3.没有气门捣活塞现象，活塞被串缸碎块损坏，轴瓦较正常	气门坏
201402005	四缸进气门损坏，损坏活塞缸套	1.第四缸进气门盘部掉块，断面有圆弧折叠层自然断面，活塞、缸套、缸盖等损坏；2.没有拉缸及气门捣活塞现象；3.其余较正常	气门坏
201403071	五、六缸进气门断，打破机体	1.五缸进气盘部掉块，断面有圆弧形折叠层，杆部弯曲，活塞、缸盖、喷油器及排气门损坏；2.六缸活塞、缸盖等被串缸碎块损坏，进气门断裂；3.没有气门捣缸化瓦及拉缸现象	气门坏
201405049	第五缸排气门断，损坏活塞等	1.高压泵已更换过；2.1～6 缸内有大量积水，锈蚀严重；3.第五缸进气门盘部掉块，断面有折叠层现象，排气门活塞、缸盖及喷油器损坏；4.没有气门捣缸拉缸及化瓦现象	气门坏
201405102	四缸进气门掉块，损坏活塞等	1.第四缸进气门盘部掉块，断面有多层折叠层，活塞、缸盖及喷油器等损坏；2.没有气门捣缸及活塞拉缸现象；3.其余较正常	气门坏
201408040	六缸气门断	1.第六缸进气门盘部掉块，断面有折叠层现象，杆部弯曲，杆部有偏漏现象；2.排气门从颈部碰断，杆部弯曲，缸盖、活塞、喷油器等损坏；3.没有气门捣活塞及拉缸现象	气门坏
201408078	二缸排气门打断	1.第二缸进气门盘部掉块，断头有折叠夹层及疲劳纹，排气门顶弯，活塞、缸盖损坏；2.没有气门捣活塞及拉缸化瓦现象；3.其余各缸正常	气门坏

续表

记录编号	退机原因	拆检情况	故障模式
201408105	五缸进气门破,损坏活塞等	1.第五缸进气门盘部夹层掉块,断面有圆弧状折叠层,活塞、缸盖、喷油器及排气门损坏;2.气门无捣活塞及活塞拉缸现象,气门无偏磨现象;3.其余缸被串缸碎块损坏	气门坏
201408152	第一缸进气门头部破损,损坏活塞等	1.第一缸进气门盘部掉块,断面有圆滑的弧状折叠层现象,杆部没有偏磨及捣活塞现象,活塞、缸盖及排气门损坏;2.其余缸被串缸活塞损坏;3.无气门捣活塞现象	气门坏
201409078	二缸进气门破,损坏活塞、缸盖	1.第二缸进气门盘部掉块,断面有折叠夹层,活塞、缸盖及排气门喷油器损坏;2.没有气门捣活塞及拉缸化瓦粘气门现象;3.其余缸活塞被串缸碎块损坏	气门坏
201409096	五缸进气门破,损坏活塞、缸盖等	1.第五缸进气门盘部掉块,断面为折叠夹层状;2.无气门捣活塞、拉缸及气门粘接现象;3.其余缸活塞被串缸碎块损坏	气门坏
201410156	六缸排气门掉块,损坏活塞等	1.第六缸进气门盘部掉块,断面为圆弧折叠夹层状,杆部正常;2.无气门捣活塞及气门粘接卡死现象;3.活塞、缸盖及喷油器损坏;4.其余四配套等磨损	气门坏
201411198	一缸进气门断,损坏活塞等	1.一、三缸工作不正常,有没工作现象,喷油器没油了;2.第一缸进气门盘部掉块,断面为折叠夹层,活塞、缸盖及排气门损坏;3.没有拉缸、气门捣缸及气门粘接现象	气门坏

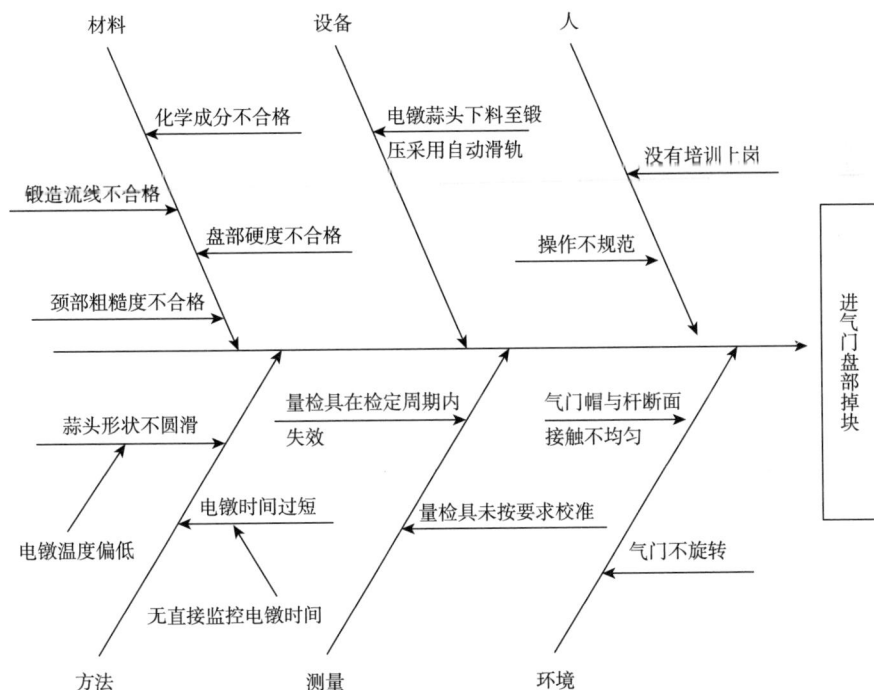

图 9-7　可能的原因分析

进一步，根据分析结果对可能原因的重要性进行排序。如表 9-6 所示，致使气门失效的重要因素有：气门材料不符合要求；金属流线不合格；电镦温度低，蒜头形状不够圆滑；电镦蒜头下料至锻压采用自动滑轨，锻压不及时；操作不规范；没有培训上岗。而其他因素则为次要因素。因此，接下来着重关注重要因素。小组针对可能原因做了进一步试验研究。试验结果发现根本原因有：杆端面与气门帽接触不均匀/气门不旋转；电镦温度低，蒜头形状不够圆滑；无直接监控电镦时间；电镦蒜头下料至锻压采用自动滑轨，锻压不及时（表 9-7）。

表 9-6　确定可能的原因并排列其重要性

序号	可能原因	重要度
1	气门材料不符合要求	重要
2	金属流线不合格	重要
3	气门盘部硬度不合格	次要
4	气门颈部粗糙度不合格	次要
5	杆端面与气门帽接触不均匀/气门不旋转	次要
6	电镦温度低，蒜头形状不够圆滑	重要
7	无直接监控电镦时间	次要
8	电镦蒜头下料至锻压采用自动滑轨，锻压不及时	重要
9	操作不规范	重要
10	没有培训上岗	重要

表 9-7　总结、识别和确定根本原因

序号	可能原因	试验计划/情况简要	责任人	计划完成时间	实际完成时间	是否要因/优先顺序
1	气门材料不符合要求	检查失效气门材料成分，追溯检查近两年进气门投料批原材料炉号相应的质保书和进厂检验报告（符合要求）	A	2015.3.14	2015.3.14	否
2	金属流线不合格	检查失效气门流线，库存品每批次各抽检 2 支确认（符合要求）	B	2015.3.14	2015.3.14	否
3	气门盘部硬度不合格	检查失效气门盘部硬度，库存品每批次抽检 2 支确认，查看近两年出厂前检验报告确认（符合要求）	C	2015.3.14	2015.3.13	否

续表

序号	可能原因	试验计划/情况简要	责任人	计划完成时间	实际完成时间	是否要因/优先顺序
4	气门颈部粗糙度不合格	检查失效气门颈部粗糙度，库存品每批次抽检 5 支确认，查看近两年出厂前检验报告确认（符合要求）	D	2015.3.14	2015.3.12	否
5	杆端面与气门帽接触不均匀/气门不旋转	检查失效气门杆端面宏观外貌确认（有异常）	E	2015.3.12	2015.3.12	是
6	电镦温度低，蒜头形状不够圆滑	现场检查实际操作，与专业技术人员沟通确认并试验	F	2015.3.14	2015.3.14	是，优先
7	无直接监控电镦时间	现场检查确认并试验	G	2015.3.14	2015.3.12	是，优先
8	电镦蒜头下料至锻压采用自动滑轨，锻压不及时	现场检查确认（有锻压不及时现象）	H	2015.3.12	2015.3.12	是，优先
9	操作不规范	现场检查确认（未发现）	I	2015.3.12	2015.3.12	否
10	没有培训上岗	全面核查确认（全部持证上岗）	J	2015.3.12	2015.3.12	否

（3）制订并实施修剪方案。为避免可能存在相同问题的可疑产品交付顾客，降低流入客户的可疑产品的危害程度，针对进气门盘部掉块这一问题项目组快速制订了临时方案。临时方案包括：①暂停客户库存安装并标识隔离；②对公司库存进行标识、隔离，暂停发货，质量部发通知重新进行库存品磁力探伤；③撤回在途产品。

考虑到时间成本紧迫性，虽然设置了临时方案处理进气门失效的问题，但为了从根本解决这一问题，小组针对识别的根本原因相应采取永久性方案彻底治本（表 9-8）。为预防此类问题再次发生，该小组还更新相关文件，包括 DFMEA、控制计划、作业指导书、流程改善等（表 9-9）。

表9-8 永久性方案

序号	机型	故障模式	方案内容	负责人	完成时间	装机时间
1	WP10	盘部掉块	优化电镦温度参数，优化电镦后蒜头形状，红外线测温仪监控电镦温度	A	2015.3.25	2015 年 4 月起
2	WP10	盘部掉块	转移新区生产，蒜头输送由自动滑落导轨更改为自动链带输送机架，保证锻压及时	B	2015.3.25	2015 年 4 月
3	WP10	盘部掉块	确定最优电镦参数及蒜头参数 （1）选取不同的电镦参数进行电镦锻造 （2）对各组选取的样件检查金属流线 （3）确定最优电镦参数及蒜头参数	C	2015.3.25	2015 年 4 月

序号	机型	故障模式	方案内容	负责人	完成时间	装机时间
4	WP10	盘部掉块	严格过程监控，在加工潍柴产品的电镦组，安装时间监控记录仪并锁定，保证参数有效性并方便随时抽查监督	D	2015.3.25	2015 年 4 月

表 9-9　预防再现措施

序号	项目	措施	负责人	完成时间
1	过程失效模式及效果分析（process failure mode and effect analysis，PFMEA）	更新进排气门电镦冲压工序内容，增加本次分析结果	A	2015.4.10
2	控制计划	更新进排气门电镦冲压内容，根据试验结果修订电镦温度参数，增加电镦时间控制要求	B	2015.4.10
3	作业指导书	根据控制计划同步转化更新，发放并培训实施	C	2015.4.10
4	流程改善	（1）三包索赔件收货及分析改进流程改善。（2）内外部沟通流程改善	D	2015.3.31

9.2.4　King

潍柴运营工程管理项目贯穿于产品研发、生产、销售及销售支持等各部门。在 WOS 整体框架下，通过不断完善、优化运行管理制度和流程，将 6σ、8D、QC 等先进改善工具融入 WOS，最终形成一套可评价、可评估、可复制的潍柴运营体系，为质量管控提供支持。该工程管理项目以打造质量卓越的运营工程为主要目标，从工程管理体系、工程管理制度、工程质量工具与方法和工程管理绩效四个维度评估目标的达成度。各维度具体内涵如下所述。

9.2.4.1　工程管理体系

1）完整性

WOS 具有用指标统一语言、用秩序改善运营效率、用文化把握客户需求、用质量提高企业价值的鲜明特点。WOS 由 WSS、WPS、WDS、WBSS 四个子系统构成，覆盖企业全运营链，体现出系统性、完整性、标准化、规范化。

2）有效性

融合国际先进的质量管理理论、方法，内化形成质量创新文化，推动内燃机行业的质量创新。通过四大保障体系和五大提升工程，有效融合运用 IATF 16949 标准中的五大工具，实施产品全生命周期的质量管控，实现产品整体水平跨越提升，成为最具品质竞争力、最高影响力、好评度的国际质量标杆企业。

3）先进性

WOS 融合 ISO 和 GJB 等国际通用管理体系要求，发展为潍柴独具特色的运营管理系统。2015 年以来，在全球经济疲软，国内经济处于新常态的严峻形势下，潍柴在全球各子公司全面推广 WOS，大力实施产品结构调整，降成本、灭亏损、抓创新等一系列举措，取得了显著成效。

4）管控性

WOS 经过了凝练提升、推广试点和全面运行，证明具有良好的管控性。质量管理体系完全处于受控状态，监督检查机制健全，考核办法科学实施，运行需要的资源得到充分保障，支撑体系的制度完善、机制完备、方法有效、工具齐全。

5）持续改进

WOS 具有数据化、可视化、不断优化的特点。WOS 由高度电子信息化支撑，通过信息化管理系统，实现了数据来源唯一、数据采集及时、统计方法科学、分析结果实时传送的专业管控。收集生产经营过程的数据，实现对其有效地监控、分析。能够实时发现体系运行中的薄弱环节、问题和不足并及时给予预警和预防，有效管控运营风险。层级会议制度依据上述数据分析结果，及时对标、采取措施，改进提升。

9.2.4.2　工程管理制度

1）全面性

该工程管理项目搭建了全面的制度管理体系，实现运营高效可控。基于价值创造和业务导向，实施关键过程识别与梳理，理清潍柴高阶业务流程的逻辑关系，建立制度分类分级管理模式，形成了具有潍柴特色的三级制度分类分级框架，涵盖了战略、投资、产品生命周期、采购、生产、物流、营销、销售、后市场、财务与审计等 15 个关键一级制度，在此基础上分解出 157 个二级制度及 529 个三级制度，支撑公司质量目标、质量管理工作的实现与落地。

2）可操作性

公司管理制度尽可能简洁明了，采取"1A4"展示形式（将业务流程展示在一张 A4 纸上），提高了业务过程的可视性、直观性，制度细化到岗位，上下游制度之间的接口无缝衔接，每个节点有明确输入、输出物的模板和标准，细化时间要求，明确关键风险点，以及保证流程规范运行的制度规定。每个岗位配备有岗位说明书，保证所有执行者能够看懂。公司各部门严格按各过程设计流程和相应文件规定，应用工程项目管理、信息化支持、同步工程、员工激励、价值工程分析、投资预算分析、绩效考评等方法对各过程进行管控。

3）时效性

质量部每月召开质量例会，对近期发生的质量问题和各单位需要解决的问题集中进行讨论解决，实施动态管理。将产品一致性作为年度重点需要开展的工作。

对于重大质量问题立项，组织质量问题专项攻关，并进行工程项目跟踪调度。

各项质量管理制度符合组织当前运营、战略、目标的需求，组织能够定期或及时根据组织运营、质量战略、质量目标的变化修订相关质量管理制度。

4）执行情况

该工程管理项目建立定期调研管理机制，确保流程设计与执行有效性，由制度主管部门纳入月度流程调研计划进行有效性检查与评估，及时解决标准执行进程中的问题。

各项质量管理制度在相应部门、岗位、环节得到很好的贯彻落实，一线相关人员知道并能够根据相关制度要求，建立相应的落实制度和监督检查机制，相关管理人员能够起到监督和推动制度执行的作用。

9.2.4.3 工程质量工具与方法

1）工具方法的适合性

潍柴运营工程管理项目推进中，倡导用合适的工具快速解决问题，针对不同的部门、不同层次的人员导入不同的工具和方法。对不同的部门，根据部门和岗位特点及实际需求，有的放矢地开展培训和应用。

研发着重于 QFD、APQP、DOE、FMEA、6σ 设计（design for six sigma, DFSS）等方法和工具；质量管理部门以质量体系五大工具为主；生产单位则主要使用 6σ、QC 等方法和工具。根据不同类别的岗位，管理技术人员着重开展 6σ 和 8D 的学习和应用，班组长和一线员工则重点培养 QC 小组活动和现场改善提案 JDIT 等方法的应用。

2）工具方法认同度

在该工程管理项目中各种管理的工具已经得到了广泛的应用，经过相关的培训和应用，员工均能够熟练运用各种管理工具。

组织员工能够充分理解并熟练使用相应的质量管理工具和方法，组织员工高度认同相应质量管理工具和方法的作用和效果。

3）工具方法有效性

现场具备浓厚的全员改善氛围，近年来，员工人均年度改善工程项目逐年攀升，主要经济指标和质量指标得到了大幅度提升。

4）工具方法规范性

针对各类型培训内容，搭建起了与之对应的知识框架和培训教材。编写了《WOS 操作规范》《潍柴精益六西格玛黑带课程》《潍柴精益六西格玛绿带课程》《潍柴 QC 小组活动手册》《潍柴 WOS 标准流程规范》等一系列管理工具操作手册。以此为教材，由企业内部培训师对广大员工开展培训，引导员工规范地使用适合的工具进行持续改进。组织将各种质量管理工具形成操作手册，对员工进行培训，员工依据操作手册使用管理工具。

5）工具方法的创新和改进

根据推进单位实际，形成了《潍柴 WOS 推进方法论》《WOS 指标构建方法论》《潍柴测量系统分析》等工具和方法，将先进的管理工具和方法与潍柴的管理实际相结合。组织能够结合运营实际，不断改进和创新质量管理工具，其质量管理工具具有独创性、先进性。

6）工具方法的可推广价值

潍柴形成了一套 WOS 构建和推广的方法论，包括指标管理体系、标准流程体系、评价改进体系、层级会议管理机制等，对于体系的构建与完善、推广与落地具有很好的指导意义，可在行业内广泛发展与推广。组织创新的质量管理工具可以在行业内广泛推广。

9.2.4.4　工程管理绩效

1）质量水平

潍柴产品充分展现了"可靠·耐用"的特质，刷新了高速重型发动机的关键技术质量指标。

2）质量创新

潍柴 WOS 数据化、可视化、可持续优化，成为《中国制造 2025》和"工业 4.0"的先导者，引领中国装备制造业实现机制创新。组织在实现质量目标，质量持续改进过程中，不断实现管理、理念、机制和制度创新。

3）品牌影响力

根据世界品牌实验室及中国品牌价值评价的评估分析，公司 2013～2016 年四年的品牌价值由 131.59 亿元提升至 225.01 亿元，实现约 71% 的增长，处于行业领先地位。

4）经济和社会效益

几年来，潍柴在经济环境复杂严峻，行业整体下滑严重的形势下，依然保持了强劲的发展势头。2016 年，实现营业收入 1341 亿元，利润 47.64 亿元，利税总额 52.36 亿元，占当地政府税收收入的 50% 以上；出口总额 5.2 亿美元。2017 年销售收入突破 2000 亿元，利润总额超过 100 亿元。连 1998~2017 年，年均复合增长率 37%。

坚持"绿色动力"使命，注重技术升级，产品经济性、可靠性行业领先。潍柴始终追求低碳环保绿色生产，2016 年二氧化硫减排 20 吨，废水减排 18 万吨。发展循环经济，成立了行业内首家再制造企业，为社会做出突出贡献。

根据上述目标成功度各指标达成情况，结合物元可拓评价模型对潍柴

WOS 运营工程管理的成功度进行评价。

首先，通过德尔菲法确定 WOS 运营工程管理项目评价指标体系、各指标权重，以及根据各指标对该工程管理活动的成功度进行 0～100 打分得到实际值，如表 9-10 所示。

表 9-10   指标、权重、实测数值一览表

一级指标	权重	二级指标	权重	实际值
工程管理体系	0.2	完整性	0.04	75
		有效性	0.04	80
		先进性	0.04	75
		管控性	0.04	80
		持续改进	0.04	85
工程管理制度	0.2	全面性	0.05	75
		可操作性	0.05	70
		时效性	0.05	80
		执行情况	0.05	90
工程质量工具与方法	0.3	工具方法的适合性	0.05	75
		工具方法认同度	0.05	75
		工具方法有效性	0.05	78
		工具方法规范性	0.05	80
		工具方法的创新和改进	0.05	80
		工具方法的可推广价值	0.05	75
工程管理绩效	0.3	质量水平	0.075	90
		质量创新	0.075	80
		品牌影响力	0.075	80
		经济和社会效益	0.075	75

其次，如表 9-11 成功度方法的等级及标准所示，实施过程中指定"非常成功""成功""部分成功""不成功""失败"共五个项目成功等级（依次用 AA、A、B、C、D 表示）。经典域依次为(80,100]、(60,80]、(40,60]、(20,40]、(0,20]，确定节域为(0,100]。各个步骤的计算均利用 Excel 完成。

表 9-11　成功度方法的等级及标准

内容	等级	评分值	标准
非常成功	AA	81～100	完全实现或超过目标；和成本相比较，总体效益极高
成功	A	61～80	目标大部分实现；和成本相比较，总体效益很大
部分成功	B	41～60	某些目标已实现；和成本相比较，取得了某些效益
不成功	C	21～40	实现的目标很有限；和成本相比较，取得的效益并不重要
失败	D	低于 20	未实现目标；和成本相比，没有实现任何突出效益，项目放弃

再次，单指标关联度计算得到的结果如表 9-12 所示。

表 9-12　评价指标各等级的关联度及评估等级

二级评价指标	非常成功	成功	部分成功	不成功	失败	等级
完整性	−0.167	0.250	−0.375	−0.583	−0.688	A
有效性	0.000	0.000	−0.500	−0.667	−0.750	AA
先进性	−0.167	0.250	−0.375	−0.583	−0.688	A
管控性	0.000	0.000	−0.500	−0.667	−0.750	AA
持续改进	0.250	−0.250	−0.625	−0.750	−0.813	AA
全面性	−0.167	0.250	−0.375	−0.583	−0.688	A
可操作性	−0.250	0.500	−0.250	−0.500	−0.625	A
时效性	0.000	0.000	−0.500	−0.667	−0.750	AA
执行情况	0.500	−0.500	−0.750	−0.833	−0.875	AA
工具方法的适合性	−0.167	0.250	−0.375	−0.583	−0.688	A
工具方法认同度	−0.167	0.250	−0.375	−0.583	−0.688	A
工具方法有效性	−0.083	0.100	−0.450	−0.633	−0.725	A
工具方法规范性	0.000		−0.500	−0.667	−0.750	AA
工具方法的创新和改进	0.000	0.000	−0.500	−0.667	−0.750	AA
工具方法的可推广价值	−0.167	0.250	−0.375	−0.583	−0.688	A
质量水平	0.500	−0.500	−0.750	−0.833	−0.875	AA
质量创新	0.000	0.000	−0.500	−0.667	−0.750	AA
品牌影响力	0.000	0.000	−0.500	−0.667	−0.750	AA
经济和社会效益	−0.167	0.250	−0.375	−0.583	−0.688	A

最后，指标综合关联度计算得到的结果如表 9-13 所示。

表 9-13 指标综合关联度及其评价等级

一级评价指标	非常成功	成功	部分成功	不成功	失败	等级
工程管理体系	− 0.003	0.010	− 0.095	− 0.130	− 0.148	A
工程管理制度	0.004	0.013	− 0.094	− 0.129	− 0.147	A
工程质量工具与方法	− 0.029	0.043	− 0.129	− 0.186	− 0.214	A
工程管理绩效	0.025	− 0.019	− 0.159	− 0.206	− 0.230	AA
综合评价	− 0.001	0.012	− 0.124	− 0.169	− 0.192	A

综上，通过物元可拓模型评估潍柴运营工程管理项目成功度，结果显示该工程管理项目成功。

没有最好，只有更好。潍柴运营工程管理项目是一个持续提升、不断追求卓越的过程。此后，该工程管理项目还将针对运营效果不断制订提升改进计划，树立更高的工程管理目标继续推进。

9.3 本 章 小 结

本章以潍柴运营工程管理项目为例，首先从层次、内涵和成就方面综合阐述了潍柴运营工程管理项目的背景；其次，分析了该工程管理项目按照 CLICK 模型从 correct 环节到 king 环节共 5 个维度的完整的具体应用。correct 环节，在研判工程实施的企业内部发展需要和国内外知名公司运营管理体系的外部环境后，潍柴启动了 WOS 运营工程管理项目。经过前期研判和专家评审，确定要素包括需求、产品质量、进度、信息管理、安全、采购、法律法规、工艺生产和价值管理。此外采用德尔菲法识别要素关键性和不可调整性的分布，识别过程中专家的意见分歧较大，最终得到的要素属性分布高度分散。

leader 环节，由于要素属性分布不集中，根据要素属性判断 WOS 运营工程管理活动类型时遇到了困难，原因在于虽然大家都认为该项工程活动很重要，但相当一部分专家认为该项工程活动不确定性风险很大，不宜作为关键性活动，集中优势资源展开。经过多轮讨论协商，最终将该项工程管理活动确定为关键性一般且不可调整性一般的工程管理活动。随着工程效益显现，WOS 管理活动被调整为关键性高且不可调整性高的活动类型，并为其匹配了具备最高领导力、业务能力和组织授权的领导及其团队。

inspect 和 clip 环节，以维修状态标识未悬挂、车间机器异常和进气门盘部掉块三个问题展现潍柴运营工程管理项目的检查和修剪过程。在检查方法的选择方面：问题 1（维修状态标识未悬挂）对应的安全要素属于关键性低且不可调整性高的要素，可以采用三级巡检的方法进行高频专项检查；问题 2（车间机器异常）对应的生产工艺要素属于关键性一般且不可调整性一般的要素，故可以采用层级会议方法进行高频常规检查；问题 3（进气门盘部掉块问题）对应产品质量要素属于关键性高且不可调整性高的要素，故可以采用拆检的方法进行高频专项检查。在修剪方法的选择方面：问题 1 和问题 2 出现的偏差均不可接受且修剪难度低，故按照常规修剪后，返回检查；问题 3 偏差不可接受且修剪难度高，同时目标不能调整也不能放弃，故采用了非常规修剪方法。

king 环节，利用物元可拓模型从工程管理体系、工程管理制度、工程质量工具与方法、工程管理绩效四个维度对潍柴运营工程管理项目的目标的达成度进行了综合评价。评估结果发现该工程管理项目成功。

综上，在 CLICK 理论模型思想的指导下，潍柴运营工程管理项目成功实施，且持续提升、不断追求卓越，通过新一轮 CLICK 过程，向更高的工程目标迈进。

10   总结与展望

10.1   总   结

本书基于见证潍柴成长壮大的大量文本资料，运用经过改进的扎根理论方法，梳理总结并提出了工程管理的 CLICK 概念模型，进而从工程管理作业流程视角出发，对 CLICK 模型中包含的五个维度的内涵、核心内容、整体作业流程及各维度间作业流程进行了系统分析，构建了 CLICK 工程管理理论模型，并运用潍柴 H1 平台开发工程管理和 WOS 运营工程管理两个案例对 CLICK 理论的可操作性进行了验证。

CLICK 理论虽是基于潍柴发展的成功经验进行总结而形成的，但其具备鲜明的特点，如逻辑整体性、系统开放性、循环提升性和广泛移植性等。

10.1.1   逻辑整体性

CLICK 是一个有机整体，C、L、I、C′、K 不同维度相辅相成，且相互间有着逻辑性很强的函数关系。如果要用一个函数关系式对 CLICK 各维度间的关系进行大致的描述，我们可以借用柯布-道格拉斯生产函数，将其表示为

$$K(t) = BC(t)^{\alpha} L(t)^{\beta} I(t)^{\gamma} C'(t)^{\lambda} \qquad （10-1）$$

其中，t 表示时间；α、β、γ、λ 分别表示 $C(t)$、$L(t)$、$I(t)$、$C'(t)$ 的

弹性；B 表示 CLICK 模型外生因素，如制度、文化、科技水平等。在柯布-道格拉斯生产函数中，K、L 为资本和劳动力两种要素的投入量，此处 $C(t)$、$L(t)$、$I(t)$、$C'(t)$ 为相应维度的工程管理水平。而采用乘法的形式代表在实现工程目标的过程中，$C(t)$、$L(t)$、$I(t)$、$C'(t)$ 均发挥重要作用，相互间不能进行简单替代。

CLICK 模型中，K 指开展工程管理最终想要实现的目标，也是所有管理活动的开端，能够给 C、L、I、C' 维度活动的开展确定方向，C、L、I、C' 不同维度活动的开展会反过来作用于 K 维度，对目标实现程度发挥决定性作用。此外 C、L、I、C' 四个维度间的活动相互关联。上述各维度协同发挥作用，共同构成一个有机整体。CLICK 模型整体具备的性质及功能，并非各维度性质及功能的简单叠加，而是具备任何单一维度都无法实现的性质及功能。开展特定维度的管理活动时，应对其与其他维度间存在的关联和与整个系统的关联进行综合考虑，不同维度开展的活动应围绕整体进行合理协调，也就是从整体上进行考虑，由局部出发，协同作用以实现工程管理的整体目标。

10.1.2　系统开放性

CLICK 不仅是一个有机整体，而且构成一个完整的系统，作为一个整体，它具备相对独立性；作为一个系统，它具备开放性。CLICK 系统需要从外部环境获得物质、能量及信息，同时向外部环境输出物质、能量和信息。一方面，CLICK 系统由所处层级相同或不同的多个子系统构成，任何该类系统在开展活动时均会受到组织中其他 CLICK 系统所开展的活动的约束。在组织资源不发生改变的前提下，不同 CLICK 系统间相互约束，但若各系统的运行状态均保持良好，相互间的互动也会带来良好的效果。此外，该类系统还会被外界环境所影响。CLICK 模型的函数表达式为

$$K(t) = B(t)C(t)^{\alpha(t)} L(t)^{\beta(t)} I(t)^{\gamma(t)} C'(t)^{\lambda(t)} \tag{10-2}$$

其中，$B(t)$ 表示能够影响模型整体功能的外生因素，这些因素短时间内仅会对模型的功能产生局部影响，属于外生因素，但随着时间不断延长，有

些因素，如文化、科技进步等可能慢慢会演变为内生因素，对管理目标的实现程度造成影响，如将人工智能（artificial intelligence，AI）技术运用到工程管理中已取得很好的效果。在 CLICK 理论涉及的检查和修剪阶段，针对未来发展设定的重要方向能够转变为跟 AI 结合，有效节约人力、物力等资源的投入，同时能够更加及时且准确地开展检查和修剪活动，提升整体水平，促使 CLICK 模型的整体功能得到有效提升，并发展到更高水平。例如，传统制造工程管理中对工艺进行检测大都是以人工方式开展的，检查者结合自身经验进行判断，带有较强的主观性。20 世纪 90 年代末，国际商业机器公司研发了一种自动化缺陷检测机台，该机台包括"照相"和"照片分析"两个体系。通过缺陷与预定已知欠缺间的匹配程度判定其具体类型。跟其比较相似的有先进工艺控制系统、工艺错误自检系统等，均属于提升检查与修剪过程的智能化的技术体系。而相关智能技术的进步，能够使 CLICK 不同维度的水平均得到提升，从长远角度来看，可能会对不同维度在整体系统中的相对重要性程度产生影响，使模型函数内的弹性 α、β、γ、λ 随时间出现相应改变。能够对 CLICK 模型产生相似影响的还包括制度、文化等外部因素。

另一方面，CLICK 模型能够向外界环境输出管理文化、法规标准、技术工艺等信息并被进一步完善和提升，再返回来作为 CLICK 模型的输入，推动 CLICK 模型的进一步发展。CLICK 模型正是通过与外部环境的不断双向交流，才能不断发展壮大，始终维持其旺盛的生命力和巨大的优越性。例如，潍柴 H1 平台开发工程过程中出现了排气门弹簧断裂问题，经过修剪环节方案评估，最终形成了新的工程标准，即向模型输出了新的法规标准，这种新的标准将作为 CLICK 模型的新输入，提高 CLICK 理论的管理水平。

10.1.3　循环提升性

CLICK 具备循环反复性，且其循环分布在各个环节，为多重循环。上文中提到过，对于 CLICK 工程管理而言，K 既是终点，也是下一个 CLICK

循环的起点，以此形成循环，且该循环是反复进行的。根据图 3-3 列示的内容，在 inspect 环节，管理者应结合检查所得的结果持续返回到 correct 和 leader 环节，以判定环境及识别出的要素属性有没有出现改变，人员配置方面合不合理等；clip 环节中，应该对偏差可不可接受、修剪难度及评估相关方案得出的结果进行综合考虑，可能会返回到 inspect 环节，评估修剪的效果能不能达到要求，也可能需要进行目标调整，之后返回到 correct 和 leader 环节，并对资源进行重组，再重新开展活动。

CLICK 模型具备持续提升性。一方面，特定单元层级所开展的活动，C、L、I、C′、K 不同维度所形成的循环并非对以往阶段进行简单的重复，而是呈现螺旋上升的形式，每个循环需要实现的目标及涉及的内容都是不同的，每循环一次，都至少会解决一部分问题，相应单元层级的工程管理能力和水平便会得到相应提升。另一方面，特定单元层级所开展的活动，能够共同构成层级更高的子单元，各子单元层级的管理目标实现并得到提升后，更高层级管理活动的目标水平也会相应提升。各单元管理活动目标持续在横向及纵向上得到实现及提升，最终工程管理的整体目标便以螺旋的形式得以提升，真正实现不断追求卓越。

10.1.4　广泛移植性

CLICK 理论综合了定性及定量的研究范式，是基于对潍柴在工程管理方面取得成功的相关经验的总结。一方面，以潍柴取得成功的相关经验为基础开展定性分析，探寻事物发展具备的主要特征，并通过其具备的内在规律找到促使潍柴取得成功的核心理论。另一方面，从具备较强逻辑性的函数式，对各维度关系进行进一步理解，揭示模型不同维度间存在的数量关系和相应的变化规律。

首先，CLICK 工程管理理论基于定性分析方法的深度和定量分析方法的严密系统的逻辑分析提出，是对工程管理经验的高度提炼和升华，可以脱离原始管理环境而付诸实践，适用于工程研发、制造、生产、市场开发等任何一项合乎逻辑的工程管理活动，具有广泛移植性。

其次, CLICK 在应用层面上, 既可以是宏观战略层面上的工程管理活动, 也可以是非常微观的一项具体的作业管理活动。例如, 潍柴具有战略标志性的成功项目 H1 平台开发工程严格按照 CLICK 理论进行管理, 而其中任何一个小的零部件的开发活动也可以按照 CLICK 进行管理, 不仅如此, 整个工程管理活动中的每一个小的环节也都可以按照 CLICK 进行管理, 如 H1 研发 B 样机期间出现的漏油问题的解决也遵循 CLICK 管理理论。

CLICK 工程管理理论所具有的上述两方面特点决定了 CLICK 的广泛移植性。

10.2　展　　望

虽然 CLICK 工程管理理论具有上述鲜明特性, 但一个理论的建立需要经过长期的实践检验, 并在实践中不断丰富和完善。

首先, CLICK 工程管理理论主要来源于潍柴的管理经验, 潍柴是典型的制造型企业, 其工程管理活动属于制造类型的工程管理活动, 虽然不同类型的工程管理活动有共性的方面, 但也都有各自的特性, 因此 CLICK 管理理论还需要经受其他类型工程管理活动的实践检验。

其次, CLICK 工程管理理论需要经过时间的检验。虽然潍柴已有 70 多年的发展历史, 但真正体现潍柴成功管理经验的是 1998 年 "三三制改革" 到 2020 年, 只有短短的 20 多年的历史, 对于一个理论来说时间还太短。另外, 潍柴成功发展的这些年正处于中国乃至全球化发展的黄金时期, 经过前期持续快速发展后, 我国已逐步步入经济发展新常态时期, 加之 2020 年初一场突如其来的新冠肺炎疫情, 受疫情影响全球政治经济社会发展环境发生了很大的变化。CLICK 管理理论能否适应这些变化需要时间来考验。

最后, 当代技术日新月异, 特别是新一代信息技术的发展, 不断刷新人们的认知能力和认知水平。CLICK 模型将技术作为系统的外部因素, 虽然前面也简单提及技术对 CLICK 各维度，特别是 I 和 C′ 维度的影响，在更长时期，技术可能对 CLICK 各维度的相对重要性产生根本性影响，但这些影响都是可预期的，而随着技术的进一步发展，未来也可能完全颠覆 CLICK 模型，如 I 和 C′ 完全智能化完成，两个维度完全融合等。

参 考 文 献

[1] 王昕，刘先觉. 从《建筑十书》与《营造法式》的比较看中西文化的不同[J]. 华中建筑，2001，19（5）：4-6.

[2] 薛小龙，王璐琪. 重大工程管理理论演化与发展路径[J]. 系统管理学报，2018，27（1）：192-199.

[3] 王卓甫，丁继勇，杨高升. 现代工程管理理论与知识体系框架（一）[J]. 工程管理学报，2011，25（2）：132-137.

[4] 王卓甫，杨志勇，丁继勇. 现代工程管理理论与知识体系框架（二）[J]. 工程管理学报，2011，25（3）：256-259.

[5] 何继善. 论工程管理理论核心[J]. 中国工程科学，2013，15（11）：4-11，18.

[6] 成虎. 工程管理概论[M]. 3 版. 北京：中国建筑工业出版社，2017.

[7] 何继善，陈晓红，洪开荣. 论工程管理[J]. 中国工程科学，2005，（10）：5-10.

[8] 何继善，王孟钧. 工程与工程管理的哲学思考[J]. 中国工程科学，2008，（3）：9-12，16.

[9] Omurtag Y. Engineering management at university of Missouri-Rolla：a new discipline in engineering or management？[R]. ASEM Proceedings，1988：33-39.

[10] 何继善，王孟钧，王青娥. 工程管理理论解析与体系构建[J]. 科技进步与对策，2009，26（21）：1-4.

[11] 郑俊巍，王孟钧. 中国工程管理的历史演进[J]. 科技管理研究，2014，34（23）：245-250.

[12] 钱学森. 工程控制论（英文版）[Engineering Cybernetics][M]. 上海：上海交通大学出版社，2015.

[13] 楼升凯. 现代管理学经验主义学派简介[J]. 中国集体经济，2009，（3）：91-92.

[14] 罗珉. 管理学前沿理论研究[M]. 成都：西南财经大学出版社，2006.

[15] 陶向南，邹亚军，赵曙明. 德鲁克管理思想中的政治与社会渊源[J]. 管理学报，2014，

11（6）：801-807.

[16] 赵雪章. 彼得·德鲁克管理思想全集：现代管理学之父大师中的大师[M]. 北京：中国长安出版社，2006.

[17] 陈荣平. 管理大师中的大师（彼得·德鲁克）[M]. 保定：河北大学出版社，2005.

[18] 昀熙. 欧内斯特·戴尔：经验主义学派的先驱[J]. 现代企业文化（上旬），2013，（9）：50-51.

[19] 姜杰. 西方管理思想史[M]. 北京：北京联合出版公司，2013.

[20] 向阳. 就这样成为第一[M]. 北京：中国致公出版社，2003.

[21] 郭咸纲，师爽. 管理天机：千年管理思想探源[M]. 北京：经济管理出版社，2005.

[22] 魏文斌. 现代西方管理学理论[M]. 上海：上海人民出版社，2004.

[23] 郭咸纲. 西方管理思想史[M]. 3 版. 北京：经济管理出版社，2004.

[24] 杨丽丽. 传统管理学理论需要创新[J]. 现代管理科学，2016，（11）：96-98.

[25] 王德清. 中外管理思想史[M]. 重庆：重庆大学出版社，2005.

[26] 童明. 系统控制方法在生产管理中的应用[D]. 江南大学硕士学位论文，2008.

[27] 游璐婉. 农业产业链利益协调机制研究——以湖南地区为例[D]. 中南大学硕士学位论文，2008.

[28] 费军，陈绵云，宋业新，等. 系统管理学的演化与进展[J]. 科技进步与对策，2003，20（6）：173-175.

[29] 侯二秀，秦蓉，雍华中. 基于扎根理论的科研团队创新绩效影响因素研究[J]. 中国管理科学，2016，24（S1）：868-874.

[30] 杨洋，邹明阳，谢国强，等. 重大突发公共卫生事件下的供应链恢复机制[J]. 管理学报，2020，17（10）：1433-1442.

[31] Zhang W，Zhang M Y，Zhang W Y，et al. What influences the effectiveness of green logistics policies? A grounded theory analysis[J]. Science of The Total Environment，2020，714：136731.

[32] Liu X M，Zhou J Y，Xue Y T，et al. Analysis of property management ecological behavior in China based on the grounded theory：the influencing factors and the behavior model[J]. Journal of Cleaner Production，2019，235：44-56.

[33] Jiao J L，Wang C X，Yang R R. Exploring the driving orientations and driving mechanisms of environmental innovation：the case study of the China Gezhouba[J]. Journal of Cleaner Production，2020，260：121016.

[34] 刘洋，董久钰，魏江. 数字创新管理：理论框架与未来研究[J]. 管理世界，2020，

36（7）：198-217，219.

[35] 吴先明，苏志文. 将跨国并购作为技术追赶的杠杆：动态能力视角[J]. 管理世界，2014，（4）：146-164.

[36] 王念祖. 扎根理论三阶段编码对主题词提取的应用研究[J]. 图书馆杂志，2018，37（5）：74-81.

[37] 孙晓娥. 扎根理论在深度访谈研究中的实例探析[J]. 西安交通大学学报（社会科学版），2011，31（6）：87-92.

[38] 缪秀梅，陈烨天，米传民. 基于 ISM 和在线评论的汤山温泉顾客满意度研究[J]. 中国管理科学，2019，27（7）：186-194.

[39] 吕君，张士强，王颖，等. 基于扎根理论的新能源企业绿色创新意愿驱动因素研究[J]. 科技进步与对策，2019，36（18）：104-110.

[40] Charmaz K. Grounded Theory：Objectivist and Constructivist Methods[M]. Thousand Oaks：Sage Publications，2000.

[41] 谭旭光，温德成. 链合共赢：供应商质量管控之道[M]. 北京：中国质检出版社，中国标准出版社，2018.

[42] 谭旭光. 质量成就梦想：WOS 潍柴质量管理模式[M]. 北京：中国质检出版社，中国标准出版社，2018.

[43] 谭旭光，熊伟. 客户满意系统实现方法[M]. 北京：科学出版社，2019.

[44] 许保荣，何建敏. 项目管理组织结构的选择[J]. 现代管理科学. 2004，（3）：18-19.

[45] 杨艳芳. 工程项目管理组织结构的基本形式概述[J]. 山西建筑. 2004，（13）：132-133.

[46] 宋晶，郭凤侠. 管理学原理[M]. 4 版. 大连：东北财经大学出版社，2014.

[47] 徐觅，刘卫民. 领导科学与艺术[M]. 北京：北京邮电大学出版社，2008.

[48] 宋明顺. 质量管理学[M]. 3 版. 北京：科学出版社，2017.

[49] 徐莉丽. EPC 模式下的工程项目成本控制研究[D]. 北京建筑大学硕士学位论文，2020.

[50] 掌冰秋. 基于 ERP 的 A 房地产公司目标成本控制研究[D]. 江苏科技大学硕士学位论文，2019.

[51] 朱凯. 基于关键链技术的核电建设工程进度管理研究[D]. 山东大学硕士学位论文，2020.

[52] 李羽晗. 基于 BIM 技术的工程项目进度控制方法研究[D]. 西南科技大学硕士学位论文，2019.

[53] 徐滨. 西屋制动公司出口项目进度管理优化研究[D]. 兰州大学硕士学位论文，2019.

[54] 曲昱霖. A 水库除险加固工程项目进度管理研究[D]. 山东大学硕士学位论文, 2020.

[55] 陈俊杰, 韩建刚, 杨倩雯, 等. 电动拖拉机整机可靠性综合试验台设计及试验方法研究[J]. 拖拉机与农用运输车, 2020, 47（4）: 27-29.

[56] 戚维明. 全面质量管理[M]. 3 版. 北京: 中国科学技术出版社, 2010.

[57] 中国质量协会. 六西格玛管理[M]. 3 版. 北京: 中国人民大学出版社, 2014.

[58] 沈伟. 8D 问题解决方法在企业质量改进中的应用[J]. 工程机械, 2015, 46（2）: 56-61, 8.

[59] 净敏侠, 郝秋艳. 使用 8D 方法解决取力器气缸卡滞问题[J]. 汽车实用技术, 2017, （18）: 225-227.

[60] 中国质量协会. 质量管理小组理论与方法[M]. 北京: 中国质检出版社, 2013.

[61] 徐明达. 创新型 QC 小组活动指南[M]. 北京: 机械工业出版社, 2012.

[62] 冯峰, 黄葵, 殷会娟. 黄河流域水权转让项目目标评估的 MCA 方法[J]. 人民黄河, 2012, 34（12）: 57-58, 62.